电信传播总纲

Telecommunication Introduction

曾静平　王丽萍　寿文华　著

人民出版社

目录

前　　言

当越来越多的人将注意力从报纸、杂志、广播、电视转向互联网络，世界政要达官贵人也开始在网络中徜徉，或与网民聊天或发表微博。当越来越多的人倾向于将尽可能多的功能集中于手机，甚至政府机关的会议通知、紧急命令和民情安抚慰问等消息第一时间通过短信发布时，当"4G""5G"技术扑面而来、"新媒体"遍地皆是时，当"三网融合"势不可挡，互联网络、手机报纸、手机广播、手机电视等与传统广播电视的影响力越来越呈现出分庭抗礼之势时，传播学者在思考，一种前所未有的、与电信通讯技术密切相关的传播活动正在慢慢融入到人们的政治经济文化生活。这种传播活动既与大众传播有着某些相似之处，又有着自己独特的方式。这种新的传播活动，就是电信传播。

电信传播是指通过现代电信通讯网络和专业技术手段，面向个体或大多数受众进行的传播活动。在"3G""4G"技术推进下的"三网融合"时代，电信网络已经成为信息内容的传播网络，电信终端也已经成为新媒体终端。

电信传播拓宽了传统传播学的视野和空间，将电子传播的疆域进一步扩大。在电信传播领域中，电子传播已不仅是原来的广电传播概念，而是包括了电信传播。在数字时代，音视频内容不仅可以通过广电网络传播，而且可以通过计算机信息网络（主要是互联网）、电信网络传播。用户不仅可以使用收音机、电视机来接收传播内容，还可以使用他们所拥有的多种电信终端来接收内容。最新研究显示，量子传播已经初露端倪，"电子传播"还会不断有更高层的传播形式。以"未来传播"理念思考传播演进的下一阶段，嵌入传播演进图系，构筑新的科学完备的"传播的演进图阶"，那么，电信传播则是"电子传播"与"未来传播"的纽带与桥梁。

长期以来，大众传播总是带着深深的"权利"烙印。按照传播学的概念，大众传播是由专业化的传播机构，运用复杂的技术手段面向不定量多数的受众进行的大面积传播活动。在现代社会中，大众传播是人们获得外部信息的重要手段，是实现国家和社会目标的重要手段，是社会上各利益集团争取和维护自身利益的工具，又是社会文化和娱乐的提供者。①

1982 年，中共中央一纸政令，将中央电视台的影响力一下子推到了最高峰。中共中央明确规定，从 9 月 1 日起，我国重大新闻由中央人民广播电台在每晚 20 点的《各地人民广播电台》中发布，提前到在中央电视台每晚 19 点的《新闻联播》中发布。②

假如哪个国家和地区赋予互联网络重大新闻的第一时间信息发布权，或者规定网站媒体、博客微博客媒体、短信微信媒体以及其他各种移动互联网媒体等电信媒体与传统报纸、杂志、广播、电视等同样具有传输时政要闻的权利，那么，电信传播的权威性、公信力和号召力是不是将会更大呢？

如果说大众传播是实现国家和社会目标的重要手段，带着深深的"权利"印痕，那么，电信传播则是一个权力机构与普通百姓缠绕其中的多面体，既带有政府机构的权力和权威，在应急事件和危机传播中大显身手，是实现"电子政务""智慧城市"和"移动城市"的有效手段。同时，电信传播又是以大数据为基础的云服务坚实平台，是技术创新与理论创新的有机融合，具有浓重的市场经济印迹，是普通老百姓畅所欲言的传播殿堂，并有着极为巨大的产业规模和未可限量的未来空间。

---

① 参见郭庆光：《传播学教程》，中国人民大学出版社 1999 年版。
② 于广华主编：《中央电视台简史》，人民出版社 1993 年版，第 52 页。

2014 年，大数据应用从概念层面走向更多业务实践层面，广大民众开始更务实地部署实施大数据应用。一段时间以来，大数据技术应用在更多的行业之中，银行业、电信业、保险业、学校、卫生行业以及各级政府机关等各行各业都着手投入更多力量开发大数据应用，医疗、制造以及能源等行业都已经将大数据以及分析类应用纳入计划中。从技术发展来看，大数据相关的多种技术会并存，传统关系数据库、Hadoop、NoSQL、内存计算、数据库一体机会在各自不同的应用场景中拥有优势。同时，以大数据为基础的云服务将会蓬勃发展。

以互联网（移动互联网）为代表的大互联网产业正在潜移默化地影响着众多传统行业市场走向，包括像零售业、制造业、广告业、传媒业、批发业、物流业、餐饮业、旅游业和广义通信业等等，无论是就业人员结构还是市场规模，都在发生着巨大变化。基于 PC 互联网及移动互联网衍生的诸如云计算、大数据等新兴技术，社会化营销等新型传播方式，以及电子商务、在线支付等新型通路对传统企业的影响将更加深远，传统企业互联网化成为大势所趋。

ICT（信息通信技术）是 IT（信息技术）与 CT（通信技术）两种技术的结合和交融，"三网融合"只是其基础和前奏，IPTV、网络电视、电子商务等仅仅是冰山一角。2006 年，全球 ICT 市场的投资规模达到 2.5 万亿美元。我国"十一五"期间的信息化建设引发 ICT 领域的大规模投资，2006 年，国内企业对 ICT 设备及服务的投资额达到 1560 亿元人民币。目前，ICT 市场正处于从第二平台向以云计算、移动化、大数据和社交为代表的第三平台技术演进的过程中。随着新兴市场对第三平台产品和解决方案需求的快速增长，建立在第三平台上的新产品和解决方案将呈爆炸式增长，整个 ICT 生态系统也会发生相应的变革。第三平台技术将成为驱动未来 20—25 年 ICT 增长的主要动力。①
2013 年，中国 ICT 总体市场规模达到 3574 亿美元。①

国际大数据公司 IDC（Internation Data Corporation）预计，在未来 3—4

---

① 据 IDC 相关数据及 IDC 发布 2014 年中国 ICT 市场 10 大预测整理。

年间，数字经济在改变企业运营方式的同时将重塑世界及中国的经济面貌，新技术支持的创新将进一步发挥引领作用。在数字经济时代，迎接新时代、重构新平台、建立新信任、提供新体验将成为行业用户和 ICT 厂商未来战略的依托。中国广义 ICT 市场一直保持高于 GDP 的增长，特别是第三平台和六大创新加速期技术。IDC 预计，2018 年中国广义 ICT 市场规模将超过 7200 亿美元，年增长率为 7.1%，第三平台技术增长为 5.5%，六大创新加速期技术增长为 13.5%。

从传播的进程考察，电信传播介乎于电子传播与未来传播之间，其使用着大量的电子传输管道，存在着大量的电子传输活动，但一些崭新的传播现象已经与电子传播大相径庭。在电信传播时代，传播主体发生了革命性变化，传播主体与传播对象互动性增强，传者和受者之间的边界模糊，二者位置瞬间转化，传播形式趋于多元化，传播内容更为丰富多彩。

电信传播在很长时间里，一直默默无闻地充当着大众传播的辅助工具，其最早更多的是人际传播。从电报到电话到传真，从固定电话到移动电话，从单纯的语音通话到语音、文字、图片、动画等无所不能，从达官贵人的奢侈品到步入寻常百姓家，从人对人、点对点传播发展到点对点、点对多、多对点以及多点群动、跨地域的全球联动等，电信传播逐渐从幕后步入台前。

在大众传播活动中，从 1848 年全球首家通讯社——哈瓦斯通讯社（Agence Havas）在巴黎与布鲁塞尔间使用电报传送信息，到 1877 年第一份由电话传收的新闻电讯稿被送达波士顿《世界报》，一直到后来各大通讯社、报纸杂志社和广播电视台纷纷使用传真机作为异地的文字传输工具，电报、电话、传真等电信通讯在信息传输中一直充当着重要角色。早期的电信传播，是报纸杂志广播电视获取远距离信息的重要通道，是抢占第一落点和独家新闻不可或缺的技术装备，是实施现场报道、即时报道的首选武器。一家大众传播机构的品牌形象以及新闻采编范围与传输效率，很大程度与机构内拥有电信设施的数量多寡、电信设施是否先进以及编采人员能否及时、准确和有效地使用有着直接关系。

随着 20 世纪 90 年代互联网在全球的互联互通，沃达丰公司在 1992 年通过手机载体发出世界上第一条短信息，互联网传播和移动互联网传播等电信传播日渐兴盛。网站传播、电子邮件传播、短信传播、QQ 传播、博客微博客传播、飞信传播和微信传播等新型电信传播，不仅成为人们休闲娱乐的新方式，具有强大的经济功能，而且开始弥补传统大众传播的短板，肩负起传播传统报纸、杂志、广播、电视等大众传播在某一特定时刻、某一特定地域无法覆盖或无法到达的信息的重任和使命。短信传播和微信传播的"大众传播"作用已经逐渐显现，在应急事件和危机传播中占据了传统大众传播无以取代的位置，其受众人群数量、信息到达率、目标准确率和传播效果甚至已然超过了传统大众传播方式。

哈佛尼曼学者、专栏作家安替（Michael Anti）感叹，微博时代的新闻专业主义已经飘移，读者已经不再相信记者是没有观点的人了。现在，最有名的记者必须是最有观点、最有姿态的记者，"这可能意味着什么？也许时代也就这样了，那些批评名人名记者的人也在微博时代纷纷搏出位，区别只在于，一个是博客时代，一个是微博时代，但真的有区别吗？我们已经不好意思对别人说三道四，我们已经自顾不暇了。"

时代或许真的不一样了，而今人人都是记者，记者却越来越不像记者，人们不再阅读他们的作品，而是阅读他们的观点、情绪、行为——看得见的行为。扎实的报道、优美的文字，还有富有逻辑的思辨，正让位于焦急的只言片语——如果人们认为那些言之凿凿的简单判断和段子就是整个世界的话，他们为什么要费功夫去啃那些冗长的文章呢？低调和默默无闻也已不是美德，一个个的"@"，构成了新的人际关系，那些拽人名的人——他们好像只有在与那些大 V、大名字的互动里才能找到自我——却恰恰能够成功。从一个更宽广的层面看，麦克卢汉的预言好像到了今天才真正实现：媒介即信息，形式本身成了内容，传播什么已经不重要了，重要的是传播本身，或许我们也可以说，姿态胜利了。

一、全球电信传播研究现状

由于电信与大众传播的天然联系，世界各国对电信传播的关注由来已久，电报、电话、传真等电信技术为报纸、杂志、广播、电视的作用人所共知。然而，电信传播作为一门独立学科真正引起电信行业和传播学界的重视，却是 20 世纪末期的事情。其标志事件有二：一是欧盟国家在 1987 年发表的欧盟《电信绿皮书》，制订了将电信传播产业导入竞争的时间表，并于 1998 年 1 月 1 日完成了这一过程；二是美国为了加强电信传播领域在国际上的领导与统帅地位，美国国会在 1995 年开始讨论《电信传播市场竞争及解禁法案》，于 1996 年 2 月通过了《电信法》并付诸施行。该法案的通过，解决了长期以来电信行业和广播电视行业混沌无序的竞争状态，使电信与广播电视传播紧紧地联系在一起，开启了美国电信传播走向融合、走向世界的大门。

随着全球互联网的高速发展，"第四媒体"在各个领域的全面渗透，手机短信的巨大影响力和手机电视、手机网络的兴起，电信传播具备了足以挑战传统大众传播的实力，围绕该领域的研究也达到了新的境界，科研成果陆续涌现。法国的雅克·德里达、美国的琳恩·斯切弗·格罗斯（Lynne Schafer Gross）和科塔达等，就是电信传播领域研究的先行者。

雅克·德里达（Jacques Derrida，1930—2004 年）是 20 世纪下半期最重要的法国思想家与哲学家之一，法国结构主义的杰出代表。他的著作里提到政治世界从 19 世纪的关注政党和国家的政治模式向以大众传播文化（德里达称其为电信传播技术设备）为条件的政治模式的根本性转变。一直关心政党的马克思主义（即过去的马克思主义）是"从根本上无法适应新的公共空间、政治生活、民主以及它们所要求的代议制（包括有议会和没有议会两种）的新条件——电信、技术、传媒（或电信传播技术）"。

美国加州州立大学富勒顿（Fullerton）分校教授琳恩·斯切弗·格罗斯在她编著的 *Telecommunications: An Introduction to Electronic Media with PowerWeb* 一书中，系统详尽地介绍了电信传播与传统广播电视的关系。

格罗斯指出，电信涵盖了传统广播电视。① 电信传播是传统广播电视传播的高级阶段，起初只是用来特指一些电话公司的业务活动。随着电信通讯技术各传统媒体的整合，电信传播现在已经扩展到整个广播电视领域。

格罗斯说，20 世纪 80 年代之前，人们在同一时间收看同样的电视节目。美国三个广播电视公司竞争激烈，各自平均占据 30% 左右的收视观众，他们是大众传播系统，发送观众只能被动接受的节目信号。随着互联网等其他媒体形式的介入，广播电视成为分化的媒体，观众也因此细分而数量减少，三大广播电视公司的首领们再也不能操纵观众们应该看什么节目，什么时候看这些节目。我们能够把节目录制下来在需要的时候收看，也可以到附近的碟屋租一盘电影带回家看。除了 NBC、CBS 或者 ABC，我们可以随便挑一个有线频道，或者是新成立的福克斯频道，或者是教育频道，还有大大小小独立的电视台和互动电台。曾经的三巨头拥有的观众之和戏剧性地垂直下降。

到了 90 年代，电信领域继续扩大。电报电话公司加入到这个曾经只被广播公司和电视公司占领的行当，一度低调的电话通讯线路和计算机、调制解调器结合，催生一系列互动业务，产生了电子邮件和互联网上的海量信息。尽管开始只有基本的文档和图片可供浏览，却已足够提供以前只能从报纸杂志或者广播电视获取的新闻、股市行情、体育进展等。②

长期在 IBM 从事战略研究的詹姆斯·W. 科塔达（James W. Cortada）长期致力于电信通讯技术与计算机技术在美国政治经济文化娱乐生活等的驱动力方面的研究。在他共计三卷的系列丛书——*The Digital Hand* 中，选择了将电信、金融、教育、媒介、娱乐、运输等 16 个行业放在一起进行研究。在詹姆斯·W. 科塔达看来，这些行业之间存在着很多共性，而支撑与融合这些共性

---

① 这与国际电联（ITU）的概念和《欧洲电信规制条例规范》一脉相承。

1993 年，ITU 关于电信做了如下定义：利用电缆、无线、光纤或者其他电磁系统，传送或发射、接收任何标识、文字、图像、声音或其他信息的系统。

2003 年 7 月 23 日实施的《欧洲电信规制条例规范》指出：广义的电信网络指以信号传输为目的，用于广播电视转播和无线电视的网络，与传输信息的种类无关。

② See Lynne Schafer Gross, *Telecommunications: An Introduction to Electronic Media with Power-Web*，McGraw-Hill higher Education, 2005.

的主轴就是计算机与电信通讯技术。

在系列丛书的第一卷——《数字之手：计算机如何改变了美国制造、运输和零售行业（2004）》中，科塔达提出，信息技术（IT）对商品的制造、运输和销售等很多行业的日常运作产生了深刻影响。由于信息技术（IT）的强力作用，在20世纪末的时候，商品的制造、运输和销售等已经形成了一个全新的商业体系。在第二卷——《数字之手：计算机如何改变了美国金融业、电信传播业、媒介产业和娱乐产业》中，科塔达将注意力转到美国的金融、电信传播、媒介和娱乐产业等领域。在这些领域中，通常更依赖于信息的输出而非贩卖有形的商品，因此他们也更早地使用了大量数字技术和通讯工具。在此，科塔达明确提出了"数字之手"的巨大魔力和无穷影响力在经济活动中曾经起过和正在产生的影响效果，与经济管理行为或客观外延之主观角色的重要性不相上下。

科塔达认为，计算机与电信通讯技术之所以能够成为支撑与融合这些共性的主轴，缘由有五点。第一，这些行业都广泛使用电信技术。第二，它们大量使用各种计算机技术，并且在我们研究所涉及的很长一段时间内一直在使用。第三，它们的主要产品是信息、数据和经验，不是传统的汽车或日杂用品等物化商品，信息是他们的主要资产。例如，银行储存的账户资金数据远远大于其实际放在柜台里的现金数量，广播电台通过电波传递信息，而电话公司使得人们可以相互对话，交换信息。第四，这些行业越来越多地被认为是现在这个可以称之为信息时代或信息社会的主要支柱，因此，我们需要详细的了解这些支柱的结构。第五，可能也是最重要的一点，就像很多人提及的那样，这些行业在使用数字技术不断地加强互动，但是还没有完全融合到一起。如果这种趋势持续发展，我们即将进入到后工业经济——一个不仅是信息传递的，还包括货物的制造、运输和销售的经济体系。更确切地说，这种"新"经济体系仍然在继续扮演其刺激生活的物质需求的历史角色，同时扩大了人们之间的相互影响，而这种互动被认为是经济体系和整个社会的核心功能。这样的结果，与其说是从"旧"经济体系的角色中撤离，不如说是为了完成历史使命而进化到一个新的阶段。

这些论著尽管都看到了电信对各行各业的影响，在业界产生了一定影响，但是都没有实质性的学术突破，没有引起学界的更多关注。在传播学理论界看来，这些著论没有提出完整的电信传播概念，指出其传播特点、传播属性、传播功能和传播效果，没有将电信传播提炼到与大众传播并驾齐驱的境界，没有指出大众传播与电信传播的内在联系与本质差异，自然也就缺乏理论化系统化的学术高度。

二、我国电信传播研究现状

我国学者早已注意到电信传播在新时期的特殊价值与意义。中国人民大学郭庆光教授在日本东京大学攻读博士学位及工作期间，就开始留意电信通信技术对未来传播格局的深刻影响。他认为，"3G"时代的移动互联网、移动电视为处理应急事件提供了极大便利，电信传播在危机传播中的高效快捷使之成为政府机构果断决策的重要手段。郭庆光教授肯定电信传播理论研究的学术价值，在与作者的交流中，多次鼓励后学深入研究，并预示电信传播学将是当今和未来很长时间的"学术高地"。

1996 年，"太平洋电信传播理事会"在美国的夏威夷举行，中国社科院曾有学者莅会，希望了解世界各国在电信传播方面的科研动态和最新成就，并撰写了《环视太平洋面向新世纪——1996"太平洋电信传播理事会"纪要》，刊载于当年的《国际新闻界》。

后来的大量调研（包括访谈莅会人员）发现，所谓"太平洋电信传播理事会"应为"太平洋电信理事会"（Pacific Telecommunications Council ，PTC）。无论是会议的主论坛分论坛、会议主题与论及的内容，还是会议的领导机构、组织单位、主办方、莅会人员，都是与"电信"深度关联而非"电信传播"。由于"Telecommunication"具有"电信通讯"和"电信传播"的双重意思，造成了一次学术微瑕与学术误导。

我国台湾地区较早注意到电信传播的特殊价值，从政府到学术团体开始了实质性动作。2005 年 10 月 25 日，台湾地区立法机构第 6 届第 2 会期第 7 次会议通过"国家通讯传播委员会组织法"。2006 年 3 月 1 日,"国家通讯传播委员会"成立,开始运作。

台湾"国家通讯传播委员会"(简称 NCC 或通传会),是台湾电信、资讯、传播等事业的监理机构,其专业为一独立于行政部门的"机关",该"机关"仿效自美国"联邦通信委员会"(Federal Communication Commission,FCC)。在此之前的审查业务由"行政院新闻局""交通部电信总局"等单位负责。"国家通讯传播委员会"委员由行政机构负责人提名,经立法机构同意后任命。在此背景下,中正大学下属的社会科学院传播学系亮出了"电讯传播研究所"的旗帜,这应该算是中国最早专门研究电信传播的学术机构。

2005 年 11 月,在南京召开的、以"网络社会:传播与控制"的第二届"中国网络传播学年会"专门开设子论坛"短信时代与电信传播",可以管窥出学界已经开始对"电信传播"进行学术关注,看到了手机短信与电信传播的密切关联。

最近几年来,北京邮电大学已经在电信传播领域做了一些有益的尝试。2006 年,笔者根据北京邮电大学的学科背景,在国内第一个开设了《电信传播学》本科课程,同时自创课件,并着力将其作为传播学硕士的专业发展方向。为了充实电信传播研究力量,完善电信传播学科体系,笔者领衔在北京邮电大学成立了电信传播研究中心,在各类专业期刊上发表关键词为"网络传播""新媒体""三网融合"和"网络文化"等论文数十篇。

笔者对"新媒体"有着独到见解,明确指出"新媒体是电信媒体,新媒体传播即电信传播"。新媒体的"新"主要是相对传统大众媒体而言,归根结底就是传播载体新、传播方式新、传播效果新,继而带给受众新的思想、新的生活方式、新的精神境界。新媒体是高科技的产物,是人类潜质的彰显,是想象力和创造力的体现。从某种意义上说,新媒体就是想象力媒体。[①]

"三网融合"已经成为中国的国策,市场前景巨大。随着"3G、4G"时代的到来,互联网、广播电视网与电信通信网在新技术促进下业务渗透与合作增

---

① 参见曾静平:《新媒体正名——名家观点》,《中国广播影视》2008 年第 3 期。

多并提速，特别是伴随着下一代互联网（NGN）构想的正式诞生，使中国"三网融合"迎来了新的发展机遇。笔者提出，中国"三网融合"有必要借鉴国外"三网融合"的经验，厘清我国"三网融合"的问题和症结，要从政策法规、行业监管、技术成果、内容渗透、市场运营等各个方面进行"大动作"、施行"大手术"。同时，要尽快改变当下"三网融合"研究与决策光从各自领域（行业）的势力范围、技术运用、商业利益或业务推及等微观角度出发的现状，要从中观或者宏观层面透视政府决策部门在此间的重大意义，洞悉"三网融合"与国家信息化建设的紧密关系，远虑至铸造"资源节约型社会"和国民经济和谐发展等国计民生的重大影响。

笔者根据中国"三网融合"的发展现状以及中国广播电视产业的运营背景分析，我国广播电视台应抓住这一契机，以广播电视网站为突破口，融入"三网融合"大潮。为此，2009年，笔者领衔的北京邮电大学电信传播研究中心联手央视索福瑞媒介研究有限公司撰写了国内第一本《中国广播电视网站研究报告》，并且围绕这方面写了《我国广播电视网站现状分析与发展对策》《网络广告的形式变化与创意空间》《广播电视产业的突围与突破》《开启中国三网融合新华章——写在下一代网络融合与发展中国峰会开幕之际》《国外三网融合发展沿革及启示》《中国互联网文化强国的理论探讨》《论中国网络文化的分级分类研究》《电信传播的研究路径与理论构架》和《我国行业特色型大学之融合学科研究——以电信传播学科为例》等论文，指出"广播电视网站是三网融合的重要标志""广播电视网站是绿色网络文化的先行者""广播电视网站是广播电视产业扩张的重要举措""广播电视网站建设需要挖掘原生态音视频资源""广播电视网站既需要台网联动更需要网台联动""电信传播是三网融合的重要力量，与传统大众传播有着密切联系，又有着自身的传播方式、传播特点与受众人群"。

在接受中央人民广播电台采访时，笔者特别强调报纸杂志广播电视等主流媒体网站在营造绿色网络文化的特殊表率作用，尽可能提供更多更丰富的健康合法的信息资源，满足广大网民的需求，以严格把关的正版音视频素材，抵御网络色情、网络暴力等低俗有害的非法信息的侵扰。①

2010 年，笔者在多年研究的基础上，在《现代传播》杂志发表了《电信传播的研究路径与理论构架》一文，这是中国大陆学者第一次以全新的视野和视角论述传播学领域的新成员——电信传播。文章对电信传播的基本定义、研究背景、发展脉络、学科体系和学术价值等各个方面做了开创性的全面诠释。

北京邮电大学电信传播研究中心组织专业力量引进翻译了《数字之手》（共三卷）、《澳大利亚电信传播》、《1900—1996 美国电信政策的历史和社会学研究》、《电信传播——数字时代的广播电视和电影》、《电信传播与广播电视，融合或碰撞》等国外前沿研究成果，编著了《中外新媒体产业》、《网络文化概论》、《拒绝负联网：互联网乱象与治理》、《广电网站概论》和《希望：新媒体崛起》等著作。

2009 年 8 月，北京邮电大学互联网治理与法律研究中心成立。这是国内第一家专业从事互联网传播与治理及信息社会法律的系统化、理论化研究的学术机构，为电信传播学科体系开辟了互联网传播立法、网络知识产权、网络版权、信息法、电子商务法等新版图。

应该看到的是，目前无论是欧美发达国家的电信传播还是国内的电信传播学术研究与学科建设，明显落后于实际需要。在围绕电信传播的学科融合建设方面，很多时候还处于摸着石头过河阶段。

三、电信传播的学术价值与主要内容

20 世纪 90 年代以来，电信通讯技术蓬勃发展，不知不觉间，4G 时代已经到来并即将迎来 5G 时代。以前一直独立发展的广播电视和电信通讯以及计算机网络，越来越趋于走向协作化、交融化和一体化。互联网的崛起，手机短信的流行，手机电视、IPTV、网络电视、ICT、物联网和云计算等的勃兴，构

---

① 参见赵明明、白杰戈:《清理整顿非法视听网站有利于网络发展》，2009 年 12 月 13 日，见 http://China.cnr.cn/yaowen/200912/t20091213_505.html。

筑出"信息消费"时代各种增值业务潜滋暗长,电信网络技术与传统媒体的内容相互依赖,在业务上日趋嫁接重合,形成了信息爆炸时代多渠道并行、传授主体颠覆的电信传播。

本书纵览了美国、英国、澳大利亚以及日本、新加坡等电信传播的发展变迁,见证了我国方兴未艾的电信传播动态,集纳了世界各国顶级学者关于电信传播的旁征博引,汇聚了我国业界专家和作者本人多年的调研和学术精粹,浓缩了当前最前沿的理论成果,映现了"三网融合"时代的最新行业脉动,立论新颖,实战性强,希望成为国内第一部全面介绍电信传播的教材类学术专著。

1. 电信传播学丰富了传播学教材文库,成为我国新闻出版院系学习的重要内容。最近几年,我国的新闻传播院系增长迅速,五花八门的传播学教材让读者目不暇接。其中,以"传播学"冠名的各种版本,包括翻译的外国名家著作,国内学者自己编写的作品,就多达数十种。由于这种题材几十年来没有创新,我国当下传播学中的很多内容难免重叠重复,不仅让师生们难以取舍,而且造成了不必要的浪费。

电信传播学位居学术前沿,立意前瞻,内容新颖,满足了"大媒体"快速发展过程中理论和实践的要求。在"大媒体"时代,电信传播不仅可以使濒临困境的传统媒体"凤凰涅槃",实现广播电视和印刷媒体等产业规模的几何级飞跃,而且能够使整个信息产业进入到一个前所未有的新高度。

电信传播学可以填补传播学领域的理论空白,拉近我国与世界传播学某一理论领域的距离。自 20 世纪 80 年代我国传播学起步,到现在还处于引进消化吸收阶段,没有实现完全的本土化,形成中国特色。20 多年来,我国的传播学理论更多的是亦步亦趋,走在世界传播学领域的后面。

电信传播学作为传播学的一个分支,在国际上刚刚起步,还没有形成完整的理论体系,更没有一本正规的"电信传播学"教材。本著作在该领域的研究成果与全球同步,在涉及电信传播中国化方面甚至先行了一步,可以比肩世界最高端的学术精华,同时通过对电信传播的系统化和理论化,建构成电信传播学,填补学界空白。

2. 电信传播学为新媒体传播理论问道论道和寻根逐源。在人人必言"新媒体"、必言"新媒体传播"时代，电信传播可以找到不同表现形态的新媒体传播根脉，对每一种"新媒体传播"的发展背景、受众人群、传播特点和传播效果等按图索骥进行梳理，分门别类加以论证，更加有助于新媒体传播理论建设的严谨化与科学化。

严格意义上说，"新媒体传播"不属于一个"货真价实"的传播学分支。新和旧永远是相对的，大千世界如此，媒体变迁也是如此。广播媒体对于报纸媒体而言是新媒体，电视媒体对于广播媒体而言又是新媒体，互联网的出现对于传统报纸杂志广播电视而言，当然是新新媒体。

现在的学术研究论著中，笼而统之将互联网列称为新媒体，既有其时代发展的必然性，又存在学术研究的不严谨问题。加上一些学者连传统媒体还没有真正弄明白，就遑论新媒体，更造成了新媒体传播学术研究的混杂。例如，电报传播作为一种独立的传播样式，随着时代科技的潜变在 21 世纪之初寿终正寝，但个中仍有很多传播学现象值得关注。电话传播至今还在沿用，但其使用场景、使用对象、使用方式已经发生了根本性变化。网站传播与电子邮件传播、博客微博客传播就存在着传播内容、传播对象、传播效果等不一致的状况，QQ 传播、微信传播、视频直播中的弹幕传播又有着其独有的特点与规律。

电信传播学的问道与论道包括：①在传统传播理论体系中，电信传播从来没有缺席，为什么历经 100 多年，曾经为远距离大众传播作出创始性贡献的电报传播在大多数新闻传播著论(新闻传播史论史学) 中几乎找不到"只言片语"？电话（传真）沿用至今，"电话连线"还时不时出现在电视节目中，为什么新闻传播管理机构和学术研究人员视而不见，同样将其隐身在新闻传播"幕后"？②在新时代传播阵营中，电信传播的价值地位日益显现，网站传播、电子邮件传播、短信传播、QQ 传播、博客微博客传播、飞信传播和微信传播等新型电信传播方式的社会影响力足以与传统大众传播分庭抗礼，短信传播、QQ 传播和微信传播等即时通讯在应急事件和危机传播中占据了传统大众传播无以取代的位置，为什么得不到有关方面的确认？③在未来传播理论谱系中，电信传播理论是否应该与原始传播、口语传播、印刷出版、电子传播和未来传播等量齐观，共同建筑符合时代发展的"全景式"新闻传播理论谱系？这是新闻传播理论研究尊重历史、还原历史的为学之道，也是中国新闻传播理论工作者面向现实、着眼未来的使命担当。

3.电信传播学可以实现学科整合，建构形成中国特色的电信传播学科体系。电信传播学横跨文学、语言、艺术、法学、传播学、电信基础学、信息通讯学、广播电视学、数字技术和营销管理等多个学科，深入到技术、理论和实践等多个角度，重点涉猎网络传播、手机传播、短信传播、QQ传播和博客传播等方面。

电信传播学在借鉴大众传播学时代独有的"电视人""容器人"等的基础上，对互联网时代的"网络人"和手机时代的"手机人""短信人"等的年龄性别、心理特征、意识形态、价值取向、行为方式和社会影响等展开全面立体的剖析，深入探索"网络游戏痴虫""QQ痴虫"和"短信痴虫"的文化属性、地域分布和人群特点。

与此同时，电信传播学对一些有争议的观点正本清源，例如，网络炒作的传播属性、网络恶搞与网络黑客的正负面效应、网络欺诈与手机短信欺诈的怪状以及手机传播与互联网传播的交叉融合等等。此外，电信传播学还充分考虑中国国情，综合各种不同案例展开分析，求证其渊薮根源，进而逐渐建构成打上中国烙印的特色传播学科体系，以适应与满足我国即将成为世界上最大的信息社会的全面需求。

4.电信传播学为我国特色型大学的融合学科发展探出一条新路。在建设创新型国家、走新型工业化道路、推进农村改革发展的大背景下，我国的行业特色型大学建设面临新的机遇和严峻挑战。在新的形势和条件下，如何调整学科、专业与课程结构，使之既满足专业人才培养要求，又能拓展学生的知识面，促进综合素质的建设和复合型人才培养，成为摆在这些大学面前的紧迫而现实的问题。因此，我国高水平特色型大学走"多科性特色型融合学科"发展模式，是比较理想的选择。①

电信传播学是新时期在高精技术催生下的崭新学科，是传统媒体与电信通

---

① 参见王亚杰：《对行业特色型大学建设的思考》，《中国教育报》2009年3月2日。

讯技术嫁接的产物，是高精技术、传统信息与新型内容的融合汇流。我国目前约有新闻传播院系 600 多所，电信通讯院系 100 多所，还有几十所既有传播院系又有电信通讯院系的综合型大学。在我国行业特色型大学中发展电信传播，培育符合"三网融合"国策所需的复合型人才，既可以发挥这些院校（系）传统的学科基础和专业特色，又可以解决这两类特色型大学学科专业数量少、专业面窄、过分强调行业对口集中的发展瓶颈问题，为我国特色型大学的融合学科发展探出一条新路。

电信传播学以现代信息产业为制高点，以广播电视产业、互联网产业和电信通讯产业为立足点，理论联系实际，有望为我国高等院校探索出一条"产学研用一体化"新路。电信传播学是工科、理科与传播学、艺术学和管理学等社会科学的融合，是高等教育资源整合的具体有效措施，既有利于行业特色型大学的多学科发展，也与国家倡导的资源节约型社会一脉相承。

全书共分为十章。第一章是概述电信传播的基本概念、学术分野、涉猎范畴、受众人群与传播特点。第二章是电信传播的发展历程，主要描述电报电话传真等电信传播初期的发展脉迹，既考察到电信传播初期的积极意义和深远影响，又明确其传播属性与地位——为大众传播做好铺垫当好配角。随着互联网媒体和移动互联网媒体等电信媒体的兴盛，电信传播的地位与影响日益提高，逐渐进入到与大众传播交融互动、等量齐观的位置。第三章是电报传播，谈及电报的诞生、发展到消亡的全过程，包括电报传播在远距离信息传递与交换中的特殊作用。第四章是电话传播，主要论述电话（传真）的发明、电话精英传播到大众传播的发展背景以及电话连线的特殊价值，4G 时代视频电话和手持电话传播的传播过程、传播特点和传播效果。第五章是互联网传播，从互联网衍诞的发展轨迹开始，涉及网络类型、传播内容、受众人群与传播特点、社会功能与作用地位以及网络文化等方方面面。第六章是电子邮件传播，电子邮件作为互联网传播的衍生物，涉及不同类型电子邮件的传播内容和传播特点，垃圾邮件和涉黄涉毒造谣电子邮件的管理控制以及电子邮件的传播范式，等等。第七章是博客（微博）传播，这是网络技术进步的产物，是电信产业增值的需求，是多元社会建构的呼唤与多元文化传播的具体体现。第八章是短信传播，短信是 2G 技术的产物，是电信增值的需求，是多元社会与多元文化的呼唤，其分类与特点值得关注和期待，传播功能与作用地位也在此中有所涉及。第九章是 QQ、传播，论及 QQ 传播的受众人群、传播特点、社会功能与作用地位。微信与 QQ 有着特定的关联，二者又有取代手机短信的架势，其与定位技术的完美结合，是定向传播、层级传播与精确传播的典范。第十章是素养传播，严格区分"素养传播"与"传播素养"的不同概念，观照的是传播机构对不同国家和地区（地域）、不同年龄、不同性别职业等受众在不同类型电信传播产生与发展过程中，全面统筹、科学实施、循序渐进地将管理规章、技术特征、使用须知、付费状况、隐私保护、正负面影响等传达给消费者，使之高速率、高效能地实现"无障碍传播"。

| 第一章 |

概　论

按照米歇尔·福柯（Michel Foucault，1926 年 10 月 15 日—1984 年 6 月25 日）的理论，话语作为基本的文化符码，统一控制着认知图式、语言和什么是"知识"。学科构成了话语产生的一个控制体系，它通过同一性的作用来设置其边界。因为任何话语实践都是由与其他话语的关系来界定的，并以复杂的方式利用其他话语。西方的传播学作为一门在知识殿堂中堂堂正正的学科是从 20 世纪 60 年代开始。传播学代表了一种研究传播行为和现象的分析方法或框架。作为理论分析框架，它由三个主要部分组成：视角（perpecive）、参照系（reference）或基准点（benchmark）和分析工具（analyticaltools）。接受传播学理论的训练，是从这三方面入手的。

我国学者陈卫星认为，理解传播学的理论，同样需要懂得这三个部分。如果以今天的西方传播学研究为参照，研究的硬件范围主要有电信、媒介和多媒体计算机网络三大板块，电信板块包括电话、图文信息、通讯卫星、传真、远程数据传输、调解器、数据库等；媒介板块包括报刊、书籍、广播、电视和广告，与之相关的有通讯社、文字处理、编辑出版；而多媒体计算机网络这个板块主要包括多媒体应用、人工智能和互联网，这几块都属于社会的生产性领域。由此可见，"电信"是西方传播学研究的参照系中与媒介和多媒体计算机网络平起平坐的硬件范围的三大板块之一，电信传播包括电话、图文信息、通讯卫星、传真、远程数据传输、调解器、数据库等的信息传递与交换。

从知识谱系来看，传播学涉及哲学、法学、历史学、地理学、生理学、心理学、社会学、人种学、经济学、政治学、生物学、控制论和认知科学等，当然也有与传播话语结构相关的语言学和文学以及与市场和行政相关的管理学。传播学一方面不断提出自身的学术合法性问题，另一方面又推动传播学与其他学科的融合和挪用，来构建自己的学术自治地位。[①]

20 世纪下半叶以来，全球信息高速公路快速成长。1981 年，艾尔·戈尔（Al Gore）在美国科学与电视艺术研究院的一次讲演中，首次把工业经济的基础设施"高速公路"的概念，引申到了知识经济的基础设施"信息高速公路"的概念上，开拓了后来逐渐形成的构成知识经济骨干部分的互联网经济。

信息高速公路（Information Highway）实质上是高速信息电子网络，它是一个能给用户随时提供大量信息，由通信网络、计算机、数据库以及日用电子产品组成的完备网络体系。全球信息高速公路计划的开发和实施，不仅促进了信息科学技术的发展，而且有助于改变人们的生活、工作和交往方式。信息高速公路融合现有计算机联网服务、电话和有线电视的功能，成为教育、卫生、娱乐、商业、金融等内容极其广泛的服务项目的载体。

20 世纪 80 年代初期，中国改革开放的总设计师邓小平在和日本等外国客人谈论中国现代化的发展战略时，就注意到发展信息传播事业的重要性，由此推动有关部门后来制定了优先发展电信传播的政策。仅仅 30 多年的时间，中国的电话用户已经突破了 15 亿大关。其中，我国的固定电话用户从 20 世纪 80 年代初的 300 多万户增加到 2015 年的 2.31 亿户，移动电话用户已经达到 13.06 亿户，接通电话的行政村比重高达 100%。2015 年，全国电话用户净增 121.1 万户，移动电话用户增加 1964.5 万户，固定电话用户减少 1843.4 万户。

与此同时，中国网民数量继续领跑全球互联网市场。自 2008 年 6 月中国

---

① 参见陈卫星：《传播的观念》，人民出版社 2004 年版。

网民数量首次超过美国跃居世界第一后，最近几年持续高位增长。截至 2015 年 12 月，中国网民规模达 6.88 亿，互联网普及率为 50.3%，手机网民规模达 6.2 亿，占比提升至 90.1%，无线网络覆盖明显提升，网民 Wi-Fi 使用率达到 91.8%。手机即时通信、手机搜索、手机视频和手机网络游戏用户规模连续多年持续增长，电子商务应用在手机端应用发展迅速，手机在线支付用户人群进一步扩大。

自 2011 年我国电话用户达到 10 亿大关之后，以移动电话为主体的电话用户继续快速增长。2015 年，全国电话用户的电话普及率达 112 部 / 百人，北京、辽宁、上海、江苏、浙江、福建、广东、海南、内蒙古和宁夏 10 省市的移动电话普及率超过 100 部 / 百人。手机短信业务量由 2000 年的 10 亿条增长到 2012 年的峰值 8973.1 亿条。2013 年，随着微信业务的放量增长，我国手机短信业务量首次出现下滑，总业务量为 8916.7 亿条。2015 年，全国移动短信业务量继续下滑到 6991.8 亿条，彩信业务量 617.5 亿条，同比下滑 4.6 个百分点。①

这些电信基础设施的高速发展与完善，构筑成世界上拥有最大客户群的电信传播网。在中国有可能成为世界上最大的学习型社会的同时，也有可能成为世界上最大的以电信传播为主体的信息化社会。

这种学科多元性和全球信息爆炸性，就会形成传播学发展的内部张力，形成各种复杂的交叉视角，如物理和非物质的网络、生物和社会、自然和文化、微观和宏观感知、村社和全球、施动者和系统、个体和社会、自由裁决和社会决定等等，诞生出电信传播的动因。

电信传播学就是在这样的多学科知识谱系中，在信息全球化、经济一体化、传播村落化的背景下，把硬科学和软科学相结合，把科学实证与人文反思相结合，把工具理性和社会批判相结合的结果。这是时代赋予传播学的使命，也是当今传播学的发展趋势与发展未来所在。

电信传播是电信通信技术与媒体融合所带来的位置颠覆，是 21 世纪世界

---

① 数据来源：工业和信息化部运行局发布的年度我国通信业主要指标完成情况。

传播格局的重新洗牌。电信传播学作为一门学科，是电信通信的媒体作用与地位日益显著的结果，是传播学不断演进与分化裂变的产物。在电信传播时代，电信媒体的受众人群日趋广泛，传播功能与传播效果益加显要，学术研究不断分化深入，研究成果不断丰富，电信传播学的学术地位慢慢开始浮出水面。

电信传播学作为新时期的崭新学科，它的学术分野、传播特点、受众人群、传播效果与学科基础等，既保持着报纸杂志传播、广播电影电视传播等烙印，又是一个漫长潜变跌宕起伏的跃升，开启了传播领域一片古老而新奇的天地。

第一节　基本概念

关于"传播"一词的注解，有着数十种版本。依照汉语释义，"传""播"与"传播"是三个层面的意思。"传"即有传授、传布、传送、传达和以命令召唤等五重释义。①传授，转授于人。韩愈《师说》："师者，传道授业解惑也。"《淮南子·精神训》："故举天下而传之于舜。"②传布，流传。如：其书必传。《礼记·祭统》："有善而弗知，不明也；知而弗传，不仁也。"③传送，传递。《孟子·公孙丑上》："速于置邮而传命。"④传达，表露。如：传神，传情。《庄子·天道》："意之所随者，不可以言传也。"⑤以命令召唤。如：传见，传审，随传随到。

"播"也有五重意思：①撒，布种。如：播种，春播。《诗·豳①风·七月》"其始播百谷。"②传播，传扬。如：广播，播音。《后汉书·袁绍传》："播名海内。"③分散。《书·禹贡》："又北播为九河。"④舍弃。《楚辞·九叹·思古》："播规矩以背度兮。"⑤迁徙，流亡。《后汉书·献帝纪赞》："献生不辰，身播国屯。"参见"播迁"。②

---

① 豳（念 bin），陕西一地名。——笔者注
② 《辞海》，上海辞书出版社 2002 年版，第 128 页。

那么，"传播"则有二：①即传布。如：传播消息。②在传播学中，指人与人之间通过符号传递信息、观念、态度、感情，以此实现信息共享和互换的过程。①

一般认为，"传播"源自拉丁语"Communis"（community），有交往、交流、交通、通讯、传播等的意义。在西方语系中，和"传播"相近有关的英文单词，就有"Communication"（交往、交流、通讯、传播）、"Dissemination"（传播、扩散、宣传）、"Transmission"（传输、传送、播送）、"Spread"（传播、传送、宣传）和"Propaganda"（政治、政党等的宣传、传播）等多个词汇。

W. 巴内特皮尔斯（W.Barnett Pearce）在他 1979 年出版的《传播与人类环境》一书中说道，"传播主要是伴随着工业化、大企业和全球政治而来的诸如无线电、电视、电话、卫星和计算机网络等传播技术的兴起而产生的"。

美国学者西奥多·克莱文杰（Theodore Clevenger）1991 年在《传播研究》杂志发表了名为《一个人不能传播吗》的文章，对传统的传播范式提出质疑。西奥多·克莱文杰看到，学者们曾多次尝试给传播下定义，但是给出一个单一的定义已证明是不可能的，看来还不如探讨一下在这一词语中包含的各种意义更为有益。西奥多·克莱文杰注意到，"从学术或科学的角度对传播下定义方面遇到的困扰不解的问题来自这一事实，即动词传播（to communicate）在普通词汇中沿用已久，因此很难把它作为科学用语使用"。

弗兰克·丹斯（Frank Dance）在澄清这一模糊的概念方面跨越了一大步，他提出了把传播和其他事务区分开来的几个基本因素，找到了三个"关键的概念差异"，即观察水平或抽象性、目的性和规范性，传播的定义正是在这几个基本方面发生了区别。

他认为，从抽象性角度而言，传播是"把生命世界不相连的部分联系起来的过程"，以目的来定义则是"在这些情景中信息提供者抱着影响后者行为的意图向接收者传输信息"或"把为一人或某人所垄断的变成为两人或更多的人

---

① 《辞海》，上海辞书出版社 2002 年版，第 232 页。

共知的过程",如果按照规范性判断,"传播是对一个思想或想法的口头交换,是信息的传递。"①

按照美国蓝盾书屋(Rondom House)1964年出版的《美国大学词典》的说法,"传播是通过电话、电报、无线电、通讯员等传送信息、命令等的传递过程"。这不仅有着明显的局限性,而且活脱脱的就是一个简单不过的"电信传播"范本。

> 我们认为,传播是人与人之间、人与自然生物之间、人与社会之间,运用有意义的符号、语词、场景及其他编码译码,通过各种有效的传输管道,进行信息传递、信息接受或信息反馈的全部活动的总称。

根据国际电信联盟(International Telecommunication Union,ITU简称国际电联)1992年在日内瓦通过的《国际电信联盟组织法、公法和行政规则》中对电信的定义:电信是利用有线、无线、光或者其他电磁系统传输、发射或接受符号、信号、文字、图像、声音或其他任何性质的信息。这与法国1990年《电信法》规定的"电信是指对符号信号、文字、图像、声音和信息由无线电、光学仪器、微波或其他电磁手段以任何方式进行传递、传播或接收"的内容基本一致。

2000年9月20日,中国国务院第31次常务会议通过且施行的《电信条例》第二条之规定,电信是指利用有线、无线的电磁系统或者光电系统,传送、发射或者接收语音、文字、数据、图像以及其他任何形式信息的活动。这种活动表现为电信业务经营者提供各种电信业务的行为,比如电话服务、电报服务、数据服务、图像服务以及多媒体通信服务等等。广义的电信网络还包括了以信号传输为目的、用于广播电视转播和无线电视的网络。

依据国际电信联盟对电信的定义,结合我国电信传播发展的实际情况,我们认为:

---

① 参见[美]斯蒂文·小约翰:《传播理论》,陈德民等译,中国社会科学出版社1999年版。

电信传播是以在无线电、光纤或其他包括卫星网络、固话（电路交换和分组交换，包括因特网）网络和移动通信网络、电缆系统等在内的电磁学方法进行信号传递的传输系统所构筑的信息高速公路上，通过专业传播组织（机构）或个人，运用专业技术手段，面向个体或大多数受众进行的高速信息传输与交换活动。

在"3G、4G"技术推进下的"三网融合"，为电信通讯作为一般通信工具打开了新的一扇窗口，即在信息交换与传递体系中扮演着越来越重要的角色。电信网络已经成为信息内容的传播网络，电信终端也已经成为新的媒体终端，电信传播的时代地位呼之欲出。

一、电信传播融汇了多种传输系统

电信传播的传输系统不似大众传播般自上而下、由点到多的单一直线，而是一个庞杂的包含了无线电、光纤或其他包括卫星网络、固话（电路交换和分组交换，包括因特网）网络和移动通信网络、电缆系统等在内的电磁学方法进行信号传递的传输系统。而且，随着新兴技术的不断涌入，电信传播的传输系统正越来越丰富。

早期的电信传播就是电话电报，基本上属于单线的人际传播，而且无论是传播者(打电话发电报者）的数量，还是信息接收者的人群，都受到政策法规、社会地位、经济水平、传输地点和技术壁垒等多方面的制约。

电报的发明和应用，为远距离信息传播开辟了一条崭新渠道。随着社会的发展、经济水平的提高和技术手段的丰富，电报的覆盖范围不仅在大中城市畅通迅达，而且几乎可以到达原本只有奢想的任何穷乡僻壤、村村寨寨，庆贺电报、情侣电报甚至于高考录取电报等纷纷进入百姓视野，极大方便了人与人、人与社会的沟通与联系。尽管电报传播在21世纪初销声匿迹，但电报在特殊时期起到的特殊传播作用（包括军事传播和在很长时间内以电报形式为大众传播的远距离消息传递）永远不可抹杀。

电话传播的发展速度、发展规模和功能应用更是远远超乎了发明者的想象。当集成电路系统、数字程控交换机、数字移动电话和光纤数字传输等不断应用到电话通讯系统，全球电话传播已经成为用户数量最大、覆盖范围最广的传播体系。根据国际电联的统计数据，全球电话用户从 2000 年的 10 亿户发展到 2013 年的 69.4 亿户。1949 年新中国成立时，中国电话的普及率仅为 0.05%，电话用户只有 26 万户。到 2013 年年底，全国电话用户达到 14.96 亿户，电话普及率达 110 部 / 百人。其中，移动电话用户净增 11695.8 万户，总数达 12.29 亿户，移动电话用户普及率达 90.8 部 / 百人。固定电话用户日益萎缩，移动电话不再是"大哥大"象征，智能电话、海事卫星电话、可视电话和具有多网联动功能的应急电话等原本遥不可及的"异想天开幻觉"，逐渐进入政府管理部门和寻常百姓生活。

互联网的出现和移动互联网技术的成熟，为多元化信息传输和多样化文化成长开启了别样天空。网站传播、电子邮件传播、博客微博传播以及 QQ 传播、MSN 传播、飞信传播和微信传播等即时传播纷至沓来，极大丰富了人们的业余文化生活，彰显了个性化传播色彩，填补了官民之间、城乡之间、贫富之间、长幼之间、东西之间、中外之间的"信息之沟"。自 20 世纪 90 年代以来，全球互联网用户井喷式发展。2000 年初，全球互联网用户数量为 2.5 亿人。到 2012 年底，全球互联网用户数量达到 24 亿人。Facebook（脸书）发布 2015 年全球互联网接入报告显示，截至 2015 年底，全球上网人口达到 32 亿人，比 2014 年多出 2 亿人。

二、电信传播开辟出信息高速公路

电报传播、电话传播、互联网传播和移动互联网传播等多种传输系统，构建出迅达开阔的信息高速公路，这是一条无形的高速度、海容量、多终端、广受众的多样快捷信息传输通路。

电信传播是在信息高速公路中实现的。互联网传播的容量之大，远远超出了传统大众传播，单是一条互联网信道就能传输大约 500 个电视频道或 50 万路电话。此外，互联网融报纸杂志传播、广播传播和电视传播于一身，其传播主体与信息来源、传播对象、传播内容和形式以及传播渠道也是多种多样。互联网用户可以在任何时间、任何地点以声音、数据、图像或影像等多媒体方式相互传递和交换信息，互联网与移动互联网的传播效果正在日益提高。

克里斯蒂·卡伦博格（Kvisti Kahrenburg）畅想信息高速公路时说道："光纤电缆网络，以千倍于他们的前一代产品——数字处理器——的速度传递数据，已经将个人计算机和从图书馆到新闻网到音像店的一切联系起来。这样，任何拥有一台电视、传真机或者个人计算机的人，都拥有进入到数目众多得令人吃惊的信息资源的路径的机会。"①

1992 年，阿尔·戈尔提出美国信息高速公路法案。1993 年 9 月，美国政府宣布实施一项新的高科技计划——"国家信息基础设施"（National Information Infrastructure，NII），旨在以因特网为雏形，兴建信息时代的高速公路——"信息高速公路"，使所有的美国人方便地共享海量的信息资源。

互联网是信息高速公路的一个关键部分，它作为一个全球计算机网络，已为建立世界范围的信息传送系统奠定了初步的基础。对个人来讲，如果使用联网的计算机、蜂窝电话、卫星电视、语音邮件等，那么就可以说已工作生活在信息高速公路上了。

1984 年，威廉·吉布森（William Gibson）在他的获奖小说《神经漫游者》（*Neuromancer*）写道：来自各个国家的数十亿合法操作者每天都在体验一种共同的幻觉……一种从人类的计算机系统中归纳出来的数据图景……不可思议的复杂……排列在大脑思维中的一列列光线，成簇的数据，像星座一样的数据，像不断后退的城市之光。②

建立信息高速公路就是利用数字化大容量的光纤通讯网络，在政府机构、大学、研究机构、企业以至普通家庭之间建成计算机联网。信息高速公路的建成，将改变人们的生活、工作和相互沟通方式，使人们加快科技交流，提高工

---

① Kvisti Kahrenburg, *Power of the Media in the Global System*, Journal of International Affairs,1993.

② William Gibson: *Neuromancer*, New York, Ace Books,1984.

作质量和效率，享受影视娱乐、遥控医疗，实施远程教育，举行视频会议，实现网上购物，享受交互式电视、推展互联网金融以及实施大数据物联网云计算等。凡此种种，正好契合了电信传播的主旨。

三、电信传播汇聚了多重媒介组织

电信传播既包括传统的电报电话（传真）传播，也蕴含现代时尚的互联网（移动互联网）及相关的新媒体传播，包括文字图像音视频传播、定位传播以及其他各种多媒体通信服务。

与专业化的媒介组织并接受国家管理对受众进行大规模的信息传播活动的大众传播不同，电信传播既有国家政府体制下自上而下的大规模的信息传递与交换，又有各人自发的不受操控的"微媒体""自媒体"，还有交杂叠错的你中有我、我中有你的混合传播，汇聚成多重媒介组织。

以网站传播为例，就有中央省地县等各级政府网站、行业组织管理机构网站、报纸杂志广播电视等媒体网站和国有大中型企业网站等带有明显大众传播色彩的传播组织，还有商业门户网站、民营企业网站和渗透进入到形形色色网站中的博客微博客等。前者具有相对严格的"把关人制度"，确保了其信息传递的准确度和权威性，营造"把关文化、绿色文化"，后者则各种组织机构混搭，个性化显著，自由度很高，虚拟和现实交织。①

第二节　传播特点

电信传播及其电信传播产业的产生与成长过程，是信息技术不断更新进步、各种媒体交叉融合的过程。帕夫力克认为，"新媒体技术边界处于一个不断变化的流动状态，几乎不会受到约束"。澳大利亚学者大卫（David）在其著

---

① 参见曾静平、李欲晓：《论中国网络文化分级分类研究》，《现代传播》2010 年第 3 期。

作《*The Media Communication in Australia*》中论及"融合"的力量和效果。他认为，传统媒体之间的融合、电信媒体之间的融合以及传统媒体与电信媒体的融合，集中到一点组成了"互动信息平台"，诞生了"互动产业"。

第一，电信传播的产生速率快，成长迅速。进入 21 世纪，除了互联网媒体不断更新外，各种电信新媒体纷至沓来。无论是互联网媒体还是移动互联网媒体等，其成长速度远远超过了传统媒体。广播和电视媒介分别在诞生近 40 年和 15 年后，才拥有 5000 万听众和观众，而互联网媒体从 1993 年对全世界公众开放，到拥有这个数量的用户只花了 4 年时间，手机媒体、楼宇广场媒体、车船媒体和星空媒体等的产生与成长速度更是快得惊人。

第二，电信传播改变了大众传播以往"居高临下"的传播样式，不再是高高在上的说教，其伴随即时、平等、互动、开放、亲和的传播形式，拉近了传受者的距离，在某些时间和空间上打破了传受者的界限，实现了传者与受者的合二为一。以电信传播为主体的新媒体随处可见、随时可用，"议程设置"变化多样，"意见领袖"更迭频繁，"沉默的螺旋"在新媒体空间里不再沉默，而是常常充当"意见领袖"在赛博空间（Cyberspace）大展身手。

第三，电信传播展示了前所未有的传播效果，在应急机制中有着不可替代的作用。以电信传播为主体的新媒体可以"无障碍传播"，与法国传播学者戴维·莫利（David Morley）概念中的"媒介新秩序"和尼古拉斯·尼葛洛庞帝（Nicholas Negroponte）的"记忆办公室"构想不谋而合。电信传播到达率高，目标受众明确，传播效果优势明显。①

电信传播的传播机构是一个广泛的复合体，既有政府机关开展的各种电子政务活动，又有包括报社杂志社、广播电台、电视台等专业化的传播机构从事的有组织的传播活动，也有商业运营公司各种电信经营业务，还有各种人群通过各种途径创造的"自媒体"。因此，电信传播有着与传统报纸、杂志、广播、电视等大众传播交叉融合乃至重叠的传播渠道与受众人群，又具有与之完全迥异、不同寻常的"新传播"特点。

---

① 曾静平：《新媒体正名——名家观点》，《中国广播影视》卷首语 2008 年 3 月下半月刊。

一、传播范围的广泛性

电信传播的广泛性包括传播方式广泛、传播地域广泛和受众人群广泛等几个方面。

1. 传播方式广泛。电信传播既在政府网站、媒体网站等权威互联网站和在应急状态下或重大事件时群发短信微信等蕴含有报纸、杂志、广播、电视等大众传播的传输特性，可以实现自上而下的信息传递与交换，以权威性、公信力和感召力影响广大受众，也可以在相对自由、空间广阔的博客微博客传播、电子邮件传播、电信微信飞信传播、贴吧 BBS 灌水等等。

2. 传播地域广泛。如果说报纸杂志广播电视特别是卫星电视打破了信息传播的地域界限，让人们感受到别有洞天的"地球村"如此这般美妙。那么，手机、网络、开放源代码（资源开放共享）和信息搜索等科技进步与社会协议的交合，使"世界正被抹平"，个人与公司通过全球化过程中得到了前所未有的权力。现代科技和通信领域如闪电般迅速的进步，使全世界的人们可以空前地彼此接近——在印度和中国创造爆炸式增长的财富。在美国本土，世界的平坦化正在剧烈地改变人们的生活方式，"全球化正在滑入扭曲飞行的原因和方式"。[①]

3. 受众人群广泛。电信传播唤醒了人们多年积压的、被自上而下"填灌"信息的不满情绪。人们可以挥洒自如地创作属于自己的作品，也可以从全球海量的"信息云"中选择性接收、汲取知识养分。无论高低贫贵，无论天涯何处，无论什么语种，都可以自由自在享受着各自最为舒适的电信文化大餐。电信传播主体的多样化，为多样化的受众接收与传递多样化信息创造了便利条件，形成了大众传播时代所不具有的最广泛受众人群。

电信传播所具有的即时性、移动性和伴随性特征，可以在第一时间传输信息，让用户即时感受和体验外界的瞬间变化。受众感受和体验其即时性特质，

---

① 参见托马斯·弗里德曼：《世界是平的：一部二十一世纪简史》，湖南科学技术出版社2006年版。

则是倚靠接收终端的移动性和伴随性功能来实现的，使得用户无时无刻、随处随地的可以看到自己所需要的资讯。

二、传播内容的多元性

电信传播时代的到来是电信通讯技术与传统媒体融合所带来的位置颠覆，是 21 世纪世界传播格局的重新洗牌。电信传播聚汇的多重媒介组织和多种传播技术，催生出多元化的信息内容，确保了海量信息的有效传递和储存复制。诚如托马斯·弗里德曼（Thomes L.Friedman）在其所著的《世界是平的：一部二十一世纪简史》中所说："储存容量是几乘方几乘方的增加，在这场革命中也是很重要的因素。"所有形式的内容都可以转成数字可携，小小的配件也能存储大量信息，海量存储器的价格也愈来愈便宜。五年前没有人想到可以买 40G 内存的 ipod，里面可以存几千首歌，价格连青少年也负担得起。不久的将来，先进的光纤技术就可以让一根光纤每秒承载一兆兆比特（terabit），一条光缆有 48 根光纤，等于每秒可以传输 48 兆兆比特。朗讯是专精光纤传输的公司，前首席执行官亨利·沙赫特（Henry Schacht）指出，有了这么大的传输量，一根光纤几分钟就可以传完全世界所有的印刷资料。也就是说，传输量无止尽，成本却不增加。即使这种高速只限于光纤网络的主干，还不是进入千家万户与电脑相连的那一段，但这仍是重要的突破。

"当你的微博'粉丝'超过 10 万，你就是一份都市报；超过 100 万，你就是一份全国性报纸；超过 1000 万，你就是电视台"。这类原本看似异想天开的"传说"，一个个成为了现实写照，创造出了非同寻常的经济价值。2011 年的一份出自广告公司的微博广告报价显示，当微博的"粉丝"数量达到几万人，报价最低的是 200 元 / 条；"粉丝"数量接近 50 万，报价为 1500 元 / 条；"粉丝"数量超过 60 万，报价为 2000 元 / 条。[①]QQ 和 MSN 的群联，博客微博的兴起，微信的火爆，为电信传播内容的多元化，提供了更多更广的信息管道。

---

① 参见曹敏洁:《粉丝超过 1000 万，微博就是电视台》,《东方早报》2011 年 3 月 9 日。

与传统大众传播相比，电信传播更多是第一时间第一落点的即时传播，速度迅捷而又现场感强烈，普通民众参与其中，更具认同感和共鸣感。在电信传播媒体用户中，移动人群的比例日益增大，他们对节目的期望，更多倾向于源自普通百姓的平民式草根作品，节目源头渠道广泛，内容丰富多彩，原创性强，富有灵感和激情。随着人民生活水平的提高，数码产品进入到寻常百姓家，原创素材越来越多，中生代和新生一代已经不再满足于观赏"行家里手"的专业作品，而是期望创作拍摄"自己"的作品，在各种形式的新媒体中一展身手。这种饱蘸地域特色、来自基层百姓的草根文化作品，不仅可以激发受众对 IPTV 品牌的忠诚度，彰显个性化特征，而且避免了大量节目雷同的同质化竞争。

三、传播方式的时尚性

电信传播的时尚性指的是，从电报传播到摇柄电话、程控电话、手持电话及至现时广布全球的互联网、移动互联网等，都被视为当时的流行元素，被看作生活中最前沿时尚的方式，最早使用者则被视为"潮人""时尚达人"，受到尊敬受到推崇。

最早期的电话是达官贵人进行远距离沟通的专属工具，他们之间的信息传递与交换既是身份象征又是很多人追求的梦想，是一种顶级阶层的贵族消费。我国很多家庭在改革开放前的很长一段时间，一直将电话机视为高贵奢侈品，"神龛"一般摆放在家中最为醒目的位置。至于这部电话机使用与否，播出和接收了多少电话，倒是很次要的了。

移动电话初期在中国被叫作"大哥大"，将电信传播的时尚性特征尽显无遗。手拎上万元的"大哥大"，不在乎移动话费奢贵惊人，大庭广众下嘴里"唔哩哇啦"，俨然就是 20 世纪 90 年代的时尚标签。在智能电信传播社会，如果不会发布微博，不能有选择地使用 QQ、微信，不能手机支付滴滴打车，当然就与时尚绝缘了。

在当下各种电信传播方式你方唱罢我登场的信息爆炸时代，如果不能紧跟电信传播方式的时尚大潮，不提升电信传播素养，往往会遭到现代社会的嘲弄，或贻笑大方或上当受骗或弄巧成拙。官员不懂电信传播危机公关颜面扫地者有之，普通百姓不了解电信传播内情被骗财骗色者有之。广西某烟草局局长将日记放到全球互联互通的网络上，仅供个人赏玩把味的闲暇隐私成为了天下尽知的香艳热品，上演成全球著名的"官场现形记"。

四、传受双方的交替性

电信传播与传统大众传播最大的差异，在于打破了传统自上而下由点到多的单向传播路径，取而代之为信息传播者和信息接受者的界限模糊和位置颠倒，传者即受者，彼此位置随时颠置，而且可以多向联动。

IPTV 被形象地解释为 Interactive Personalized TV（联动个性化电视）。电信传播不但能像传统媒体那样接收广播电视节目，查阅各种文字图片信息，还能实现用户与 SP、用户与用户之间的互动，使用户摆脱时间制约，随心所欲阅读任何时候的文稿、收看自己想看的节目，并且可以非常容易地将广播电视服务和互联网浏览、电子邮件以及在线信息咨询、娱乐、教育及商务等多种功能结合在一起。新媒体改变了传统媒体单一单向的传输模式，既可以单向传播，也可以双向或者多向联动传递信息。

QQ 传播、MSN 传播、微博和微信传播等也可以随时随地找到传受双方的交替性特征注脚。在查看微博和接受微信时，受众是信息接收者围观者，当其有了想法发布微博微信时，他就变为了信息传播者，瞬间实现了角色转换。

这种互动式、联动式的传播方式，使受众地位发生了彻底的变化。受众对电信传播的信息传递与交换的感觉耳目一新，真正享受大数据时代信息传播的愉悦与快乐。受众在接收信息、欣赏广播电视节目之余，可以即时传达自己的意愿和建议，发表自己的观感，舒展自我情怀，倾吐心中所想，不亦乐哉。围观、吐槽、灌水、跟帖等的联动性是电信传播的灵魂，它可以灵活地部署各类增值服务，根据用户不同的年龄、职业、收入状况、爱好，提供不同的个性化服务，也使得不同受众人群聚集在不同的赛博空间一起或宣泄或高歌或激愤或呐喊，尽情享受"当家做主"的壮志豪情。

五、传输体系的定位性

当下，手机电视、车载电视、广场电视、星空电视和掌上电脑（PDA）电视等电信媒体都具有传统媒体所不具备的 GPS（全球定位系统）功能，运营商可以依据 GPS 提供的不同区位的信息，锁定目标受众，即时调配节目和服务。受众也可以根据自身的位置和行进方向需求，选择所需要的节目或者服务，包括道路拥堵情况、最佳行车路线等交通路况信息，前进方向的人流车辆状况和即时天气资讯等等。

物联网被认为是继计算机、互联网和移动通信网之后的又一次信息产业浪潮，其基本特征就是物体使用协议与其他物体或物联网基础设施进行讯道联系，即传输体系的定位性。

欧盟各国在物联网方面进行了大量研究，并开始推动物联网的主要技术RFID（Radio Frequencey Identification，射频识别技术）在经济、社会、生活各领域的应用，着力解决安全和隐私、无线频率和标准、国际治理等问题。2009 年 6 月，《欧盟物联网行动计划报告》提出 14 项行动计划，试图夺取物联网发展主导地位。同年 10 月，欧盟推出"物联网战略研究路线图"，力推物联网在航空航天、汽车、医疗、能源等 18 个主要领域应用，明确 12 项关键技术，首推智能汽车和智能建筑。

2009 年 3 月，日本提出"数字日本创新计划"，同年 7 月进一步提出"I-Japan 战略 2015"，物联网被列为与交通、医疗、智能家居和环境监测同等重要的发展方向。

韩国积极地开展多项物联网城市建设试点项目，并将物联网城市称为"U-City"（"U"是 Ubiquitous Network 泛在网络的第一个字母）。韩国的物联网城市是一种通过 IT 与环境技术综合管理城市生活中必不可少的电、水、建筑等构成要素而实现环保性、宜居性的 21 世纪城市体系。[①]

近年来，美国高科技巨头谷歌、苹果以及传媒大腕迪士尼等纷纷涉足物联

---

① 参见马志国、孟梦:《物联网介绍》,《移动通信》2011 年第 5 期。

网产业。美国物联网已经渗透到高新产品制造和零售购物等多个方面，整个产业规模迅速增长。全球知名管理咨询公司麦肯锡预计，到 2025 年，全球物联网的经济规模将达到 6 万亿美元。

美国店内移动营销平台提供商 Swirl CEO 希尔米·奥兹古奇（Hilmi Oz-guc）表示，物联网正在迅速形成。谷歌和苹果公司都已拥抱这项技术，分别推出了谷歌眼镜和 iBeacon（必肯），这无疑会加快物联网的发展步伐。

在很多美国人看来，科学家正借助于传感器（堪称连接物联网的"黏合剂"），将我们周围的事物以一种新奇且有力的方式连接起来，显著提升和改善了我们的日常生活，带来了之前难以想象的益处。比如，腕带可以追踪我们的步伐和消耗的能量，冰箱在牛奶喝完以后会向我们发送短信；恒温器知道主人最喜欢的居室冷热程度，然后自动调温；甚至泰迪熊玩具还能追踪婴儿心律等。世界上一些有影响力的品牌正在引领这种潮流。

谷歌眼镜通过传感器探测周围灯光、物体的距离和活动。迪士尼在数字腕带中置入了传感器技术，这种数字产品可以当作门票、支付工具和房门钥匙等使用。另一款可穿戴计算产品——耐克 Nike+Fuel Band 智能健身腕带，则能追踪用户的日常活动，报告用户的健康水平。

希尔米·奥兹古奇还表示，传感器现在已经开始融入零售购物环境。当顾客刚一走进商店，这些公司就会利用传感器激活系统，向顾客的智能手机上发送个性化商品优惠信息和内容。传感器可以更为准确地锁定一个人的地理位置，零售商就可以基于顾客所在位置——无论他们是恰好经过商店外面、走进商店，还是浏览店内某件东西，量身定制优惠信息并发送至他们的智能手机。利用传感器激活增值移动体验或高度个性化服务，可以从根本上转变零售购物体验。除了更为便捷外，这些传感器还会让我们变成更聪明的消费者，能让零售商根据我们每一个人的口味和喜好，打造一种高度定制化体验。①

当网络受众到达某一地区，网站马上会根据你的区位，为你提供即时的当地新闻与生活信息；微信传播已经可准确到 10 米之内，目标更为精确；4G 时

---

① 参见张泽伟：《美欧日抢占物联网国际竞争制高点》，《经济参考报》2010 年 6 月 25 日。

代电话的定点定向传播与场景传播，正在拉开人性化传播、个性化传播的新纪元；5G 时代人工智能引领"物物相连"，虚拟现实技术令传统传播学发生了颠覆性改变。

除了上述五种特征，电信传播还具有传输速度的快捷性和即时性、传播内容的虚拟性和开放性、传播手段的多样性和随意性、传播效果的目标性和非控性等等。

第三节　传播功能

电信传播既有大众传播的文化传承、娱乐、经济等功能，又包含其独有的诸如追赶时代潮流、完善传播体系、释放个人诉求、营造"草根明星"、弘扬传统文化、塑造"电信人物"和壮大文化产业等功能。

一、追赶时代潮流

当下，全球互联网普及率逐年提高，受众人群不断扩大，以互联网为主体的电信传播已经得到了广泛认同和普遍应用。

经过 10 多年的发展，世界各个国家和地区的媒介融合得到大力推进，中国的新型主流媒体创建纳入正轨，习近平总书记倡导的"构建人类空间命运共同体"在全世界引发强烈共鸣，中国网络强国进入到关键时刻。

中国正以"工匠精神"迈向"中国制造 2025"，致力铸造"大国工匠"，让电信传播"浮出水面"由"配角"转为"主角"，即"工匠意识"的觉醒和"工匠精神"的回归。这是新时期实干兴邦的理论求索和实践举措。

创设电信传播媒体管理机构，重视与确立电信传播的媒体地位，制定电信传播媒体政策法规，是新时期新传播的必然要求。按照电信传播特点与规律，对各种类别的电信媒体区别对待与处理，可以改变目前新媒体"多头管理"乱象——懂技术的不懂内容不懂传播规律，懂传播的不了解每一项技术的内在联系，头痛医头脚痛医脚，越管越乱。

创立电信传播理论，是时代发展赋予电信传播的正名之旅，是以精益求精的"工匠精神"建设中国网络强国的时代呐喊，是新闻传播理论研究"不忘初心"又紧跟时代潮流的有力尝试。

二、完善传播体系

新闻传播理论发展证明，让电报传播、电话传播"缺席"传播演进谱系是不完整的也是不科学的。让短信传播、网站传播、电子邮件传播、QQ 传播、微信传播等新一代电信传播"笼而统之"于网络传播、新媒体传播，从情感上说是有失公允，从学理方面考量则是不严谨不精道。

电信传播可以找到不同表现形态的新媒体传播根脉，对每一种"新媒体传播"的发展背景、受众人群、传播特点和传播效果等按图索骥进行梳理，分门别类加以论证，更加有助于新媒体传播理论建设的严谨化与科学化。电话传播至今还在沿用，"电话连线"在广播电视节目中时有出现。网站传播与电子邮件传播、博客微博传播就存在着传播内容、传播对象、传播效果等不一致的状况，QQ 传播、微信传播、视频直播中的弹幕传播又有着其独有的特点与规律。这正是电信传播的理论价值所在，是电信传播名正言顺进入到传播演进谱系的贡献所在。

电信传播理论研究在全球范围刚刚起步，这是中国新闻传播理论研究蓄势腾飞的重要突破口，是建构与创新完整科学的中国特色新闻传播理论的历史选择，是中国新闻传播理论探索与实证研究比肩世界一流并"弯道超车"的理想路径。

三、释放个人诉求

电信传播最强劲的功能是释放民众的需要或诉求，将民众在不同电信传播管道中的各种行为方式尽情展示，诸如 BBS、贴吧、社区、博客微博、QQ

群和微信群等主动性的传播活动，多是民众各式各样的"替天行道""指桑骂槐""张冠李戴""无病呻吟"等等的情感诉求生活演示民众愿望。

1. 情感宣泄。电信传播是"减压阀""出气筒""垃圾箱"，是人们自我调适的理想"缓冲区"。人们在赛博空间中"潜水""灌水""爬楼""吃瓜""撒狗粮"等行为活动，多是为了表达个人情感思想，抒发内心情绪，为积郁多时的难受找到宣泄口和泄压阀。从这一视角考察，电信传播是情绪宣泄、自我调适、舒缓压力的一种手段，有助于促进人们对于社会公共事务的关注，也有助于提高人们民主参与的意识，增强个体融入社会的主动性，是促进和谐社会发展的妙药灵丹，是网络空间命运共同体与和谐生态建设的重要利器。

2. 休闲娱乐。电信传播形式多样，发短信写博客微博，创作网络小说，"偷菜""吃鸡"制造"王者农药"，参与网络直播弹幕抒情，各种闲情雅致都可以在这儿找到理想乐土，造就了电信传播特殊的休闲娱乐功能。网络新闻让人流连忘返，网络游戏叫人痴迷其中，人人都在玩的 QQ 微信等即时通讯，岂止是让人"爱不释手"，很多时候已经造成亲情分割的局面，使用者、参与者、围观者、起哄者乐在其中乐此不疲。电信传播让广大民众获取休闲娱乐资讯，尝试新的更好的生活方式娱乐形式，受众能够尽享各种乐趣。

3. 形象塑造。电信传播是"存在文化"的缔造者，是个人形象的再造神奇。打电话写博客刷朋友圈，都是宣示"存在感"的方式。电信传播实行虚拟与实名制并行体制，其虚拟性和可匿名性特点让现实生活中"胆小怕事"的人群"腰肥胆壮豪气干云"，形象矮小症一夜病除，语言结巴者才思敏捷口若悬河，看不到半点现实生活中"沉默螺旋"的影子，在其属于自身的天地里挺直腰杆化身为大声疾呼的"意见领袖"。这是电信传播独特的自我塑造、自我表达、交流分享功能，是"化敌为友""美丑善变"的照妖镜、万花筒。

4. 知识更新。电信传播实时更新的海量信息，是网民即时汲取知识的浩渺海洋，是新时期理想化的个人知识学习与管理平台，是一种完全可根据个人需要萃取个性化知识的宝库。全球最新的科研成果，最具影响力的鸿篇巨制，最具想象力的新奇创意，为个体的自助式或他助式学习，为个人知识的不断更新，提供了便捷的方式。

网络文化常常是受众在满足自身需求过程中形成的"副产品"，网民基于自我需求满足的行为、活动，是网络文化在无意识状态下发展的基本动力。网民诉求的多样性，使网络文化表现出纷繁复杂的局面。

四、营造"草根明星"

电信传播营造"草根文化"，是铸造"草根明星"的生产车间。网络小说成就了痞子蔡、唐家三少、天蚕土豆、烽火戏诸侯等一批又一批"网络小说家"，"网络水军"炒作出芙蓉姐姐、兰花姐姐、天仙妹妹等"网络妖人"，西单女孩、旭日阳刚、papi酱粉墨登场，就连体育明星傅园慧、张继科等凭借着即兴表演"表情包"，一举成为千万级粉丝追捧的"网红"。

电信传播以"草根残根"挑战"精英精华"，挑战主流上流人群，挑战主流上流文化，与电信传播管道里的活跃人群不无关联。有些人对于现下一些迂腐陈旧、缺乏创新的文化作品文化现象文化人物表现出不满或厌倦情绪，求新、求异、求变的精神造就了草根文化，成就了草根明星、草根英雄。

五、形成新型产业

电信传播植根于电信通信技术，到目前为止更多服务于产业经济，其根源深处都是商业化产业化印痕。

随着电信传播的媒介化特征益发显现，电信传播的媒介宣传功能与产业功能自然结合在一起。电信传播的文化产品的生产与传播，离不开商业力量的推动，一些网络文化事件或网络文化现象也可能由于商业因素而被放大或有意加以抑制。在价值规律的"勾兑"下，电信传播的商业价值与"围观""灌水""爬楼"相互映衬不断叠加放大，形成一个个电信传播特有的产业集群。

商业门户网站、搜索引擎网站和社交媒体网站等网站传播的商业价值无以复加；短信产业尽管随着即时通讯的发达有所削减，但依然还有着巨大市场；以网络游戏和网络动漫为主体的电信传播形式产业渗透到了"新媒体产业"的方方面面；QQ 和微信裹挟着巨量使用人群，以"分层设级"匠心独运，将每一层级的商业价值发挥到极致，这也是腾讯集团公司成为 BAT 三巨头且少遭诟病的取利之道。

六、弘扬传统文化

电信传播既是传统文化的传承者和弘扬者，更是新时期新文化的创造者和再造者，电信传播文化是传统文化和"新文化"的和谐统一。

1. 充实丰富传统文化文本。商业门户网站、网络文学期刊，往往具有浓郁中国古典特色，文学论坛、读书频道和云阅读等，不时刊出诗词歌赋、小说戏剧、历史图片、文章典籍，引无数文化名人和文学爱好者谈古论今抒发胸臆，就连中国传统戏曲京剧、花鼓戏、黄梅戏、秦腔、昆曲、皮影戏等独特的传统艺术形式，也占据着各种电信传播载体的一部分空间。

2. 弥补电信传播文化缺陷。传统文化是人类文明发展的宝贵财富，在电信传播文明的塑造中，如果失去了传统文化、民族特色，就会失去其独立存在的内在根据，文化霸权主义、殖民主义便有了可乘之机。而继承传统、引领网络文明的一个有效方式，就是打造电信传播文化精品、积极主动地占领网络阵地，不断推出人们喜闻乐见、生动鲜活的文化形式，将其深深植入人们的心中，让健康文明的文化产品去主导市场，影响人们的思想观念，让人类文明在优秀民族文化的传承中彰显光大。我国正着力推进媒介融合，建设新型主流媒体，传统文化与网络文化正悄然融合渗透，很多网络文化从网络上走入了纸质媒体并渗透进了广播电视媒体，许多出版单位正在尝试通过网络渠道开展发行业务。①

此外，电信传播还具有更为强力的"魔弹"功能，"皮下注射"威力更大，以电话传播、短信传播、电子邮件传播和微信传播等方式的电信欺诈令人防不胜防，恶搞、网络暴力和人肉搜索的穿透力也远远超出了传统大众传播之所能。

---

① 参见曾静平：《网络文化概论》，陕西师范大学出版社 2013 年版。

第四节　学科体系

电信传播学属于传播学的一个分支，是一门综合性很强、融合学科很多的社会科学，是社会经济文化艺术发展和技术进步的产物，是将计算机、互联网和电信通讯等工学学科融入到基础传播学、新闻学、语言文学、管理学、经济学、美学、艺术学、社会学、心理学和法学等传统社会学科的结果，带有强烈的时代特征。

人们在很早之前就开始研究传播，在不同时期，研究的对象和侧重点大为不同。一般认为，学界对传播进行学术研究的强烈兴趣，始于第一次世界大战。当时的技术和文化的提高使"传播"成了人们注意的题目，而进步人士的主张和实用主义的大众哲学又给了它推动力，公共信息的政治影响激起了对宣传和公众舆论的研究热潮。

随着社会科学的发展，社会学和社会心理学成为了研究"传播"的先导，并且呈现学科融合状态。社会学大量的研究关注的是传播对个人和社区的影响方式，社会心理学则流行研究电影对儿童的影响、宣传和说服以及群体动力学等。[1] 这些与传播学有密切关系的学科，在基础理论和研究方法上的重大进展，为人们从不同角度去探寻人际信息传播的内在规律，提供了理论和方法的指导。

当前，全球电信技术迅猛发展，电信通讯网络已经成为信息内容的传播管道，电信通讯与传统广播电视、报纸杂志以及互联网和移动互联网等新媒体的融合正在加速。

在我国，"3G"技术基本普及，"4G"技术正在逐第推进，"三网融合"已经成为基本国策，并且在 2010 年 1 月明确了阶段性目标，即 2010 年至 2012 年重点开展广电和电信业务双向进入试点，探索形成保障"三网融合"规范有

---

[1] ［美］斯蒂文·小约翰：《传播理论》，陈德民、叶晓辉译，中国社会科学出版社 1999 年版，第 6 页。

序开展的政策体系和体制机制。2013 年至 2015 年，总结推广试点经验，全面实现"三网融合"发展，普及应用融合业务，基本形成适度竞争的网络产业格局，基本建立适应"三网融合"的体制机制和职责清晰、协调顺畅、决策科学、管理高效的新型监管体系。"三网融合"大幕拉开，既懂得电信通讯技术又要通晓传统报纸杂志广播电视内容与传播规律以及经营管理的复合型人才，将成为现在和将来很长时间内报纸杂志网、广播电视网、互联网和电信通讯网所急需的紧缺型人才资源。无论是以电信通讯为主的工科院校还是以新闻传播为主的文科院校，都有责任和义务打破固有办学思路，拆除院系之间乃至院校之间的边界藩篱，尽快发展电信传播这一交叉融合学科，以满足时代的需求。这为我国电信传播学学科体系建设与发展提供了空前的际遇。

研究认为，电信传播学科体系应该涵盖电信传播学（教程）、电信传播素养、电信传播管理、电信传播技术、电信传播产业、电信传播伦理和电信传播社会学等基础课程，未来还将陆续出现电信传播史、电信传播批评、电信传播文化、电信传播艺术、电信传播法和电信传播元（文字语词、音视频、图片动漫等）等新兴学科。这些学科你中有我、我中有你，相互关联、相互映衬，并且各具特色，共同形成最具前瞻意义的传播新学科。电信传播的主干核心学科无疑是"电信传播学"，它将对整个学科体系作出整体的科学勾画。

一、电信传播素养

电信传播素养是指通过有意识的观察、学习和实践，运用电信终端传播信息的社会主体，对于电信传播环境中信息的传递、获取、解读、批判与使用这些信息所表现出来的基本能力等在内的综合素质和水平，体现出主体的自我选择性和外在环境的影响性。

在我国，社会主义核心价值观为社会主体电信传播素养的提升提供了理论基础和前行方向，电信传播素养形塑的过程，实质上就是社会主体在什么样的价值观为主导下的自我选择的过程。在电信传播发展环境下，社会主体的电信传播素养的形成状况及水平的高低，也会对社会主义核心价值观产生特定影响，并可能成为培育社会主义核心价值观的重要渠道。作为主体选择结果和深深打上社会化烙印的电信传播素养和社会主义核心价值观相互影响、相互促进，二者共同统一于社会主义发展实践中。

电信传播素养是媒介素养的一部分，在国外统称为媒介素养教育。媒介素养教育自 20 世纪 30 年代被提出以来，一直在发达国家较受重视，经过长期的理论研究和实践开展，英国、加拿大、澳大利亚、美国等国的媒介素养教育已经日趋成熟与完善。90 年代，联合国教科文组织出版《全球传媒教育的必要性》后，媒介素养教育也受到了更多发展中国家的关注，在世界范围内迅速蔓延开来。

按照传受关系分类，电信传播素养可以分为传播者素养和接受者素养。在电信传播时代，传受关系变得较为模糊并瞬间转化，这对电信传播素养提出了更高的要求。

按照传输渠道分类，电信传播素养则可分为电报传播素养、电话传播素养、网站传播素养、电子邮件传播素养、短信传播素养、微信（飞信）传播素养等。

电信传播素养具有时间性、双重性、阶段性和地域性等鲜明而强烈的自身特色。电信传播的时间选择（无论是传者还是受者）是素养的重要元素，恰逢其时的电报、电话、传真、短信、微信，体现了良好的传播素养，传播效果自然事半功倍。

电信传播对传播者素养和接收者素养都有着明确而至高的要求，素养要求具有双重性。在信息爆炸时代，传播者需要有高超的技艺和水平让自己发出的信息第一时间找准第一落点，而接收者则要去粗取精、去伪存真，在浩渺的资讯星河里采撷到即时浇渴的甘露精霖。

电信传播在不同阶段的素养外延和内涵有着阶段性的差异。在电报传播时代，传播者只要用最简短的字句发送出去即可，早期的电话传播是达官贵人的专属品，怎么使用都是一种奢侈消费。到了当下的"大媒体"阶段，大众传播机构需要有洞悉电信传播的本领。及时反应和应对的能力。电信传播机构和个人则要从大众传播的严谨权威和公信力等方面提升意识、技能和水平。

电信传播素养的地域性表现在不同国家和地区对电信传播的信息传递与交换和信息接收具有明显的地域差异。不同国家和地区，通过电信传播进行文化传送有着不同的"靶目标"，传播手段、传播内容和传播技巧也存在明显的差异性。在英语国家和地域，无须具有另外的语言能力，随着中国国力以及中国互联网文化渗透力的增强，掌握汉语、了解博大精深的中国文化就成为了新时期非汉语国家和地域在实施电信传播过程中的必修课。

电信传播素养的内容涵盖了电信传播意识、电信传播能力（能力结构、信息的获取与处理、分析与利用、交流与沟通）、电信传播选择（时机选择，包括事件发生的轻重缓急、传播对象与接收信息的先后顺序）、方式选择（什么时候选择打电话发传真、什么时候发短信发电子邮件、什么时候则应该使用QQ 微信或者 MSN）、地点选择和节奏选择（如打电话的语速、声调、通话时间长短和叙事顺序等）、电信传播伦理道德和电信传播法律法规。

二、电信传播管理

伴随着大数据时代的到来以及媒体形态多样化局面在全球的出现，几乎所有国家都认识到在促进信息传播发展的同时也应重视对其进行管理。因此，世界上绝大多数国家先后颁布了相关的法规对信息传播进行管理和控制。电信传播的优势是信息传递速度快、信息量多，信息生产和传播的主体参与度高，并且可以与受众之间形成互动，这些都是报纸、广播、电视等传统传播方式无法比拟的。但是，电信传播的迅速发展也带来许多问题。如果任由网络垃圾文化泛滥，就会扰乱社会秩序，破坏社会稳定，甚至直接危害国家安全和人民的根本利益。因此，对电信传播环境下的信息传播必须进行必要的管理，不然将会形成信息漏洞，会对其他媒体的管理形成冲击。

电信传播管理包括管理主体、管理机制和管理内容几个层面。电信传播管理的方法和手段则有相关法律法规、行政管控（行政立法、行政许可、行政限制、行政监督和行政处罚）、经济管理和技术管理。

当下中国操作层面的电信传播管理，首先要做的是明确电信传播的媒体属性与媒体地位，尽快改变国家广播电视总局、工业和信息化部、文化和旅游部、公安部、国家市场监督管理总局和国家网信办等多头管理的乱局，在工业和信息化部创设"电信传播司"，明确电信传播的宣传"喉舌"功能，服从中宣部统一直管。

电信传播呼唤管理专才，贯通电信传播技术的各个环节，了解新闻传播的发展渊源、基本特质和运行规律，制定科学可行的中国电信传播媒体政策法规。只有这样，才能够真正按照电信传播特点与规律，对各种类别的电信媒体区别对待与处理。

三、电信传播产业

电信传播产业包含的范围非常广泛，涉及演艺、动漫、游戏、文化旅游、艺术品、工艺美术、网络设计、创意设计等行业的主要构成部分。电信传播产业从生产到终端，可以分为三个类别：一是生产和发行信息及内容的产业，二是提供传递和发送这些产品、数据和通信媒介的行业，三是处理数据的行业。

电信传播产业论及到产业分类、产业特征、产业属性等基础理论，强调电信传播业技术的产业牵引，涵盖了通信网络技术、移动应用技术、数字媒体技术和云计算与大数据等方面，是"新内容产业""新载体产业""新营销产业""新广告产业""新形式产业""新服务产业"和"新融合产业"的大集荟。

电信传播产业关注产业环境，包括政策环境、经济环境、社会环境和技术环境，并对电信传播内容产业（包括动漫、游戏、微电影、广告和教育）以及产业链有所涉足。

四、电信传播社会学

每一项电信传播技术的出现，总会带来诸多的社会经济文化震荡。电信传播社会学原生于电信传播，是一门新兴学科，尚无统一界定，我们把它描述为是以人类的电信传播现象为研究对象，以人类电信传播行为与社会建构、社会变迁和社会发展之间的相互关系为研究范围，采用社会学与传播学的理论、观点与方法，探讨人类电信传播产生与发展规律及社会作用的一门交叉性边缘学科。

电信传播社会学具有深厚的理论积淀和实践基础。早在 1897 年，查尔斯·霍顿·库利（Charles Horton Cooley，1864—1929 年）在《社会变革的进程》中就开始探索传播的社会意义。库利认为，社会因素对个人行为和性格的形成影响较大，社会变革的进程主要由社会环境的演化来决定，"而现存的传播系统决定着环境的范围……社会使人与人之间的关系相互发生影响，因为这种影响正是由传播形成的，所以传播的历史是所有历史的基础。"

20 世纪以来，大众传播工具特别是广播电视媒体的迅速发展和普及，人际交往被推进到一个新阶段。随着世界各地的人们接触大众传播工具的时间越来越多，由此引发的社会现象日益引起社会学家们的关注。从 20 世纪 30 年代起，西方传播学的创始人之一、美国社会学家 P.F.拉扎斯菲尔德（Paul F. Lazarsfeld，1901—1976 年）就开始研究大众传播工具对社会的作用和影响。40 年代中期，随着社会学和社会心理学在传播研究中的应用，大众传播社会学开始发展为一门学科。1946 年美国的 H.D.拉斯韦尔（Harold D. Laddwell，1902—1978 年）等人合著的《宣传、传播和舆论》一书认为，社会学、社会心理学、人类学等学科的重要成果影响了传播学的研究范围，从广播、报刊、影片、书籍、广告，扩展到歌曲、戏剧、庆典、讨论等方面。1948 年拉斯韦尔发表《社会传播的构造和功能》的文章，指出人类社会中信息传播有监测外部世界、维持社会群体间的联系接触、传递社会传统三大作用。1969 年，丹尼斯·麦奎尔（Denis McQuail）发表的《走向大众传播学》和 1972 年由其主编的《大众传播社会学》的问世，是传播社会学形成学科建制的标志。

塞伦·麦克莱（Ciaran MeCullagh）在《传媒社会学》（*Media Power A Sociological Introduction*）指出，"传媒是社会现实的界定者，传媒信息的制造确定了传媒的议程"。[①]

---

① 参见［美］塞伦·麦克莱著：《传媒社会学》，曾静平译，中国传媒大学出版社 2005 年版。

电信传播社会学以电信传播带给人类的传播现象为研究对象，运用来自社会学、法学、传播学、新闻学以及社会心理学的理论和方法，聚焦人类电信传播的心理变化和社会行为，关注电信传播对社会建构、社会管理制度等的影响，关切电信传播对社会发展进程的多重推力，研探电信传播与社会关系变迁的相互关系，等等。

| 第二章 |

电信传播的发展历程

电信传播的发展历程，是一条从无到有的漫长探险之路，是一条从配角到主角的蜿蜒曲折之路，是一条技术主导不断创新之路，是一条亿万网民创造与再创造之路，是一条全世界民众共享全球文明的众志成城之路。

毫不夸张地说，没有电报和电话，就得不到远距离的最新信息，就无法获取第一落点的"新闻"，也就没有大众传播的更大作为更大影响。在很长一段时间里，以电报电话为代表的电信通讯，原来一直更多的是充当人际传播的工具，或者在某些特定时间特定场合为大众传播服务，辅助与支撑大众传播。直到互联网的出现和移动互联网的兴起，电信传播开始真正走到前台，充当起与广播电视、报纸杂志等各种大众传播"平起平坐、分庭抗礼"的多媒体传播角色。

本章拟按照电信传播设备设施的应用时间顺序进程，依据电报传播、电话传播、传真传播、互联网传播和移动互联网传播等的发展衍进，作出一个大致梳理。

第一节　电报传播

没有电报，新闻就成了"旧闻"。在漫长的时间长河中，人们依赖"嘀嘀嗒嗒"的美妙音符，实现了遥不可及的信息传递与交换，也让新闻工作者通过电波将远方发生的重要事件以最快速度传送到报纸杂志社广播电视台。

1835 年，莫尔斯（Morse，1791 年 4 月 27 日—1872 年 4 月 2 日）发明的第一台电报机问世。在精通机械技术的维尔援助下，电报机的机械性能不断改进。1837 年，莫尔斯研制设计出了著名的"莫尔斯电码"。莫尔斯用两种持续时间不同的电流信号组成不同的时间序列，以此分别代表不同的拉丁字母和阿拉伯数字，发报机发送的断断续续的电流信号，通过长长的电线流过收报机上的电磁铁线圈，嘀嘀嗒嗒、时断时续地吸动铁片，铁片开合的时间恰与发报机送出的信号完全一致。如果在铁片上系一支铅笔，用钟表机构驱动 1 条纸带匀速地在铅笔下通过，纸带上就会清晰地留下发报员发送的点线组合笔迹，译电员可据此解读函件内容。当时，这种电报机每分钟可以发送 10 个字。

1838 年 1 月，莫尔斯进行 3 英里收发电报的试验获得了成功。1840 年 4 月，这项发明申请到了专利。莫尔斯试图说服别人投资生产电报机，但却没人感兴趣。莫尔斯只得到欧洲去活动，希望能在欧洲推广应用。这时，英国的惠斯通（Charle Wheatstone，1802 年 2 月 6 日—1875 年 10 月 19 日）已经发明了电磁电报，俄国的希林也造出了其他样式的电报机，大大延长了通信距离，达到了可以实际应用的水准。

1842 年，莫尔斯终于盼来了大展宏图的时机，美国国会通过了开发电报技术的议案。1843 年，美国国会决定拨款 3 万美元架设华盛顿和巴尔的摩之间长距离的电报线路，全长 64.4 千米。1844 年，长距离电报收发又获得成功。

1844 年 5 月 24 日，是世界电信史上光辉的一页。这一天，在美国国会大厅里举行了一次隆重的电报机通信实验活动。在座无虚席的国会大厦里，莫尔斯踌躇满志地向应邀前来的科学家和政府人士介绍了电报机的原理。他的演讲激起了听众们的极大兴趣，人们都焦急地等待着"用电线传递消息"的奇迹发生。

莫尔斯接通电源，用他那激动得有些颤抖的双手，操纵着他倾十余年心血研制成功的电报机，向巴尔的摩发出了人类历史上的第一份电报："上帝创造了何等的奇迹！"随着一连串的"嘀嘀嗒嗒"声的响起，电文通过电线很快就传到了巴尔的摩，莫尔斯的助手接到了他传来的电文，并准确无误地把电文译了出来。

此后，电报作为远距离信息交流的新型工具开始在美国深受关注和好评，随后在英国和欧洲其他国家都引起了轰动。1844年5月24日，也因此成了国际公认的电报发明日。莫尔斯的电报因为使用了电报编码，具有简单、准确和经济实用的特点，比其他人发明的电报优越得多。很快，他的电报风靡全球。如今，莫尔斯电码已成为现代电报通信的基本传信方法。

1861年，美国南北战争爆发后，通讯记者们利用电报把战况传达给饥渴的读者。这些新闻被称为电讯，他们通过电波迅速传递。南北战争还引发了一种新的新闻写作习惯，即倒金字塔。编辑们要求他们的战地记者把最重要的信息放在最前面，以防在消息传输过程中电报线路出现故障或是被敌军切断。这样的话，即便报道被打断，编辑们至少还可以获得一些有用的语句。事实证明，倒金字塔结构颇受读者欢迎，因为它能够让人一眼就了解到最重要的内容，在读者匆忙之际不必再费力地通读全文了。与此同时，倒金字塔结构还帮助编辑们把稿件安排到有限的版面空间里——文章可以从后面任何一段开始删减，而最重要的部分依然保持完整。倒金字塔结构至今仍是报纸、广播以及电视的叙事性报道中一个标准的阐释模式。

派记者去远方采集新闻所需成本日益提高，纽约的一些报纸出版商为此感到忧虑。1848年，他们开始联合起来分享报道。通过共同派遣一名记者，各家报纸卓有成效地节约了开支。他们将他们的合作组织称为联合通讯社（Associated Press），这就是今天那个巨大的全球性新闻服务机构——美联社的前身。联合通讯社为新闻报道引入了一种新的风格。为了使报道能够供具有不同政治观点的会员报纸使用，联合通讯社要求记者们以不带任何党派倾向的观点进行写作。其结果就产生了一种以事实为基准的新闻样式，通常叫作客观报道。它被普遍地仿效，至今依然是所有新闻媒体中事件性报道的主流文体。①

哈瓦斯通讯社（Agence Havas）于 1835 年由法国人查理·哈瓦斯（Charles Havas）在巴黎成立，是世界上第一家通讯社。1840 年，哈瓦斯开始用信鸽在欧洲各国首都间传送新闻。1848 年，哈瓦斯通讯社在巴黎与布鲁塞尔间使用电报。两年后，巴黎、罗马、维也纳、布鲁塞尔及德国重要城市之间的信息传输均改用电报传送。② 随着电报线路的不断扩展，哈瓦斯通讯社在布鲁塞尔、罗马、维也纳、马德里以及纽约等地设立分社，信息支点增加，消息的生产和传递规模呈几何级增长。

19 世纪 40 年代，欧美各国纷纷建立国内电报通讯系统。1851 年英法之间穿过多佛尔海峡的海底电缆铺设成功。此后的二十多年间，电报线路从欧洲延伸到北非、中东、印度、澳大利亚，欧美之间也铺设了越洋电缆，逐渐形成了连接全球的电报通讯网络。在 19 世纪中期左右诞生的通讯社，正是借助电报这一快速高效的通讯手段，迅速发展壮大并形成附属于自己的下游链条。因此，当时的通讯社也被称为电报通讯社。

普鲁士出于统一德国的政治需要，在柏林和亚琛之间架设了电报线路，而且特意向民间开放电报通讯的使用权利。伯恩哈德·沃尔夫（Bernhard Wolff）在这条线路的柏林一端开办了沃尔夫通讯社，而保罗·朱利斯·路透（Reuter Paul Julius，1816—1899 年）则赶到电报线的亚琛一端开办了一个业务点，即日后的路透通讯社的前身。该业务点经营的主要内容是售卖欧洲各个主要城市的汇兑和证券交易的行情等金融方面的信息。在三者的竞争中，路透通讯社明显处于弱势。

1851 年，在巴黎和伦敦之间的电报畅通后，路透通讯社将其营业所正式迁往伦敦。路透通讯社利用刚刚启用的英吉利海峡海底电缆，把从欧洲大陆发来的金融、商业信息编成"路透快讯"供给交易所、银行、贸易公司等。同时，在巴黎、柏林、维也纳、阿姆斯特丹等商业中心建立了通讯网络和"快讯"销

---

① ［美］约翰·维维安：《大众传播媒介》，顾宜凡等译，北京大学出版社 2010 年版，第 289 页。

② 郑超然、程曼丽等：《外国新闻传播史》，中国人民大学出版社 2000 年版，第 24 页。

售网，发布商情消息。随着大众报纸及地方报纸大量出现，政治、经济、军事等消息成为各家报社争相追逐的对象，针对这一情况，路透通讯社增加了政治、外交等方面的消息。到1858年，路透通讯社已经争取到了《泰晤士报》《广告晨报》《每日电讯报》等7家最大的伦敦报纸为消息的售卖对象。1859年，路透通讯社授权铺设了从德国北部海岸德内岛到英格兰的海底电缆。同时，开始使用连接欧洲和北美的海底电缆。对电报技术的使用，使路透通讯社逐渐成为了国际性通讯社。1870年1月7日，哈瓦斯通讯社、路透通讯社和沃尔夫通讯社以"联环同盟"搭建形成世界范围的消息商品的生产和售卖格局。这一格局的形成，正是以各自对世界电报线路的垄断占用为前提的。

1913年，美联社开始采用电报提供新闻服务。海底光缆的开通，为跨洋电报传播创造了条件。

电报的发明，拉开了电信时代的序幕，开创了人类利用电来传递信息的历史。从此，信息传递的速度大大加快了。"嘀—嗒"一响，仅仅1秒钟的时间，电报便可以载着人们所要传送的信息绕地球走上7圈半。这种传播速度是以往任何一种通信工具都望尘莫及的。

时光飞驶到了2013年，电报似乎到了寿终正寝的时期。2013年7月15日，印度国有通讯运营商巴拉特·桑查尔·尼加姆有限公司停止提供电报服务，拥有163年历史的印度电报业正式告终。此前，中国香港、荷兰、美国、泰国等国家和地区已先后停止商业电报服务。在互联网和移动通讯高度发达的今天，电报的信息传播功能已经逐步被人们忽略并弃用。

电报在发明后长达一个多世纪的时间里，曾是人们最重要的通讯手段，是人们获取远距离信息不可或缺的"望远镜""飞毛腿"，是报纸杂志广播电视等大众传播飞速发展的重要利器。

第二节　电话传播

1875年，美国人贝尔（A. G. Bell）在波士顿大学研究多路电报的时候，发现了利用电磁现象传送声音的可能性。1876年，贝尔发明了电话，随后电话很快就得到了发展。1877年，美国出现了第一个电话局。1877年，第一份由电话传收的新闻电讯稿被送达波士顿《世界报》，标志着电话这种电信技术首次进入大众传播。

电话比起电报来，具有不需要译码和便于操作等优点，因而成为人类通信工具的又一次变革。

电话机是利用电信号将人们的语言从一地传送到另一地的装置。打电话时，当发话人拿起话机对话筒讲话时，人的声音使空气振动，形成声波，声波作用于话筒。随着声音的大小、高低的变化，电话内的电路产生相应的电流变化，再沿着传输线路传送到对方电话机的听筒，电信号又转为声音振动，作用于人耳，就可以听到发话人的声音了。送话器和受话器就像人的"嘴巴"和"耳朵"。

1973年4月的一天，一名男子站在纽约街头，掏出一个约有两块砖头大的无线电话，并打了一通，引得过路人纷纷驻足侧目。这个人就是手机的发明者马丁·劳伦斯·库帕（Martin Lawrence Cooper）。当时，库帕是美国著名的摩托罗拉公司的工程技术人员。这世界上第一通移动电话是打给他在贝尔实验室工作的一位对手，对方当时也在研制移动电话，但尚未成功。库帕后来回忆道："我打电话给他说：'乔，我现在正在用一部携带型蜂窝电话跟你通话。'我听到听筒那头的'咬牙切齿'——虽然他已经保持了相当的礼貌。"

库帕今年已经78岁了，他在摩托罗拉工作了29年后，在硅谷创办了自己的通讯技术研究公司。目前，他是这个公司的董事长兼首席执行官。马丁·库帕当时的想法，就是想让媒体知道无线通讯——特别是小小的移动通讯手机——是非常有价值的。另外，他还希望能激起美国联邦通讯委员会的兴趣，在摩托罗拉同AT&T（AT&T也是美国的一家通信大公司）的竞争中，能支持前者。

其实，手机这个概念早在20世纪40年代就出现了。当时，美国最大的通讯公司贝尔实验室开始试制。1946年，贝尔实验室造出了第一部所谓的移动通讯电话。但是，由于体积太大，研究人员只能把它放在实验室的架子上，慢慢人们就淡忘了。一直到了 60 年代末期，AT&T 和摩托罗拉这两个公司才开始对这种技术感兴趣起来。当时，AT&T 出租一种体积很大的移动无线电话，客户可以把这种电话安装在大卡车上。AT&T 的设想是，将来能研制一种移动电话，功率是 10W，就利用卡车上的无线电设备来加以沟通。库帕认为，这种电话太大太重，根本无法移动让人带着走。于是，摩托罗拉就向美国联邦通讯委员会提出申请，要求规定移动通讯设备的功率，只应该是 1W，最大也不能超过 3W。事实上，今天大多数手机的无线电功率，最大只有 500mW。

从 1973 年手机注册专利，一直到 1985 年，才诞生出第一台现代意义上的、真正可以移动的电话。它是将电源和天线放置在一个盒子中，重量达 3kg，非常重而且不方便，使用者要像背包那样背着它行走，所以就被叫作"肩背电话"。

与现在形状接近的手机，诞生于 1987 年。与"肩背电话"相比，它显得轻巧得多。尽管如此，其重量仍有大约 750g，与今天仅重 60g 的手机相比，像一块大砖头。中国大陆当时叫作"大哥大"。

从那以后，手机的发展越来越迅速。1991 年，手机的重量为 250g 左右；1996 年秋，出现了体积为 100cm³、重量 100g 的手机。此后又进一步小型化、轻型化，到 1999 年就轻到了 60g 以下。也就是说，一部手机比一枚鸡蛋重不了多少。

除了质量和体积越来越小外，现代的手机已经越来越像一把多功能的瑞士军刀了。除了最基本的通话功能，新型的手机还可以用来收发邮件和短消息，可以上网、玩游戏、拍照，可以看电影大片。这是最初的手机发明者所始料不及的。

在通讯技术方面，现代手机也有着明显的进步。当库帕打通世界第一个移动电话时，他可以使用任意的电磁频段。事实上，第一代模拟手机就是靠频率的不同来区别不同用户的不同手机。第二代手机——GSM 系统则是靠极其微小的时差来区分用户。到了今天，频率资源已明显不足，手机用户也呈几何级数迅速增长。于是，更新的、靠编码的不同来区别不同手机的 CDMA 技术应运而生。应用这种技术的手机不但通话质量和保密性更好，还能减少辐射，可称得上是"绿色手机"。

第三节　传真传播

有人认为，传真是与电话相伴而生的传播技术，是与电话线相连的文字图片再现。也有人认为，二者没有那么必然的耦合性。传真技术早在19世纪40年代就已经诞生，比电话发明还要早30年，是由一位名叫亚历山大·贝恩（Alexander Bain）的美国发明家于1843年发明的。传真通信是在电信领域里发展比较缓慢的技术，直到20世纪20年代才逐渐成熟起来，60年代后得到了迅速发展。在此后的数十年里，传真技术因为可以活灵活现地展现书写者凝聚感情色彩的"真迹"，或是将照片书画作品原版复制到报纸杂志包括映现在电视镜头前，使之成为新闻传播行业和办公事务等使用最为广泛的通信工具之一。

传真机的发展可以分为两个阶段，技术摸索阶段和技术发展阶段。1843年世界第一台传真机的诞生，到1865年第一台工作传真机器和传输服务器建立，可以说是技术摸索阶段，期间滚筒扫描技术和早期传真电报机的出现，使我们一直受益到今天。从1902年医生亚瑟·科尔在德国发明了图片传真术，到1996年撒尔泥·宝尔思（Pitney Bowes）发明了第一个网络传真机是传真机技术的发展阶段。如今我们应该在传真机的发展史上再添上一笔2.4G数字无绳电话传真一体机，它的出现标志着传真机技术进入了技术飞越阶段。

1842年，美国人亚历山大·贝恩研究制作出一项用电控制的钟摆结构，目的是要构成若干个钟互连起来同步的钟，就像现在的母子钟那样的主从系统。他在研制的过程中，敏锐地注意到一种现象，就是这个时钟系统里的每一个钟的钟摆在任何瞬间都在同一个相对的位置上。这个现象使发明家想到，如果能利用主摆使它在行程中通过由电接触点组成的图形或字符，那么这个图形或字符就会同时在远距主摆的一个或几个地点复制出来。根据这个设想，他在钟摆上加上一个扫描针，起着电刷的作用；另外加一个时钟推动的一块"信息板"，板上有要传送的图形或字符，它们是用电接触点组成的。在接收端"信息板"上铺着一张电敏纸，当指针在纸上扫描时，如果指针中有电流脉冲，纸面上就出现一个黑点。发送端的钟摆摆动时，指针触及信息板上的接点时，就发出一个脉冲。信息板在时钟的驱动下，缓慢地向上移动，使指针一行一行地在信息板上扫描，把信息板上的图形变成电脉冲传送到接收端；接收端的信息板也在时钟的驱动下缓慢移动，这样就在电敏纸上留下图形，形成了与发送端一样的图形。这是一种原始的电化学记录方式的传真机。

1850年，又有一位英国的发明家，名叫弗·贝克卡尔，他把传真机的结构作了很大的改进，他采用"滚筒和丝杆"装置代替了时钟和钟摆的结构。这种改进的结构，工作状况有点像车床，滚筒做快速旋转，传真发送的图稿卷在滚筒上随之转动。而扫描针则沿着丝杆缓慢地顺着滚筒的轴向前进，对滚筒表面上的图形进行螺旋式的扫描。这种滚筒式的传真机一直被沿用了一百多年。

人们对新闻照片和摄影图片的传送的要求是很广泛的。许多科学家都曾致力于相片传真机的研究。1907年11月8日，法国的一位发明家——爱德华·贝兰（Edward Belin，1876—1963年）在众目睽睽之下表演了他的研制成果——相片传真。爱德华·贝兰是在法国摄影协会大楼里工作的人员，他所在的法国摄影协会大楼下正好是法国电信线路从巴黎—里昂—波尔多—巴黎的起始点和终点。这为贝兰的研究提供了得天独厚的条件。贝兰的潜心研究，获得了电信部门的允许，同意他在夜间利用这条通信线路做实验。贝兰在大楼的地下室里废寝忘食地研究和试验了三年的时间，终于制成了相片传真机。

最早的彩色传真记录的图片刊登在《贝尔系统技术报导》1925年4月的卷首插图上。这幅图片实际上是用滤色镜按红、绿、蓝顺序将三种颜色分三次独立传送的，然后再重叠合成。后来有人用同样的岜本技术，采取了一些自动化的操作，研制成能复制彩色图片的传真设备。1945年8月，在波茨坦会议上，杜鲁门、斯大林和艾德礼的彩色照片成功地从欧洲通过无线电传到华盛顿。但是彩色传真机仍未能用于开放彩色传真业务。直到20世纪80年代中期，彩色传真机才逐渐发展到可以广泛运用的程度。

1968年，美国率先在公用电话网上开放传真业务，世界各国也随之相继利用电话网开放传真通信业务。使原本局限于在专用电路上应用的传真机的数量猛增，应用的范围迅速扩大。尤其是用于传送手写、打印或印刷的书信、文件、表格、图形等的文件传真机，使用最为普通，发展也最快。

中国在 20 世纪 70 年代曾经使用二类机（在话路上传送一页 A4 幅面文件，约需 3 分钟）。随着传真技术的日益提高，传真机被国家政府机关采用，成为政府办公的好助手。十一届三中全会的召开，为国外传真机品牌的进驻提供了一个很好的政治和经济环境。据 2004 年调查的不完全数据显示，全国 71.9% 的单位至少配备一台传真机，其中尤其以一线城市的渗透率最高。

天津光电通信技术有限公司一直是备受瞩目的国有品牌传真机生产厂家，其发展进程在一定程度上可以代表中国传真机行业的发展。1950 年，天津光电研制出中国第一台"图文传真机"；1962 年，研制成"新闻传真机"；1983 年引进第一台传真机，并选择松下为合作伙伴；1984 年传真机研究室成立；1985 年成立传真通讯设备厂；1991 年 2 月，天津光电引进日本松下传真机生产技术及生产线开通；1997 年，天津光电研制成功具有自主知识产权的天津光电 OEF 系列传真机。

在传真机已经走过的 160 多年的历史中，技术不断的发展，产品不断更新，如今在"人类将进入无纸化时代"开始衰落。2000 年，全球传真机的销售达到了顶峰，销售总量是 1400 万台。到 2006 年，预计销量缓慢降至 1000 万台左右。最近几年，全世界单一功能传真机的销售量呈现疲态，处于持续下降状态。

传真机严格意义上说，不具有独立的传播价值和传播动能，只是传播领域的辅助装备，为大众传播和政府机构企事业单位信息往来发挥了重要作用。

第四节　互联网传播

大多数人认为，互联网传播是从计算机时代开始的。1946 年，美国人莫里奇（John W. Mauchly）和艾克特（J. Presper Eckert）发明了世界上第一台计算机，当时这台机器体型庞大，主要用途是数据计算。1982 年，世界上首台个人计算机问世。20 世纪 80 年代末 90 年代初，互联网陆续从美国互联互通至世界各国。

此后计算机向两级发展，一种是主要用于复杂运算的巨型计算机，另一种是以家庭、个人应用为主的微型计算机。计算机技术的发明使人类进入了第五次传播革命，互联网传播推动着人类进入信息社会。正是互联网的出现和发展，更多人相信并且看到了信息传播形态的演进是一个加速度的过程。从诞生到拥有 5000 万用户，报纸用了约 100 年，广播用了 38 年，电视用了 13 年，而互联网仅用了 4 年。

三十年弹指一挥间，从 20 世纪 80 年代到现在，全球互联网用户从发达国家和地区传播至欠发达国家和地区，从国际大都市扩张到穷乡僻壤边陲村寨。根据国际电信联盟 2014 年 5 月 5 日公布的《2014 年的世界：信息数字技术事实与数字》报告，到 2014 年底，全球移动宽带普及率将达 32%，互联网用户总数将接近 30 亿，互联网用户普及率将达到 40%。

据来自中国互联网络信息中心（CNNIC）的《中国互联网络发展状况统计报告》显示，2017 年底，我国网民规模达 7.72 亿人，普及率达到 55.8%，超过全球平均水平（51.7%）4.1 个百分点。我国网民规模继续保持平稳增长，互联网模式不断创新、线上线下服务融合加速以及公共服务线上化步伐加快，成为网民规模增长推动力。

早期的互联网主要是军事用途，是由意识形态的政治军事需要直接催生的，后来逐渐应用到教育科研机构，发展到当今的大众化平民化应用。

1986 年，美国科学基金会（NSF）将美国几乎所有的大学、科研机构链接起来，成立了国家科学基金网（NSFNET），这标志着互联网开始摆脱战争工具的束缚，逐步进入通信和传播领域。20 世纪 90 年代开始，微型计算机开始进入普通百姓家庭，成为计算机发展的主流。1991 年，蒂姆·伯纳斯·李（Tim Berners-Lee，1955 年 6 月 8 日— ）设计出了超文本链接的万维网（WWW）。1992 年，以马克·安德森（Marc Andreessen）为中心的团队研发出了马赛克浏览器（Mosaic），这两项技术的发明推动了网络传播更加普及化、大众化。

在用户体验上，计算机多媒体技术发展，能对数字、文字、声音、图像、视频等形式进行处理和呈现，给人们带来了全方位的体验。网上聊天、网上购物和网络社交等各种网络应用，也使网络传播的形式更加多样化。

社会学家曼纽尔·卡斯特（Manuel Castells）曾指出，"如果说第一次技术革命有美国特征，那么第一次信息革命便有美国特征，而以加州为重点。"[①] 从计算机、互联网的产生与发展过程中可以很显然地发现，政府在其中充当着重要的角色。网络传播的优越性使美国政府决定推广互联网在全国范围的应用。1993 年美国副总统戈尔提出了名为"国家信息基础设施"（National Information Infrastructure，NII）的构想，即"信息高速公路"。政府不仅在政策上扶持，还对其进行了合理有效的管理。当时的克林顿政府为了更好地建设"信息高速公路"，特别成立了"信息基础设施特别工作小组"，小组下设三个委员会：电信政策委员会、信息政策委员会、应用委员会。此外组建了由来自商界、学术界、社会团体等社会各界人士组成的顾问委员会，相关的政府部门还有国家电信和信息管理局、信息与法规处、联邦委员会等。

互联网传播有着全球性、交互性、超文本和虚拟性等特点，是以全球海量信息为背景、以海量参与者为对象，参与者同时又是信息接收者与发布者并随时可以对信息作出反馈，它的文本形成与阅读是在各种文本之间随意链接，并以文化程度不同而形成各种意义的超文本中完成的。

第五节　移动互联网传播

移动互联网是以移动通信和互联网的融合为技术基础，以笔记本电脑、手机、PDA、PAD、各类车船和火箭航天飞行器为主要应用终端，旨在满足人们在任何时候、任何地点、以任何方式获取并处理信息需求的一种新兴业态。与云计算、物联网等新兴热点领域一样，移动互联网已经成为世界各国重点发展的战略性新兴产业范围，也是中国发展战略性新兴产业的重点领域。我国

---

① ［美］曼纽尔·卡斯特：《网络社会的崛起》，夏铸九等译，中国社会科学出版社 2001 年版，第 83 页。

《"十二五"规划纲要》明确提出了"新一代信息技术产业将重点发展新一代移动通信、下一代互联网"。2011年12月，国务院部署加快发展我国下一代互联网产业，明确提出了今后一个时期我国发展下一代互联网的路线图和主要目标。

智能手机的普及和智能平台的日趋完善，使移动媒体应用迅速渗透和增值。除了一般性应用，分类、在线零售、拍卖网站、游戏信息、健康信息都是移动互联网产业增速非常快的领域。在经历了游戏、电子商务、在线支付的快速增长后，目前健康方面的应用成为增长最快的领域，增长率高达134%。在线零售和电子支付仍然保持着80%以上的增长。此外，男性杂志的用户数呈现了82%的增长速度（见图2.1）。

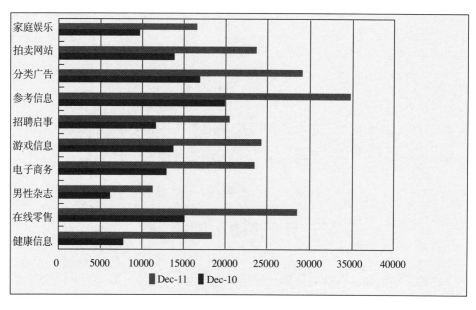

图2.1 美国移动新媒体的用户数及增长率 ①

毋庸置疑，移动互联网已经从几年前只有科技极客才热衷的事物迅速进入到了各行各业人们的生活中，从通信、社交、商务、娱乐、新闻等各方面给人们带来便利，深刻改变了人们的信息交流方式、生活生产方式和营销赢利

---

① 资料来源：comScore MobiLens. 3 mon.avg.ending Dec-2011 vs. Dec-2010. US。

方式。

2013 年 5 月，群邑互动进行了一项关于智能手机用户的调查研究，研究结果非常有趣：手机在中国已经成为了人们生活中的新"配偶"，59%的中国人因为手机与伴侣分手，60%的人会为了使用一周手机而放弃一个月的性生活，95%的人睡前一小时都在忙着用手机去获得所有相关信息，他们的睡眠时间实际上也因此推后了一小时，我们称之为"第 25 小时"。

有着"互联网女皇"美誉的著名分析师玛丽·米克发表的报告显示，中国网民在移动端花费的时间占到所有媒体的 22%，远高于美国的 12%。

2012 年 8 月 6 日，当北京奥运吊环冠军陈一冰在伦敦近乎完美地完成了他的最后一套动作却错失金牌时，中国的亿万网民纷纷讨论他是否受到了不公待遇。百度的后台数据显示，网民对于陈一冰的搜索在那一刻达到了最高峰。55%的用户一边收看电视转播，一边通过手机搜索陈一冰。在百度贴吧上，约有超过一百万的访客当晚访问了贴吧，其中大约 40%来自移动互联网。①

用户数量的激增，硬件和软件的不断成熟，这些都给移动新媒体的发展注入了持续的活力，移动新媒体在 21 世纪迎来了跨越式的大发展。

移动互联网有着完善的产业链，可以分为终端层、软件层和应用层等三个层次。终端层细分为智能手机、平板电脑以及各种 PDA、PAD 以及私家小轿车、出租车、公交地铁、长途客车、高铁列车、豪华客船游艇游轮和航天飞行器等，并涉及芯片、OEM、IDH 等产业链细分领域；软件层则细分为操作系统和中间件等；应用层，则包含了众多细分领域的应用软件。因此，移动互联网包含了众多的细分领域，聚集各大 IT 厂商参与其中。

随着 4G 移动网络的普及，移动终端的多样化，以及数据流量收费的降低和 Wi-Fi、新一代互联网技术的成熟，新一代消费者往往一人同时拥有从便携式电脑到智能手机和平板电脑等两个甚至更多的移动设备，信息通信技术（ICT）产业跨入了移动互联网时代。在媒介融合的大趋势下，移动互联网产

---

① 参见陈建豪：《移动互联催生用户行为变化》，《第一财经日报》2013 年 7 月 12 日。

业在全世界尤其是发达国家取得了长足的发展。2011 年，全球互联网产业的市场规模接近 1500 亿美元。2008 年开始，中国移动互联网产业规模增长迅速。2009、2010、2011 三年增长率超过 40%。2012 年，中国移动互联网产业规模超过 9000 亿元人民币。①

---

① 参见王武军：《五大举措助力地方政府发展移动互联网产业》，赛迪网，2013 年 2 月 26 日。

第三章

电报传播

电报从发明到消亡，发展历史长达 150 多年。在过去一百多年间，电报是人们用来远距离传递重要信息的手段，可谓又快又准。从宣布世界大战开战到重归和平的消息，从"泰坦尼克"号沉没到一个普通人的生老病死，从丈夫远行至婴儿呱呱落地，电报都在人们传递消息过程中扮演着重要角色。在过去很长一段时间内，只要看到电报邮差，人们都会激动得心跳加速。

电报房也一度是报社记者争先恐后蜂拥而至的"抢攻阵地"，是抢发远距离现场新闻稿的主战场，是世界各国的通讯社将其取代信鸽传播新闻稿件的"信使集中营"。电报房是欧美国家先进通讯社的"标配"，当时很多通讯社就有不少称为电报通讯社。同一个新闻事件，只有跑得最快、最早一批到达电报房发送的新闻稿，才叫"新闻"，后面的就成了"旧闻"了。因此，在电报时代的报社记者，除了具备名记者黄远生所说的"眼勤手勤耳勤腿勤"基本素养外，还需要身体素质好腿脚麻利跑得比他人快。

第一节　电报的发明

在电报发明之前，人类比较有效的通信手段不外乎驿传制度、信鸽传递和烽火狼烟这几种。古代驿马传信的最高速度为一昼夜三百里，约为每小时六点二五公里；一般优良信鸽在正常情况下，时速能达六十至八十公里，一天能飞八至十小时，也就是每天最多飞行八百公里。烽火传递倒是快得多，据说最快时一昼夜可达七千余里，无奈它能传递的信息量实在太少。明朝时，中国边防军发明了悬灯、举旗与放炮相结合的报警方法，已经算是相当先进了。仔细深究起来，就是"一灯一炮贼从东，双灯双炮看南风，三灯三炮防西面，四灯四炮北方攻"或"令边举放烽炮，若见敌一二至百余人，举放一烽一炮，五百人以上二烽二炮，千人以上三烽三炮，五千人以上四烽四炮，万人以上五烽五炮"。原来，这么点灯放炮的信号，也不过能告诉你敌人从哪边打来，敌人约有几百或几千。①

18 世纪 30 年代，由于铁路迅速发展，迫切需要一种不受天气影响、没有时间限制又比火车跑得快的通信工具。此时，发明电报的基本技术条件(电池、铜线、电磁感应器) 也已具备。1837 年，英国库克和惠斯通② 设计制造了第一个有线电报，且不断加以改进，发报速度不断提高。这种电报很快在铁路通信中获得了应用。他们的电报系统的特点是电文直接指向字母。

电报信息传播技术关键性的变革，发生在 19 世纪中期的美国。美国人莫尔斯对电报比较着迷。他是一位画家，凭借了他丰富的想象力，不屈不挠的奋斗精神，实现了许多人梦寐以求的目标。在他 41 岁那年，他从法国学画后返回

---

① 转引自马伯庸、阎乃川：《触电的帝国——电报与中国近代史》，浙江大学出版社 2012 年版。

② 惠斯通 (Charle Wheatstone)1802 年 2 月 6 日生，是英国物理学家，第一次使用惠斯通电桥精确测量电阻，为各实验室所广泛应用。1834 年任伦敦国王学院的实验哲学教授，同年，在实验中他用旋转镜测量导体中电流的速度。根据他的提议，这种旋转镜被用于测量光速。3 年后，他同英国 W.F. 库克一道取得了早期有线电报的专利。1843 年在英国数学家 S. 克里斯蒂的建议下，他研制成功惠斯通电桥并推广其应用。他还发明观察立体图像的体视镜，现仍用于观察 X 射线和航空照相。他首先在发电机中采用电磁铁，并发明普莱费尔密码。

美国的轮船上，医生杰克逊（John David Jackson）将他引入了电磁学这个神奇世界。在船上，杰克逊向他展示了电磁铁——通电能吸起铁的器件，一断电铁器就掉下来。还说不管电线有多长，电流都可以神速通过。这个小玩意儿使莫尔斯产生了遐想：既然电流可以瞬息通过导线，那能不能用电流来传递信息呢？为此，他在自己的画本上写下了电报字样，立志要完成用电来传递信息的发明。回美国后，他全身心地投入到研制电报的工作中去。他拜著名的电磁学家亨利（Joseph Henry，1797—1878）为师，从头开始学习电磁学知识。他买来了各种各样的实验仪器和电工工具，把画室改为实验室，夜以继日地埋头苦干。他设计了一个又一个方案，绘制了一幅又一幅草图，进行了一次又一次试验，但得到的是一次又一次的失败。在深深的失望之中他几度想重操旧业。然而，每当他拿起画笔看到画本上自己写的电报字样时，又为当初立下的誓言所激励，从失望中抬起头来。他冷静地分析了失败的原因，认真检查了设计思路，发现必须寻找新的方法来发送信号。1836 年，莫尔斯终于找到了新方法。他在笔记本上记下了新的设计方案：电流只要停止片刻，就会出现火花。有火花出现可以看成是一种符号，没有火花出现是另一种符号，没有火花的时间长度又是一种符号。这三种符号组合起来可代表字母和数字，就可以通过导线来传递文字了。这种用编码来传递信息的构想是多么伟大，多么奇特。这样，只要发出两种电符号就可以传递信息，大大简化了设计和装置。莫尔斯的奇特构想，即著名的莫尔斯电码，是电信史上最早的编码，是电报发明史上的重大突破。

　　莫尔斯在取得突破以后，马上就投入到紧张的工作中去，把设想变为实用的装置，并且不断地加以改进。1844 年 5 月 24 日，是世界电信发展史上光辉的一页。在华盛顿国会大厦联邦最高法院会议厅里，一批科学家和政府官员聚精会神地注视着莫尔斯。莫尔斯亲自按动电报机按键。他用自己发明的电报机给离华盛顿 64 公里之远的巴尔的摩拍了一封名垂千古的电报："上帝创造了何等奇迹！"这是历史上第一封真正意义上的电报，被誉为"思想的瞬时大道"的电报时代于焉始之。随着一连串嘀嘀嗒嗒声响起，电文通过电线很快传到了数十公里外的巴尔的摩。他的助手准确无误地把电文译了出来。莫尔斯电报的成功轰动了美国、英国和世界其他各国，他的电报很快风靡全球。在华盛顿到巴尔的摩间的电报线路上发出了那份众所周知的著名电文，这一事件多被铭记为人类现代通讯诞生的标志。1844 年 5 月 25 日，第一封新闻电报则是华盛顿记者发给《鲍尔齐莫亚爱国者报》主编的。电报的内容是："一点钟，关于俄勒冈议案应提交给会议全体人员的动议被提出。动议被否决。赞成的七十九票，反对的八十六票。"①

19 世纪后半叶，莫尔斯电报已经获得了广泛的应用。莫尔斯的发明很快便风靡整个美国。虽然次年惠斯通的五针电报机在伦敦引起了轰动，但已经无法动摇莫尔斯的优势。旧大陆的人们通过五针电报机领略到了电报的种种优点，但很快却选择了更具实用性的莫尔斯电报。莫尔斯设计的电码简单，称为莫尔斯电码，它是利用"点""划"和"间隔"（实际上就是时间长短不一的电脉冲信号）的不同组合来表示字母、数字、标点和符号。由于莫尔斯电码具有简洁、快速、清晰的优点，很快便横扫新、旧大陆。电报从它发明之日到推出第一个商用电报线路，只用了 8 年时间。到 1850 年时，美国拥有 1.2 万英里长的电报线路。第一条连通美国全国的电缆由西联汇款（Western Union）在 1861 年建成。1866 年 7 月，第一条横越大西洋的电报海缆投入使用，西接美国特里尼蒂海湾，东连爱尔兰西海岸瓦伦西亚。汤姆·斯坦奇（Tom Standage）评论："在 19 世纪晚期，西联汇款的电报网络成为了美国经济的神经系统，就像当今的互联网一样。"

电报激发了人们不可抑制的狂热和对新媒介前景的大肆宣传，尤其在铺设跨大西洋电缆后。电报传播信息的基本原理，是把英文字母表中的字母、标点符号和空格按照出现的频度排序，然后用点和划的组合来代表这些字母、标点和空格，使频度最高的符号具有最短的点划组合；"点"对应于短的电脉冲信号，"划"对应于长的电脉冲信号；这些信号传到对方，接收机把短的电脉冲信号翻译成"点"，把长的电脉冲信号转换成"划"。译码员根据这些点划组合就可以译成英文字母，从而完成了通信任务。

---

① 转引自马伯庸、阎乃川:《触电的帝国——电报与中国近代史》，浙江大学出版社 2012 年版。

第二节　传播媒介

"电报"（telegraphy）一词来源于希腊语，telegraphy 由两个部分构成：tele（远距离）和 graphy，意为"远距离地书写"。因此，电报传播的最原始含义是：利用电来传递信息，利用电来使远距离的点对点传播成为可能。电报是一种最早的、可靠的即时远距离通信方式，自从 19 世纪 30 年代电报在英国和美国发展起来以后，电报信息传播通过专用的交换线路以电信号的方式发送出去，该信号用编码代替文字和数字，通常使用的编码是莫尔斯编码。在近代，电报信息传播既指用电信号传送电码、文件、图表、照片等的通信方式，又指利用电报设备传递的文字信息。[1]

电报信息传播技术问世之后的 20 年间，伴随电报技术的发展，西方国家内部及国家之间发生了一系列重大变化。19 世纪 40 年代欧美各国纷纷建立国内电报通讯系统。1851 年，英法之间穿过多佛尔海峡的海底电缆铺设成功。此后，电报线路很快从欧洲延伸到北非、中东、印度、澳大利亚，欧美之间也铺设了越洋电缆，逐渐形成了连接全球的电报通讯网络。在 19 世纪中期左右诞生的通讯社，正是借助电报这一快速高效的通讯手段，迅速发展壮大并形成附属于自己的下游链条。因此，在当时通讯社也被称为电报通讯社。

现代通讯社的先驱哈瓦斯通讯社[2]，在 1840 年以前用信鸽在欧洲各国首都间传送新闻。1848 年，巴黎与布鲁塞尔之间开通电报，哈瓦斯通讯社也随即开始租用该条线路用以延展业务。随着电报线路的不断扩展，哈瓦斯通讯社在布鲁塞尔、罗马、维也纳、马德里以及纽约等地设立分社，信息支点增加，消

---

[1]　汉语大辞典编辑委员会、汉语大辞典编纂处：《汉语大辞典》(11)，汉语大辞典出版社1993 年版，第 670 页。

[2]　"哈瓦斯通讯社"(Agence Havas)，是全球第一家通讯社，创始人是法国人哈瓦斯 (Charles Havas)。哈瓦斯社正式挂牌成立于 1835 年，后来成为十九世纪全球最有影响力的通讯社之一，从这里也走出了另外两个通讯社路透社和沃尔夫社的创始人路透和沃尔夫。1940 年纳粹德国占领巴黎，哈瓦斯社瓦解分裂不复存在，1944 年巴黎光复后，在原哈瓦斯社的地址上组建了一家新的通讯社，就是今天的法国通讯社——法新社。

息的生产和传递规模呈几何级增长。不久，哈瓦斯通讯社的竞争对手便出现了。普鲁士出于统一德国的政治需要，在柏林和亚琛之间架设了电报线路，而且特意向民间开放电报通讯的使用权利。伯恩哈德·沃尔夫在这条线路的柏林一端开办了沃尔夫通讯社[1]，而保罗·朱利斯·路透则赶到电报线的亚琛一端开办了一个业务点，即日后的路透通讯社（简称路透社）的前身。经营的主要内容是售卖欧洲各个主要城市的汇兑和证券交易的行情等金融方面的信息。在三者的竞争中，路透通讯社明显处于弱势。

1851 年，在巴黎和伦敦之间的电报畅通后，路透通讯社[2]将其营业所正式迁往伦敦。路透通讯社利用刚刚启用的英吉利海峡海底电缆，把从欧洲大陆发来的金融、商业信息编成"路透快讯"供给交易所、银行、贸易公司等。同时，在巴黎、柏林、维也纳、阿姆斯特丹等商业中心建立了通讯网络和"快讯"销售网，发布商情消息。随着大众报纸及地方报纸大量出现，政治、经济、军事等消息成为各家报社争相追逐的对象，针对这一情况，路透增加了政治、外交等方面的消息，到 1858 年已经争取到了《泰晤士报》、《广告晨报》、《每日电讯报》等 7 家最大的伦敦报纸为消息的售卖对象。1859 年路透通讯社授权铺设了从德国北部海岸德内岛到英格兰的海底电缆；同时，开始使用连接欧洲和北美的海底电缆。对电报技术的使用，使路透通讯社逐渐成为了国际性通讯社。而在路透通讯社的强势扩张下，沃尔夫通讯社逐渐萎缩。1870 年 1 月 7 日，哈瓦斯通讯社、路透通讯社和沃尔夫通讯社以"联环同盟"搭建形成世界范围的消息商品的生产和售卖格局。这一格局是以各自对世界电报线路的垄断占用

---

[1]　沃尔夫通讯社（德文：Wolffs Telegraphisches Bureau，WTB）是德国最早的新闻社之一，该社于 1849 年在柏林成立，以创始人贝纳德·沃尔夫的名字命名。该新闻社以对经济类新闻的报道见长，并曾与路透社、哈瓦斯社和美联社有过合作关系。这四个新闻社曾合称"西方四大通讯社"。1933 年，因多方原因，该通讯社停办。

[2]　路透通讯社（Reuters），简称路透社，是世界前三大的多媒体新闻通讯社，提供各类新闻和金融数据，在 128 个国家运行。路透提供新闻报道给报刊、电视台等各式媒体，并向来以迅速、准确享誉国际。另一方面，路透提供工具和平台，例如股价和外币汇率，让交易员可以分析金融数据和管理交易风险；同时路透的系统让客户可以经由互联网完成买卖，取代电话或是纽约证券交易所的买卖大厅等人工交易方式，它的电子交易服务串联了金融社群。

为前提的。

一位被纪检机构予以政纪处分的大清官员，怎么也没想到，他会有幸载入史册，成为中国媒体第一篇电报通讯稿的主角。1882 年 1 月 14 日，云南按察使衔候补道台张承颐因欠解铜款，被朝廷问责，"摘去顶戴"。当天晚上 11 点，《申报》驻天津记者用电报向上海编辑部发回这条当日新闻，开创了中国新闻界电报传播的先河。就在 1 月 16 日这期刊登"处女电讯稿"的《申报》上，头版头条不是其他任何新闻，而是《申报》的"本馆告白"："将每日京报上谕，由中国新设之电报局传示"。这则告示，在《申报》头版连续刊登了 5 天。

《申报》用电报传递谕旨后，以上海为中心的读者，次日就可以得悉北京的各种动态，这大大提升了京津沪三地的政治信息共享进程。在这个信息共享体中，北京是"信息生产者"，天津是"信息中转者"，而上海则是"信息消费者"。

10 个月后的 1882 年 10 月 24 日的凌晨，顺天乡试刚刚在北京发榜，考生们还在打着灯笼围观，努力寻找着自己的名字。《申报》所雇用的快马，就带着中榜名单，冲出了北京城。早上 8 点，快马到达天津。信差冲进了电报局的发报房。随着滴滴答答的电流，名单中节选出的江苏、安徽、浙江中榜人姓名及名次，通过绵延千里的津沪电报线，当天就发到了上海。次日凌晨，当《申报》的派送人在上海的夜色中，将印着中榜者名单的报纸送往各售报点和订户宅院时，离北京发榜还不到 24 小时。可想而知，刊载着最新消息的这期报纸大为畅销。

新闻传播原理阅知——有新闻，才有读者；有读者，才有广告；有广告，才有盈利。要获得足够的广告，迅捷的新闻才是其中的核心竞争力。而且，广告商家本身，也是读者的一部分，那些关系到政治经济大势走向的新闻，对于这些读者来说，本身就是重要的财富。

新闻报纸最有价值的财富，莫过于朝廷的各种动态。正如《申报》在启用电讯稿的告示中所说："谕旨为国家最大最要之件"。外交的风吹草动、内政的趋势走向、官场的冷暖炎凉……都是与亿万读者息息相关的大事。在大清朝，当政治、经济运作高度缺乏透明度时，无论经商还是做官，能早一刻看到谕旨，就等于是早一刻得到"天气预报"，能早一刻趋利避害。

《申报》的"电传上谕"，令其竞争对手感觉到了巨大的压力，鉴于当时的电报经常出现译码错误，对手甚至攻击它对朝廷"不恭"。但各家报社很快醒悟过来，纷纷跟进。《字林沪报》的主笔蔡尔康，甚至贿赂《申报》排字房工人和电报局电报生，盗取《申报》电讯稿，以此与《申报》竞争，虽是丑闻，却也反映了电讯稿在报业竞争中的巨大作用。

在《申报》触"电"之前，与别的报纸一样，其版面上充斥了大量光怪陆离的"社会新闻"，如《杀生孽报》《雷击不孝》之类。这些"报道"缺乏基本新闻要素，有的甚至干脆就是虚构杜撰。触"电"之后，《申报》开始发生巨大的变化。一方面新闻迅速成为报纸版面的主导，所谓的"社会新闻"和文学作品日渐稀少；另一方面，新闻的基本要素日渐齐全，新闻的准确性得到了提高。在昂贵的电报费用面前，《申报》的记者们学会了用更为精练的语言撰写新闻，挤去了原先新闻中的"水分"，大大提高了新闻的"含金量"。

"朝夕可达"的电报，令中华大清国的报纸真正获得了"新闻"，并且独立于权力机构的定位，也令报纸基本能畅所欲言。[1]

为了抢占战时新闻时效性，中国的《申报》不仅大规模使用电报传递新闻，也成为最早出版"号外"的中文报纸。中法战争开始时，法军于1884年8月5日进攻台湾的基隆炮台，同时，法国舰队也在福州外港与南洋水师对峙。次日下午6时半，《申报》特派记者从福州发回急电，内容是"驻榕法舰尚无动静"。为赶时效，报社在当晚7点，将这条电文专门印成传单，未列入报纸的正常编号，成为中文报纸最早的"号外"。

在新中国成立后的很长时间里，新华社、《人民日报》等国内媒体的驻外记者的传稿手段一般是发电传，将消息在最短时间内送达。在电传都不能发的地方，记者便通过邮寄新闻稿，漂洋过海，几经周折，稿子到了编辑部往往事过境迁，成为可发可不发的"鸡肋"新闻。对于那些通过邮路寄来的独家报道，见报时便在文后标以"航讯"字样，表示虽不是最新的新闻，却是以最快的手

---

[1]　参见《申报》:《中国第一份触"电"报纸》，《新华每日电讯》2014年6月27日。

段从海外寄来的。开始利用所谓电传，一是少数记者用英文发稿，国内再从英文译出，免不了文稿洋味十足。二是利用拼音，在稿子写成后，翻成拼音字母送到电信局请他们传回。外国人不懂拼音，如同读"天书"，也就是照葫芦画瓢打出字母了事。电报传到北京，北京电报局再派人把稿件送到编辑部，稿件再由编辑译成中文稿，劳力费神不说，遇到不熟悉的人名、地名、同音不同字，例如把"均势"译成"军事"，"居室"变作"居士"，"语句"成了"雨具"之类的情况，令人莫名奇妙，常闹出些笑话。

《人民日报》国际报道记者潘非在 20 世纪的 50 年代后半期常驻英国，他的助手李红和苏兰同志上任时要带上电码本，每天的要紧事就是照电码本把稿子写成电码，再拿到电报局打孔发出，有时忙到夜深还完不了。电报发到总编室模写组，还要再译成中文。电码每 4 位数一组，每组一字，汉字填入空格处，一篇千字的新闻稿需要电报纸一大摞。直到 70 年代，驻外记者的发稿方式还是五花八门。报道国家领导人的出访活动时更是着急，邮路走不通，有时要用电话传稿，边喊话边录音。要是线路不好，一篇稿件下来，前方喊哑了嗓子，后方也精疲力竭。记者为之感慨：传一篇稿子真比写稿更难。

电报传播除了应用在新闻行业之外，还曾经被运用于军事领域和经济领域。

1861 年至 1865 年于美国爆发的南北战争，为世界上首次将电报投入军事用途。19 世纪 40 年代，美国私人电报公司已经开始营业。当战争爆发时，一个 5 万英里电报线路网络连接着美国的大小城市。虽然约 90% 的电报服务位于北方，但南方也利用上了这种现代通信工具。交战双方除了以莫尔斯电码进行部队间的通讯外，也配合报业将战地消息传播出去。之前，重要的战斗决策都被交给前线将军，而电报技术出现后，总统便可以真正行使他作为总司令的特权。历史学家汤姆·惠勒（Tom Wheelen）在《林肯的邮件》中写道："林肯用电报加固了他的胆怯的将军们的脊梁，将他的领导远见传达到前线……电报成为他赢得南北战争的基本工具。"此后，电报被广泛运用于军事领域，军方信息的传播都有赖于电报的传播，截获、破译敌方电报成为一项重要工作。

第三节　发展历程

电报传播技术发明之后，西方人力图用电报与清帝国相连接的要求和行动愈发迫切。据《电信志》记载，清同治十年、十二年（1871年、1873年），丹麦大北、英商大东两家电报公司先后铺设海底电缆在上海登陆，设局经营电报业务。从此，清政府与驻外使节的通信即以邮传方式经上海水线接转收发电报。光绪十年（1884年），沪津、津通、通京陆线延伸至北京，自此，北京开始有了自办官、商电报局，经营电报业务。①民国时期，电报传播进一步发展。

新中国成立以来，我国的电报传播事业得到了长足发展，也历经了盛极而衰的全过程。

一、晚晴时期的电报

清政府对电报技术处于"欲迎还拒"的状态。彼时，晚清社会面临的最大挑战，来自于急剧变化的外部世界对传统农业社会的冲击。与同时期进入中国的铁路相比，电报具有投资少、见效快的特点："每造铁路一里，需银一万两。"②而电报每里只需五六十两，至多百余两。③因此，在资金投入上比铁路有较大优势。先进的电报通讯技术带来通讯方式的巨大变革，在军事、外交、商业等信息的传递方面发挥突出作用，从而迅速为朝野接受和欢迎，并对晚清社会、政治、经济、文化思想诸多领域产生深远影响。

电报有着如此巨大的功能，故一经应用便备受青睐，迅速在欧美地区推展开来。至咸丰十年（1860年），英国已建成电报线8000英里，欧洲大陆的

---

① 《电信志》。

② 《致李经方》，光绪十六年三月十三日，国家清史编纂委员会编：《李鸿章全集》35，信函7，安徽教育出版社2008年版，第44页。

③ 《拟由奉天接展吉林陆路电线折》，光绪十一年十一月初二日，《李鸿章全集》11，奏议11，安徽教育出版社2008年版，第260页。

报线则达 45000 英里。而此时美国几乎所有城市皆通电报，线长为 32000 英里。电报在攻克电线的绝缘、坚固及性能稳定等技术难题后，由大陆走向海洋。1851 年，第一条横跨英吉利海峡的电报线在英国多佛与法国加来间铺设。而创意于 1847 年并最终在 1866 年建成的大西洋海底电报，又把欧美两洲联通。约于同治九年（1870 年）前后，西方人将电报线展至中国北、南、东三面的邻国或地区。北面——俄国西伯利亚电报线于 1864 年修至清恰克图附近；南面——一条由英国伦敦经库塞尔、苏阿金、亚丁、哈兰尼亚、马斯喀特的电报线，于 1865 年抵印度孟买，并有向香港拓展之势；东面——丹麦大北电报公司将俄国西伯利亚陆线于 1870 年从海参崴过海设至日本的横滨、长崎等地，并于翌年接通上海。

在清朝当政者眼中，西洋传递来的电报自然也是一种"奇技淫巧"，况且当时西方人向清廷大力推介电报的"神奇功效"并要求在中国建立电报线，便捷沟通的幌子背后潜藏着的是侵略的野心，无非是想在富庶但积弱的近代中国攫取更多的政治经济利益。因此，围绕着电报的建与不建和怎么建的问题，清廷内部、清廷与列强之间展开了一系列论争与博弈。[1] 但是，由不得清政府犹豫和反对，列强便已经把触角伸进了中国。1860 年，法国钦差葛罗在京向恭亲王奕䜣进送电报图书一份，这是西方国家向清政府表达引进电报技术的最早尝试，但恭亲王却以"无用相却"。[2]

1860 年，沙皇俄国向中国东北伸出魔爪，将中国外兴安岭及乌苏里以东的地方扩入俄国版图，广阔的中国土地成为沙俄的战利品。俄国意图利用新发明的电报通讯手段对这一片辽阔地域进行管理，自行架设直穿俄境的电报线，将及中俄边境的恰克图地界。[3] 为实现侵入中国内地的目的，俄国于 1861 年向清政府提出，可由俄国出资架设京津电线。大清总理衙门以难以保证电报线的安好，一旦损坏必碍两国交谊为由加以拒绝。但俄国人依然再三提请，誓

---

① 孙藜：《晚清电报及其传播观念：1860—1911》，上海世纪出版集团、上海人民出版社 2007 年版，第 45 页。

② 《海防档》丁编，电线（一），第 31 页。

③ 《海防档》丁编，电线（一），第 3 页。

不罢休。无奈之下，清政府总理衙门被迫许予俄国在中国优先架线的权力。①
俄国得此允诺，即刻将其电线架设迅速推进，1863 年到达中俄边境之恰克图。
英国闻知俄国已架线至中俄边境，亦加入到争夺行列。1863 年 7 月 8 日，英
使卜鲁士照会总理衙门，提出由恰克图经京城至海口安设电线。② 英国将电线
深入中国内地甚至通达海滨的要求，比俄国更甚，却借口此议为英国商民之
请，以掩盖其侵略意图。总理衙门认为"安置飞线直达海边及东南各口，……
诸多滞碍"③，拒绝了英国人的要求。1868 年俄国以提供无偿资金支持为诱饵，
请设恰克图—蒙古—张家口—天津电线时，总理衙门以中国正在开办江南机
器局、轮船招商局为由，"一则因其中奥妙未克深知，一则因审度时宜实难
兼顾"而拒绝，且认为"通线非中国必不可少不能待之事，借项兴办非心所
愿"。④

　　1871 年 4 月，俄国皇室投资的丹麦大北电报公司违反与清廷约定的电报
不进中国内陆的协议，擅自在长江口外的大戢山岛设立水线房，并且"秘密将
电报线端从海内起出，溯扬子江而上至吴淞江，在旗昌洋行线路终点以下一哩
处，将线头引至岸上。"⑤ 随后，该公司又在黄浦江右岸仓房头设立第二个水线
房，并把电线引至该公司设在租界里的报房（南京路 12 号）。这是外国入侵中
国的第一条电报水线。此后，上海、福州、厦门三口的海线上岸权又相继被攫
取，英国大东电报公司与丹麦大北电报公司沆瀣一气，使清政府穷于应付，捉
襟见肘。⑥

　　如果说洋人纷纷急于在中国建立电报线路和私自架设电线的行为让清政府
一些官员渐渐意识到了电报所能带来的巨大价值，那么 1874 年的日本侵台事

---

　　① 《海防档》丁编，电线（一），第 1 页。

　　② 《海防档》丁编，电线（一），第 3 页。

　　③ 《海防档》丁编，电线（一），第 4 页。

　　④ 《海防档》丁编，电线（一），第 72 页。

　　⑤ 雷诺致默特霍斯脱函 1876.10.3. 大北档，A1022—9，第 61 件，转引自邮电史编辑室：《中
国近代邮电史》，人民邮电出版社 1984 年版，第 45 页。

　　⑥ 徐元基：《外商侵占电报利权与洋务派的政策》，《中国社会经济史研究》1984 年第 2 期。
徐元基：《论晚清通讯业的近代化》，《上海社会科学院学术季刊》1987 年第 4 期。

件则促使清廷下定决心要自办电报。1874 年，日本发动侵台战争。当时消息闭塞，清廷战前仅从洋人处得知日本攻台的消息，仓促应战，连连失利。直到这时，清政府才真切体会到通讯工具落后对战争所造成的不利影响。台湾战事的失利对当时李鸿章、沈德侦等洋务大臣造成了极大的刺激，因而架设电线遂被提上了议事日程，他们于是开始考虑自办电报。① 这在台湾巡抚丁日昌的任上得以实现。1877 年 5 月 26 日，丁日昌制定的电报修建方案奉旨施行。1877年 8 月 18 日动工，同年 10 月 11 日完工。由于经费不足，只修成了从台湾府到旗后的一段，在安平、台南、旗后还设了三处报房。电报线全长 95 里。② 这是国人自办电报之始。此后，1879 年 3 月至 5 月，李鸿章在他所辖的范围内，即在大沽、北塘海口炮台设置电报陆线，以达天津。又在天津兵工厂和其衙门间安设了五英里长的电线，雇用本地人做电报员。这是继台湾电报线之后，中国兴办的又一条电报线。③

1879 年后，中国电报事业大见进展，如天津—上海线、镇江—汉口线、上海—广州线、北京—恰克图线，皆工程浩大，而"皆建设在光绪五年（1879年）之后，宣统年（1909 年）以前者也"。④

晚清大规模设立电线是以中俄伊犁交涉事件为契机的。1880 年 9 月，李鸿章奏称："现自北洋以至南洋，调兵馈饱，在在俱关紧要，亟宜设立电报，以通气脉"，请设天津至上海陆路电线。清廷立即允准。于是晚清第一条电报干线——津沪电线，于 1881 年 4 月开工，12 月建成通报，全线长 3075 里。中法战争中，电报通信对战事起了很大的帮助作用，因此中法战争结束后，中国电报业进入了一个迅速发展的时期。据不完全统计，中法战争前的六年中，总共修建了 11060 余华里的陆线，而从 1884 年至 1899 年，共约架设了 55000多华里（以单程计算，不包括短途军用线），平均速度比创办时期加快两倍半。

① 马静：《电报在近代中国的创办历程》，河北师范大学 2005 年第 23 页。

② 黄嘉说：《中国电线的创建》，转引自邮电史编辑室：《中国近代邮电史》，人民邮电出版社 1984 年版，第 53 页。

③ 邮电史编辑室：《中国近代邮电史》，人民邮电出版社 1984 年版，第 54 页。

④ 白寿彝：《中国交通史》，商务印书馆 1937 年版，第 266 页。

据统计，从 1881 年到 1908 年收归国有时为止，商办电报线路共计建成 41417 华里，地方官办电报线路共计建成 49480 华里，总计为 90897 华里。其中绝大部分线路在 1881 年至 1899 年这 19 年中完成。中法战争之后，进展尤其快。电报线遍布全国许多省份，东面跨海到台湾，东北达黑龙江的海兰泡、吉林省的珲春，西至新疆、喀什噶尔、塔尔巴哈台城、伊犁，南至琼州（海南岛）南端的崖州。此外，还帮助邻邦朝鲜兴建汉城—仁川—义州和汉城—釜山两条线 2000 余里，并与北洋官线相接。北边海兰泡、珲春、恰克图的买卖城三处，西北塔城一处，与俄线相接。南边广东东兴、广西幕府、云南思茅、蒙自四处与法线相接；云南腾越一处与英线相接。① 电报组织机构方面，官办电报局 155 处，商办电报局 239 处，共计 394 处。电报通信机构遍及除西藏地区以外的所有省份，构成了大体完整的干线通信网。

二、民国时期的电报

民国时期，生灵涂炭、时局较为混乱，电报这一通信手段发展极为缓慢。20 年代末，电传打字电报机传入中国，从 1927 年至 1937 年的这十年，国民政府着重整修改建电报旧线、新架线路 5000 公里，共有电报局所达 1500 处。抗日战争期间，中国内地电报局所亦遭到不同程度地破坏，直到抗战胜利后，各大城市才开始恢复并开办特快电报、国际电报、夜信电报等业务。解放前，中国国内仅有两条线路，一条是国内电报线路沪宁干线，另一条则是国际线路，为上海至美国旧金山相片传真电路。

电报传播技术自晚清传入中国后，在民国时期得到了普及应用。20 世纪初，为提高通信速度和质量，国内繁忙的线路开始广泛使用外国进口的莫尔斯自动电报机。20 世纪 20 年代末，电传打字电报机开始传入中国。② 除技术和设备更新外，在电报线路架设和机构设置方面，也取得了较大进展。至 1911

---

① 邮电史编辑室：《中国近代邮电史》，人民邮电出版社 1984 年版，第 53 页。
② 李文瑾：《中国近现代电报发展情况》，《新闻世界》2009 年第 6 期。

年底，中国共建成电报线路100002.03里，电报局503所，遍及青海以外的所有省区，基本建立起全国范围的电报网。[1] 民国成立后，中国电报事业有了较大发展。据时人统计，民国元年（1912年）至民国二十四年（1935年）间，中国有线电报局共增加781所，电报机械共增加1656部，电线共增加36000余千米。[2] 在线路方面，陆线共修成沪平线、沪川线、沪粤线、平汉线、平满线、平哈线、平新线、粤滇缅线八大干线，共约五万里。水线共建成大东、大北、沪崎、青佐、沪烟沾、川淡、太平洋、烟大八条线。[3] 有线电报发展的同时，无线电事业也发展起来，就无线电台数量而言，民国二十四年（1935年）比民国十七年（1928年）增长2倍以上。据国民政府《交通部统计年报》显示，民国十九年（1930年），国内华文电报发报字数为143655654字，发报次数为3102497次。国内华文密码电报及洋文电报发报字数为6363590字，发报次数为497706次。其中华文新闻电发报字数为4656018字，发报次数为46419次，洋文新闻电发报字数为102035字，发报次数为4735次。[4] 不仅全国无线电报、有线电报的业务量都有了一定增长，而且政府还开办了更多的电报业务。据民国二十四年（1935年）《国内电报营业通则》显示，电报分为官军电报、局务电报、私务电报、公益电报、特种电报五种，其中私务电报分为寻常电报、加急电报、交际电报、新闻电报、加急新闻电报五类。[5]

国民政府交通部还于民国十六年（1927年）冬，成立全国无线电通信网设计委员会，积极筹设短波电台。在民国十七、十八两年（1928年至1929年）间，先后于上海、重庆、天津、北平、长沙、南昌等17处，设立短波电台，实行通报。还在上海、南京、汉口、广州、汕头等18处，设台营业。民国十八年（1929年）八月间由交通部将无线电建委会所设各台接收办理。至1934年，设立短波电台之处，已从原来的20余处增至40余处。电报线路也

---

① 赵曾珏:《中国电信事业之史的考察》,《浙江省建设月刊》1934年第7期。
② 秦林舒:《最近二十五年来中国电信建设之发展》,《交通职工月报》1936年。
③ 赵曾珏:《中国电信事业之史的考察》,《浙江省建设月刊》1934年第7期。
④ 《国内电报发报字数次数》,《交通部统计年报》1930年。
⑤ 《国内电报W业通则》,《法令周刊》1935年第34期。

继续修设。同年，有线电报线路铺设遍及各省，长 10 万余公里，平均每年约计修理干支各线 5000 里，每年增设新线路及加挂线约二三千里。

此外，国民政府订购大批高速的克利特电报机、电报打字机及键盘凿孔器等，同时创设和改进了多项业务，包括创设交际电报、委托中国旅行社代收电报、来报免费代译、利用电话传送电报、电话号码代替收报人地址、华文电报内准用阿拉伯数字及洋文字句、改订收取专力费办法（在大都市各处，同城以内投送电报，一律免收专力费）、添编罗马字母电码、华洋文电报挂号通用、派员收取电报（先在南京试办）、记账发电之存款利息归存款商行所得、加急电报减价收费、邮转电报免收邮资、铁路电报免收过线费和查问公电免费拍发等十五项新业务。[1]

电报技术的进步带动了电报事业的发展、电报费用的降低和铁路线的延伸，为民国时期全国各大报纸在各主要城市建立通讯网创造了有利条件，这在客观上推动了新闻事业的发展。

三、新中国的电报

1949 年全国解放后，电报通信得到一定的发展。国家投入使用了一批苏联和德国生产的电传机，分别安装在北京、沈阳、武汉等城市，并相继推出真迹传真业务。为了加强国际间的联系，1950 年 2 月 7 日，我国与苏联签订了《建立电报电话联络协定》，于 1959 年 1 月 2 日开通北京至莫斯科国际用户电报电路。当时全国各地均非常重视电报业务的开展，尤其是边疆地区的电报建设，1951 年 4 月，新疆试办维吾尔文电报业务。

国内最早研制投产的电传机，当数 1955 年问世的 55 型电传机、1959 年的载波电报机、1964 年的双机头自动发报机和 1965 年推出的晶体管载波电报机。全国各地电报局所采用的为撕断纸条半自动转报设备，组成了国内较为庞大的电报通信网。至此，国产电报机逐渐成为内地市场的主流。

---

① 颜任光：《中国电政之今昔》，《申时电讯社创立十周年纪念特刊》1934 年第 7 期。

1967 年初，在电传电报通信中全都改用数字保护电码，进而大大提高了电报通信质量。1969 年，邮电部门研制出较先进的中文电报译码机，该机由光电输入机、主机、印字机等部件组成，其功效在于能把电传机的五单位电码凿孔纸条自动译成汉字，故节省了电报从业人员译电之手续。

传真电报简称传真，使用传真可直接传送发报人文件、图形、表格、照片等。它之所以受到欢迎，主要在于通信速度快、操作简便，对方只需一台传真机就能接收与原样相同的复制件。其传输方式分直流电报和载波电传传输。若实施电报通信，一定不能缺少两部分设备。一是电报通信的终端设备，如人工电报机、电传打字机、五单位自动发报机等；二是电报通信的传输设备，如通信线路、载波电报机、无线收发信机等。

电传打字机包括两大类：一是机械式电传打字机，此类打字机依靠电动机带动一系列的机械动作来完成接收或发送信号；另一类是电子式电传打字机，它的发报、收报及各部分动作的协调均由电子逻辑电路控制完成。目前，常见的传真机包括真迹传真机、相片传真机、用户传真机、信函传真机、电子式电传机、电子计算机自动转报机等。

20 世纪 70 年代初，国内开通北京—华盛顿无线电报和传真业务，使用 60 路报纸传真机开办北京—成都传送《人民日报》等三种报纸传真业务；1975 年，有关部门研制出单路真迹传真机，京广微波干线上的石家庄、郑州、武汉、长沙、广州五个城市建成开通真迹传真电报网；1979 年 2 月 7 日，邮电系统开放对台湾电报业务。

80 年代初，邮电部决定恢复使用人工电报电码符号、国际通报用语和公电密语。1982 年，国内有些城市开办国际真迹传真业务，主要对象有日本、新加坡等国家以及中国香港地区。1984 年 6 月，西藏自治区试办藏文电报业务，同年 8 月 1 日，我国自行设计制造的 256 路程控自动转报系统在上海电报局运行。翌年，邮电部 524 厂成功地推出汉字电传机，该机具有自动汉字译电功能。次年 12 月，全国第一个省内公众快速传真通信网在江苏省建成，后发展为 18 个省会城市开办省际真迹传真业务。

我国是一个文明古国与礼仪之邦，有着浓重的传统礼仪色彩和韵味，讲究礼尚往来，互致问候，表示祝愿，吉祥同庆。在当今文明社会礼仪性交往的内涵不断扩展，礼仪电报的推出更有其积极的意义。由于现代社会生活与工作节奏不断加快，人们往往会感到礼仪性交往应接不暇，以至期待和需要一种便捷的，但又不失体面的表述方式和代为传递的途径。

1988 年 1 月 6 日，邮电部决定自 2 月 1 日起，在国内 33 个城市推出"礼仪电报"新业务，适应了当时人们的需要。礼仪电报包括庆贺电报（结婚庆贺、节日庆贺、寿辰庆贺），吊唁电报和请柬电报等。它所提供的诸多礼仪寄喻内涵与表达形式，适应并满足了人民群众和社会各界之间礼仪性交往活动日益增多的需要。

随着礼仪电报的推进，全国性的礼仪电报业务迅速发展。礼仪电报满足了社会各界对礼仪交往和情感表达的需求，充分挖掘出了电报的"中国化"功能——用电波传递亲情友情，送上鲜花，配以贺卡，捎去一片真情与温馨，成为传递美好情感，表达良好祝愿的"使者"。2002 年，笔者所在中学 50 周年大庆，一封发自北京的祝贺电报既表达了对母校的浓浓情意，也契合了现代通讯的发展潮流。

进入 90 年代，中国电信业得到迅速发展。电报业务也有了新的开拓，开办了请柬电报业务。1990 年 11 月 7 日，西宁公众电报自动转报系统亦正式投入运营。除拉萨以外的各省会城市公众电报自动转报网宣告建成。

随着有线电话和移动电话及无线寻呼等业务用户的不断增长，电信业务呈现多元化的发展局面。因此，电报这一传统业务受到极大的冲击。如今，人们去邮局发电报的已很少，代之而起的电话机、传真机大量走进寻常百姓家。"有急事，发电报"的情形只能成为人们的记忆了。

2005 年 12 月 1 日，通信行业在国内停止受理了公众礼仪电报业务。国内还有北京、上海、南京、杭州和长沙等为数不多的城市还有电报服务。只有在一些特殊的情况下人们才会选择使用电报，业务几乎可以忽略不计。数据显示，2012 年上海全年共发出电报 174 份，接收电报 151 份，远不及 20 世纪 80 年代一天收发电报数的零头。长沙市 2013 年上半年共发电报 4 封。

2013 年 6 月，杭州市民刘先生收到了朋友从上海发给他的一封电报。电报装在一个信封里，信封正面写着大大的"电报"两个字。"这就是传说中的电报啊，太神奇了，通信技术那么发达的今天竟然还有人在用那么复古的电报。"刘先生极为惊喜。电报的左上角标注着收件人的地址和姓名，以及一串数字和英文字母，那是电报种类和发报局的代码。收件人信息的下方就是正文了，电报正文只有7个字：不日抵杭愿接站。短短几个字，言简意赅，表达完整，十分考验发报人的文字水平。在电报的右边，盖了一个中国电信的电报戳。

刘先生说，上海朋友是一名电报爱好者，这份电报是朋友给他的一份惊喜。从上海发出，第二天就到杭州了。"以前都只是在电视剧里看到过电报这玩意，收到实物感觉蛮不错，现在通讯那么发达，无论是短信、电话还是微信和QQ联系都很方便，拍电报估计只是个人爱好了。"[①]

到2008年，全国只保留了八个电报中心。曾经伴随着电影《永不消逝的电波》而风靡一时的电报，如今正逐渐淡出人们的生活。

第四节　传播功能

电报作为信息传播模式中的巨大变革，有着与交通运输相分离的特点。正是这样的分离，才能够更加凸显出它的传播学意义。诚如传播学家凯瑞（James W. Carey）所说'"在电报之前，'communication'被用来描写运输，还用于为简单的原因而进行的讯息传送，当时讯息的运动依仗双足、马背或铁轨运载。电报终结了这种同一性，它使符号独立于运输工具而运动，而且比运输的速度还要快。"电报的出现，以独立符号的形式，带来了物质运输和讯息传送的分离。自古以来，在视听所及的范围之外，传送书信都需要实施搬运的物质载体，如信使、轮船、信鸽等媒介。某种意义上，电报与交通的分离实际上可以被看作是通讯与运输的分离，或"物的传递"和"信息（或思想）的传递"的分离。

---

① 参见吴崇远：《杭州最后的电报房，还有5位报务员在坚守》，《钱江晚报》2013年7月30日。

由于电报的出现，信息传递的速度远远超过了即便是以往最快的信息传递形式。

电报技术的出现，不但解决了人们传递信息的迫切需求，也使得商品价格信息、政治军事情报、文化阅读需求等的生产和传递方式发生根本变革，开始从局部地区或者特定地方面向社会公共领域散播。电报传播所产生的丰厚利润促进了社会分工的新进展，即以通讯社为中心，新闻、消息的采集、生产和售卖成为一个专门的庞大产业，而不再仅仅以报纸的生产和销售为目的，造就了产业新链条，对社会发展产生着重要的影响。

一、社会体认

有学者认为，电报横跨大西洋的线路最终成为朝着使各国团聚在一个国际传播网络中迈进的划时代的一步。对于由电报产生的这一变化以及相应的一系列社会历史"转型"，美国著名的媒介文化学者尼尔·波兹曼（Neil Postman，1931—2003），从其首创的媒介生态学角度做了富于哲理意味的阐述。在他看来，电报的出现不仅仅意味着一种新的信息传播方式，而且更深层的意味还在于它彻底改变信息所负载的内容，从而最终改变了人们对世界的体认。

美国学者德弗勒认为，从进化论范例的角度看，最有助于适应我们社会需要的技术将发展成为新媒介系统。人类历史上每一个传播技术的过渡，都有其意义深远的效果。每一过渡都给人类的个人思想和集体、文化发展带来了重大变化。说话的发展给予了我们的原始祖先超过早期人的巨大优势，同样，其后的文字、印刷和现代大众传播的出现也给予了各相应时代的人们超过前辈的优势。所以，随着每一时代汇入下一时代，人的思想变得日益成熟，文化益加复杂。技术、社会和文化进化的过程绝非达到终结。我们在继续发展我们的技术，技术进步扩大着我们的传播能力。在每一个"过渡"时代，技术创新受到采纳，冲突出现并得到解决，时尚风潮此起彼伏，社会运动带来新鲜观念，社会问题发展并得到处理，这些影响都改变着社会秩序。不管在心理上还是在社会特点上，没有一代人与前一代完全相同。由于传播技术和社会秩序都处于不断改造的过程之中，完全有理由认为，大众媒介对社会的影响此一时不同于彼一时。

电报作为一种新型的传播技术，以其强大的穿透力突破了时空的限制，而使人与人之间的距离空前缩短，彼此间的交流变得十分便捷。即使相隔万里之遥，也仿佛比邻一般。对此，马星野先生感叹道：电报、无线电和电话以及飞机已把世界缚住，好像一个网，世界缩小了，而新闻纸的领土扩大了。戈公振认为，电报的出现，直接影响报纸的工作，"间接能使社会人类之关系，变为密切，求知之欲望，日而增高，向之各地景况，群众生活，事实上无明悉之可能者，至是人人得而一目了然矣。"

二、中外交流

电报的设立加强了中国与外界的联系，拉近了中国与世界的距离，使得晚清能够较为迅速地了解世界形势的变化，逐步改变了与世隔绝的状况。同时，在清政府办理对外交涉、保护华侨合法权益等方面，电报也发挥了作用。1885年美国迫害华工，清政府立即收到驻美公使郑藻如的电报，清政府及时出面与美国交涉，保护了华侨的权益。为了适应航海的需要，电报业务中增加了通报台风和海上气象的项目。为了防汛的需要，电报承担了水文发布和汛情报警的任务，在湖北、河南、山东的江河险要地区，还分别设立了河工电报。

电报在教育、文化上的贡献也不小。电报学堂的设立推动了新式教育的发展，而电报相关书籍的引进和翻译促进了西方技术向中国的传播。电报总局准许各报馆发递新闻电报，并减半收费，以后还同意报馆寄发密语新闻电，这都促进了新闻事业的发展。另外，电报在晚清的文化方面还起到两个重要作用：一是使清末的文风趋向简朴。由于电报费昂贵，人们不得不在电文中去掉冗词赘句。二是社会上出现了"通电"这种新的文体形式。"通电"文词简捷，言简意赅，特别是在政治上成为一种制造舆论的特殊工具。

三、新闻提速

电报不仅促进了新闻事业的现代化，也促进了人们思想和新闻工作者思维的现代化，明显提升了新闻速度，加速了新闻更新，使其接近性更强。

通过电报传播，"地球村"的概念使人们觉得彼此之间联系更为紧密，全球意识更为强烈。与之相对应的，民族国家的概念也更为清晰。在很长的一段时间里，中国报纸登载的国际新闻多是"海客谈瀛洲"之类，且多半都是译自外文报章。1912年，路透社上海分社开始向沪上各大报发稿。各报订阅其电讯稿每月缴费100元，这使中国报纸的国际新闻报道有了质的变化，中国报界开始有了真正的国际新闻。此后，国人自办的通讯社也蓬勃发展，并且不断拓展向外报发稿的业务，加强国际新闻报道。正如戈公振所说，"报纸受此等广博普遍之通讯影响，内容之倾向于世界化及社会化者渐行显著；国际新闻，社会新闻，在报纸中皆占一重要地位矣。"吴绍璘也认为，通过国际新闻电报，"无论其本国之新闻，吾华之消息，莫不捷如飞隼，俱映目前。"

在国际电报业务方面，中国于1920年9月加入了国际无线电报公会和国际电报公会，并参加了1927年10月在华盛顿召开的国际无线电报会议和1925年9月在巴黎召开的国际电报会议，争取中国作为会员国的合法权益。1927年8月，戈公振在日内瓦万国报界会议上发表演说，也关注国际新闻报道的问题，提请大会对中国和欧美间的新闻电费问题进行讨论，减少和降低费用，使中国能够加强自身的国际新闻报道，消除各国对中国问题的误解。

由电报带来的国际新闻的发展，使得国人对世界的印象更为清晰，同时对中国在世界中所处的位置也更为清楚，这个位置不光是地理上的，更是政治上、经济上、文化上的，从而唤起了国人对于民族国家的共同想象。由国际新闻电报的便捷带来的国际新闻报道的拓展，恰好给国人补上了这一课，民众通过电报沟通世界、了解国际大势，进一步促成了中华民族共同体概念的形成。

四、情感纽结

在电报传播100多年的历史长河中，暖暖温情贯穿始终。兄弟姐妹情、同学战友情、华夏民族情、世界合家情等等亲情友情爱情，通过滴答滴答的发报声，超过边防哨所，翻越万千沟壑，穿透层层迷雾，将喜讯欢乐、思念惦记、哀愁纠结以最短的时间准确传至远方的亲人。那个时候，一份普通电报要在6个小时内发送，加急电报则要求4个小时内必须发送，去火车站接人得凭电报才能买到站台票，半夜十二点也有很多人发电报，报务员忙到凌晨两三点是常有的事。

"祝全家幸福安康！新春快乐！""300元，请查收""相亲，请准假""节日快乐""拜年了"等朴实简练的语言，无不书写着远方亲人的问候与思念。

那时，一般人家里还没有电话，想挂个长途电话非常难，有时甚至要在邮电局等上十几个小时，所以有什么要紧的事通知远方亲戚朋友都是通过电报。尤其是春节期间，和朋友间的互相问候发个电报已成为一种习惯。

为了及时准确将编码转译成文字，每个报务员需要对3000个常用汉字码倒背如流，这是他们当年的基本功。在上岗培训时，要求报务员把最常用的3000多个汉字的电报码熟背下来。现在，尽管许多原先的报务员都已经转岗或退休，还有很多人看到电报码就眼熟，他们有些人平时打字用五笔或拼音费力，用电报码却是行云流水。

20世纪70年代初，很多人一个月的工资才18元，发电报每个字就要3分钱，80年代涨价至每个字收费0.14元，这个价格在此后几十年没有变化。正因为如此，才有了人们发电报时惜字如金、字斟词酌的景象，最短的电报一般是两个字，如"速回"、"平安"、"已到"等，使用频率很高。电报按字收费，被工作人员开玩笑说这绝对是"最有良心的价格"。要知道，在20世纪70年代末80年代初，平民百姓的工资水平都较低，走入电报房传送情感，确实是一件奢侈而又时髦的事情。

由于电报传播承载着人们的情感，与之相关的电报机和电报纸虽然在日常生活中已经不常用，但在收藏市场很是走俏。在收藏市场，一台保存完好的战争年代的电报机往往价格不菲，更让人惊讶的是，比电报机更有收藏价值的是用来记录和破译电报内容的电报纸—— 一张"有内容的纸"最高能卖到几万元。[1]

---

[1] 参见杨田风、梁兴:《长沙电报即将消失，电报纸收藏一纸万金》,《三湘都市报》2013年7月17日。

第四章

电话传播

电话通信是通过声能与电能相互转换，并利用"电"这个媒介来传输语言的一种通信技术。电话的发明不仅是电信技术史上的一个重大突破，它更是一种传播手段、传播方式。电话的大规模广泛应用，使得电话传播突破了在受空间制约的传播环境中构建起一座新的沟通桥梁，对全社会产生了深远的影响。

当下，"电话连线"依然在广播电视节目中发挥着应有作用。随着智能手机电话、模拟场景电话、应急多连一体电话以及4G时代的视频电话等的兴起，电话传播的疆域和功能大大拓展，电话传播的地位不断上升。

第一节　发展进程

电话的发明使人们跨越空间距离无障碍交流，逐渐影响着人类社会结构、组织方式和生活形态。随着信息技术革命的不断演进，电话传播逐渐由精英贵族的传统座机电话、寻常百姓的传统座机电话、模拟手机移动电话升级换代为今天的新型智能高科技电话。电话传播的适用对象、传播内容、传播服务、传播方式与手段、传播途径以及传播效果等等，也随之发生了根本性变化。

一、精英贵族时代

在精英贵族时代，使用电话的人群极为稀缺。在很多国家和地区，只有王公贵族才有资格享用电话。新中国成立后改革开放之前，电话同样是身份的象征，只有相应级别的领导干部才有资格申装电话。

在国际电信联盟出版的《电话一百年》一书中提到，公元 968 年，中国人发明了一种叫"竹信"的东西，它被认为是今天电话的雏形。

从电话发明到开始应用的较长时间里，主要的适用对象为科研技术人员、政府高官及商贾巨贵等极少数精英贵族人士。1882 年 2 月，丹麦大北电报公司在上海外滩扬于天路办起我国第一个电话局，用户 25 家。同年夏，皮晓浦以"上海电话互助协会"名义开办了第二个电话局，用户 30 余家。年底，英商东洋德律风公司兼并上述两电话局经营，用户仍仅 300 多家。到 1949 年底，中国共有电信局 600 处，电话用户 26 万户，普及率仅为 0.05%。

欧洲对于远距离传送声音的研究始于 17 世纪。英国著名的物理学家和化学家罗伯特·胡克（Robert Hooke，1635 年 7 月 18 日—1703 年 3 月 3 日）首先提出了远距离传送话音的建议。1796 年，休斯（Howard Hughes，1905—1976）提出了用话筒接力传送语音信息的办法，并且把这种通信方式称为——Telephone，一直延用至今。

1875 年 6 月 2 日，贝尔与沃特森的努力有了回报。这一天，通过电线他们第一次听到了传来的声音，尽管非常微弱。至今，在美国波士顿法院路 109 号的门口仍挂有一块铜牌，上面镌刻着"1875 年 6 月 2 日电话诞生于此"。1877 年 4 月 4 日，第一部私人电话安装在查理斯·威廉姆斯于波士顿的办公室与马萨诸塞州的家室之间。

1877 年 5 月 17 日，波士顿防盗器商店的爱德文·豪迈士，首次使用电话总机系统，5 路支线分别接到安有本店防盗警铃的 5 个办公室。1878 年 1 月 28 日，美国康涅狄狄州的纽好恩，第一个市内电话交换所开通，当时只有 20 个用户。

1878 年至 1879 年，贝尔架设了波士顿至纽约的 300 千米长途电话线路，但音量较低。1879 年，爱迪生利用电磁效应，制成炭精送话器，使送话效果显著提高。爱迪生炭精话筒的原理及其器件一直沿用至今。1879 年底，电话号码出现。由一位内科医师受马萨诸塞州流行麻疹的启发而提出的，因为一旦接线员病倒，全城电话岂非瘫痪。1881 年，英籍电气技师皮晓浦在上海十六铺沿街架起一对露天电话，付 36 文制钱可通话一次。这是中国的第一部电话。

1881 年，意大利罗马、法国巴黎、德国柏林先后开通了各自的第一个电话网络。1882 年，电话线采用双绞线。这是英国教授休斯 1879 年发表架空线干扰的论文引起的结果。1884 年 5 月 1 日，世界上第一幢摩天大楼房产保险公司的 10 层楼在芝加哥建成。正是电话使摩天大楼在大城市里相继涌现。如果没有电话，大楼里的信息都要靠人工来传递，那么供通信员使用的电梯是远远不够的。

1793 年，法国查佩兄弟俩在巴黎和里尔之间架设了一条 230 千米长的接力方式传送信息的托架式线路。这是一种由 16 个信号塔组成的通信系统。信号机由信号员在下边通过绳子和滑轮，操纵支架的不同角度，表示相关的信息。当时，法国和奥地利正在作战，信号系统只用一个小时就把从奥军手中夺取埃斯河畔孔代的胜利消息传到巴黎。以后，比利时、荷兰、意大利、德国及俄国等也先后建立了这样的通信系统。据说查佩两兄弟之一是第一个使用"电报"这个词的人。

目前，大家公认的电话发明人是贝尔，他是在 1876 年 2 月 14 日在美国专利局申请电话专利权的。其实，就在他提出申请两小时之后，一个名叫 E. 格雷的人也申请了电话专利权。最初，贝尔用电磁开关来形成一开一闭的脉冲信号，但是对于声波这样高的频率，这个方法显然是行不通的。最后的成功源于一个偶然的发现，1875 年 6 月 2 日，在一次试验中，他把金属片连接在电磁开关上，没想到在这种状态下，声音奇妙地变成了电流。分析原理，原来是由于金属片因声音而振动，在其相连的电磁开关线圈中感生了电流。现在看来，这原理就是一个学过初中物理的学生也知道，但是那个时候这对于贝尔来说无疑是非常重要的发现。

1906 年，Lee De 发明了电子试管，它的扩音功能领导了电话服务的方向。后来贝尔电话实验室据此制成了电子三极管，这项研究具有重大意义。1915年 1 月 25 日，第一条跨区电话线在纽约和旧金山之间开通。它使用了 2500 吨铜丝，13 万根电线杆和无数的装载线圈，沿途使用了 3 部真空管扩音机来加强信号。1948 年 7 月 1 日，贝尔实验室的科学家发明了晶体管。这不仅仅对于电话发展有重大意义，对于人类生活的各个方面都有巨大的影响。其后几十年里，又有大量新技术出现，例如集成电路的生产和光纤的应用，这些都对通信系统的发展起到了非常重要的作用。

与电报进入中国的背景相似，中国的电话也是西方列强侵略中国的产物，它走过了一条从外商办电话到中国自办电话的道路，这是一条蜿蜒曲折的道路。电话的引入客观上打破了中国古老的邮驿制度和民间通讯机构的模式。

就在贝尔发明电话后的第二年，1877 年电话就传入了中国上海。但当时的电话只是一种简易的传声器，出于商业贸易需要拉起的从外滩到十六铺码头的电话线，是上海出现的第一台电话。1881 年，大北电报公司通过与英商东方电报公司签订协议，获得了上海租界内的电话经营权，成立了第一个电话交换所，开通公共租界与法租界用户 25 家，并装有一台公用电话，1882 年 2 月21 日正式通话。同年 4 月，第二个电话交换所宣告开业，此后，电话逐渐在上海得以推广。电话在进入上海之初，国人只视其为一种游戏，对于这一通过一根铁丝就能千里传音的"玩意儿"感到不解。但随着时间的推移，电话在传递语音信息上的优势开始被国人认可，甚至有识之士开始上书清政府，要求设立由中国政府经营的电话局以阻止外商的侵蚀。

1900 年 8 月，两江总督兼南洋大臣刘坤一在南京润德里成立的江南官电局，是中国自办室内电话的开端。1904 年至 1905 年，俄国在烟台至牛庄架设了无线电台。中国古老的邮驿制度和民间通信机构被先进的邮政和电信逐步替代。1904 年，我国自建的第一条长途电话线路京津线架设竣工，成立了天津电话局，成为中国自办长途电话的开端。随着清廷招商承办电话政策的推动，各地官方或招商承办电话兴起。1900 年至 1906 年，先后在各大城市开设了市内电话，信息传递更方便，电话业务也有了新的发展。1905 年，督办电政大臣袁世凯请旨，将全国开办电话大权收归电报总局，以遏制外商擅设电话的侵权。

1949 年以后，中央人民政府迅速恢复和发展通信。1958 年建起来的北京电报大楼成为新中国通讯发展史的一个重要里程碑。十年"文革"，邮电再次遭受打击，一直亏损，业务发展停滞。到 1978 年，全国电话普及率仅为 0.38%，不及世界水平的 1/10，占世界 1/5 人口的中国拥有的话机总数还不到世界话机总数的 1%，每 200 人中拥有话机还不到一部，比美国落后 75 年。交换机自动化比重低，大部分县城、农村仍在使用"摇把子"，长途传输主要靠明线和模拟微波。即便如此，北京每天也有 20% 的长途电话打不通，15% 的要在 1 小时后才能接通。在电报大楼打电话的人还要带着午饭去排队。

新中国成立以来，中国现代固定电话获得稳定发展，在不同阶段市内电话和长途电话的发展各具规模。但受到各个时期经济水平的限制，1949 年到 1966 年的 17 年时间，全国室内电话总容量每年平均只增加 5 万多门。1966 年到 1979 年间，全国各省会、自治区、直辖市的市内电话合计容量每年平均只增加 1 万多门。1978 年，中国平均每百人拥有电话不到半台，普及率为 0.38%，仅是非洲平均普及率的 1/3，亚洲平均普及率的 1/7，世界平均普及率的 1/10。

二、寻常百姓时代

中国电话传播进入寻常百姓时代，是在改革开放之后的事情。在改革开放之初，电话对于普通大众而言仍然是一种奢侈品，人们打电话只有在单位或打公用传呼电话，对于安装家庭电话更是不可能的事。直到 1982 年，福州市在国内率先引入的先进的日本电话交换机正式开通，才标志着全国电话建设进入程控化和大发展时期。全面采用程控新技术使我国跨越国外通信技术发展的某些传统手段，中国电话开始走上高起点跨越式发展道路。在短短十多年时间里，中国电话普及率从 1985 年的 0.6%、1990 年的 1.11% 飙升到 2000 年的 20.10%，移动电话从 1995 年的 0.3% 骤升到 11.20%（见表 4.1）。

表 4.1　中国电话普及率和移动电话普及率情况表

类别	1995 年	1996 年	1997 年	1998 年	1999 年	2000 年
电话普及率	4.66	6.33	8.11	10.53	13.00	20.10
移动电话普及率	0.30	0.56	1.07	1.89	3.50	6.77

电话传播的迅速普及，是改革开放后人们物质文化水平提高的体现，是人民工作生活所必须。而沿用 20 年的电话初装费被取消，也为中国电话业务大幅度增长注入了活力。80 年代初北京市电话初装费为 200 元，90 年代初飙升至 5000 元。移动电话价格最高达到 28000 元。2001 年 7 月 1 日，这是中国电信行业一个具有历史意义的日子。从这一天开始，被国民口诛笔伐了 20 年的电信初装费、入网费"寿终正寝"。

在 2009 年"中国下一代网络融合与发展中国峰会"上，国家广电总局和中国广播电视协会就曾对"电信初装费"口诛笔伐，认为中国电信通信事业和产业的发展，是靠高额的"国难财民难财"堆积起来的。工业和信息化部、中国通信学会、中国互联网协会针锋相对，暗讽中国广播电视故步自封，不追求技术进步与技术创新，导致中国广播电视产业与中国电信通讯产业差距巨大。

1990 年至 1995 年间，我国电话"热装冷用"现象十分突出，1993 年以来用户增长速度超过通话次数达 10% 以上，长话零次户（即一个月没打过一次国内长途电话的用户）数目却很大，国际上发展情况则是通话次数增长速度比用户增长快 3 倍。

三、模拟手机时代

1947 年，美国新泽西州朗讯技术公司贝尔实验室首先提出了便携式电话的概念。第一台便携式手机由摩托罗拉公司马丁·库帕发明。到了 1979 年，第一个商用移动电话网在日本启动。移动电话技术作为一大新的具有跨时代意义的媒介开始更深入地影响人们的日常生活。而卫星电话技术更是突破了通讯受到的空间限制，它利用人造地球卫星作为中继站来转发无线电信号，可实现两个或多个地球站之间的通信。正是这些卫星能覆盖的范围与全球地面电话网络相结合，可实现商务人士、旅行者、不发达地区的居民及其他用户与全球范围内的无线手持电话，简单方便地实现通信联络。它还具有通信距离更远、更具可靠性、灵活性更强、通信成本更低等诸多优点。

自从 90 年代移动电话进入人们日常生活以来，用户数量节节攀升。1995年，中国移动电话普及率仅为 0.3%，到 2001 年时，已经陡增到 11.44%。2002 年底，中国移动电话用户剧增 6268.8 万户，总量达到 2.69 亿户，首次超过固定电话用户的 2.63 亿户。2007 年，中国固定电话再次迎来重要拐点，全年用户总数下降 233.7 万户，而且从此一直走下坡路。中国电话传播开始了模拟手机时代。

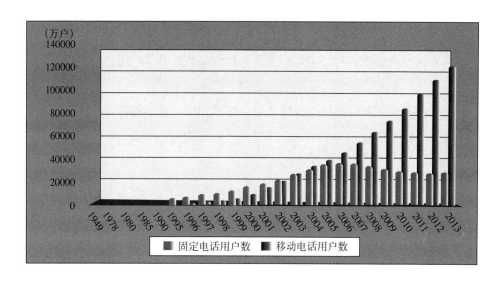

图 4.1 1949 年至 2013 年固定电话、移动电话用户发展情况

到了 2013 年底，中国电话用户净增 10579 万户，总数达到 14.96 亿户，增长 7.6%，电话普及率达 110 部 / 百人。其中，移动电话用户净增 11695.8 万户，总数达 12.29 亿户，移动电话用户普及率达 90.8 部 / 百人，比上年提高 8.3部 / 百人。全国共有 8 省市的移动电话普及率超过 100 部 / 百人，分别为北京、辽宁、上海、江苏、浙江、福建、广东、内蒙古，其中辽宁、江苏首次突破

100 部 / 百人。固定电话用户总数 2.67 亿户，比上年减少 1116.8 万户，普及率降低至 19.7 部 / 百人（见图 4.1）。

四、智能手机时代

智能手机是指像个人电脑一样，具有独立的操作系统，独立的运行空间，可以由用户自行安装软件、游戏、导航和视频通话等第三方服务商提供的程序，并可以通过移动通讯网络来实现无线网络接入的这样一类手机的总称。

智能手机具有优秀的操作系统、可自由安装各类软件、完全大屏的全触屏式操作感这三大特性，完全终结了早些年的键盘式模拟手机。

在智能手机领域，苹果、三星、诺基亚和 HTC 等四大品牌在全世界最广为人知，而中国的联想 Lenovo、华为 HUAWEI、小米 Mi、步步高（VIVO）、中兴 ZTE、酷派 Coolpad、魅族 MEIZU、欧珀 OPPO、金立 GIONEE、天宇(天语）K-Touch 十大品牌在中国备受关注。

智能手机的诞生，是掌上电脑（Pocket PC）演变而来的。最早的掌上电脑是不具备手机的通话功能，随着用户对于掌上电脑的个人信息处理方面功能的依赖的提升，又不习惯于随时都携带手机和 PPC 两个设备，所以厂商将掌上电脑的系统移植到了手机中。

世界上第一款智能手机是 IBM 公司在 1993 年推出的 Simon，它也是世界上第一款使用触摸屏的智能手机，使用 Zaurus 操作系统。它为以后的智能手机处理器奠定了基础，有着里程碑的意义。2008 年 7 月 11 日，苹果公司推出 iPhone 3G。自此，智能手机的发展开启了新的时代，iPhone 成为了引领业界的标杆产品。

第二节　传播特点

电话传播最开始就是简单的人际传播，发展到了一定阶段之后，"电话连线"不仅直接给报纸杂志远距离传送最新快讯，而且成了广播电视台"新闻直播"的鲜活手段。

在不同时期不同阶段的电话传播，通讯技术、通话设备设施、使用人群、使用范围、承载信息的方式和手段以及信息承载量都千差万别，传播特点也自然不尽相同。

电话传播早期更多是人际传播，具有双向性强、反馈及时、互动频度高、方法灵活和传播范围小等特点，此外还具有以下特点。

一、传播范围的阶段性

电话一发明，由于要求各地电话机之间灵活地交换连接，于是很快发明了交换机。最早采用的是磁石式电话交换机，接着出现了共电式电话交换机，这些都是人工交换机，必须由接线生（Operator）来完成使用者电话间的接线和拆线，其特点是设备简单，容量小，需占用大量人力，话务员工作繁重，传播速度慢效率低。因此，人工交换机逐渐被自动交换机所取代。

自动交换机是靠使用者发送号码（被叫使用者的位址编号）进行自动选线的。世界上第一部自动交换机是1898年由美国人A.B.史瑞乔发明的，这是一台步进式IPM电话交换机。1892年，世界上第一个步进式IPM自动电话局在美国印第安纳州拉波特设立。自此，自动电话交换机得到迅速发展，在世界各国安装使用，并相继生产了许多改进的机型。从20世纪30年代起，美国等国家也开始大力研制和发展纵横式交换机。

随着近代电子技术的飞速发展，人们开始把电子元件应用到交换机中，逐步取代速度慢、体积大的电磁元件。于是出现了准电子电话交换机。1960年，美国贝尔系统试用储存程式控制（以下简称程控）交换机成功，并于1965年5月世界第一部程控电话交换机开始运作。该机采用电脑作为中央控制设备，由电脑来控制接续工作，该交换机属于程控空间分隔电话交换机，它意味着电话自动交换控制技术已从机电式线式控制发展到电子式程式控制。1970年，法国设立了世界上第一部程控数位电话交换机。随后，美国、加拿大、瑞典、英国等国相继使用程控数位交换机。程控数位交换机，达到了交换机的全电子化，同时也达到了由类比空间分隔交换向数位分时交换的重大转变。

在精英贵族时代，电话是奢侈品，是权利和身份地位的象征，电话机也被当作宝贝一般，供奉在显赫位置。其时，从通过中继线打电话到摇柄电话，度过了漫长时期。人们将电话机，视为天外来物，能够使用电话，心里自然有着说不出的自我满足。这一时期的电话传播，是典型的人际传播（尽管偶尔为报纸杂志传输文稿信息，权且可以归属到大众传播的一分子），受众人群数量稀少，传播方式单一直接，传播效果也不理想。

到了电话传播的寻常百姓时代，电话传播的范围大大扩张，不仅城市居民大多数家庭用上了电话，中国农村地区先富裕起来的家庭也将安装电话作为时尚潮流，在20世纪80年代初成为比"彩电冰箱洗衣机"更加重头的新婚大件。程控电话交换技术使电话直拨手到擒来。无须再遮掩，无须再担忧害怕有人偷听。电话传播不仅依样为报纸杂志传递远端情信，而且在广播电视节目中大显"电话连线"别样身手和另类风采。

随着模拟手机和智能手机时代的到来，传呼机、小灵通、无绳电话、子母电话、录音电话、免提语音电话、"大哥大"、海事卫星电话和电话来电显示、电话会议、电话呼叫中心、手机短信、手机报纸、手机广播、手机电视、飞信微信等等新鲜玩意纷至沓来，进入到人们生活，叫人应接不暇。电话传播已不再是单向传递的人际传播，而是集人际传播、群体传播、组织传播和大众传播为一体的"全传播"。

二、传播手段的立体性

电话传播是集人际传播、群体传播、组织传播和大众传播为一体的"全智能""全传播"，其传播手段集中了报纸杂志广播电视等传统大众传播的所有方式，汇集了口语传播、文字传播、音视频传播和动漫游戏传播等全部内容，实现了全方位、全天候、全覆盖和全媒体样态的立体传播。

智能手机时代的电话传播，因为打电话是固定电话和移动电话的主要用途，因此人际传播依旧存在，并且占有一定位置。以中国大陆 2013 年固定电话用户总数 2.67 亿户计算，人际传播的影响人群至少接近 8 亿人次。

智能手机的手机报纸、手机杂志、手机广播、手机电视和手机互联网功能，满足了人们在不同场所、不同时间、不同人群组合和不同心境下的任意需求。手机短信、手机微信功能的开发，启动了以往上述各类大众传播媒体前所未有的传输通道。无论在天空飞行，大海遨游，开车兜风，还是坐在风驰电掣的高铁列车里，抑或搭乘公交地铁、长途大巴，你都可以使用过往只会打电话今朝无所不能的智能手机，在浩渺的互联网虚渺空间里交友观新闻与鏖战游戏，也可以旁若无人的短信微信。当然，也可以在这看似微小的窄小机器上指点江山激扬文字，或吐槽跟帖围观灌水，或呐喊高歌或吟诗赋辞，微博空间足可容纳各种各样的民众诉求。

三、受众人群的针对性

说话要看对象，打电话也要看对象，这是一个道理。无论是早期少数人之间的电话交流，还是现在全民共享的"全电话""全智能""全传播"，都能找到电话传播针对性、有效性和有用性的特色印记。

打电话需要付费，因而鲜见有人闲得无聊天涯海角乱拨电话，而是将电话拨给自己需要的对象和人群。手机短信群、微信群以及它们附着的群发功能，更是放大了电话传播的针对性特质。

每逢重大活动，很多地方省市都会在第一时间给相关市民群发短信，不仅准确锁定了目标对象，操作程序极其简单，而且到达率极其的高，传播效果出乎意料的好。据知，不少地方已将手机短信作为突发事件预案的信息传播的首选。

2007 年 10 月 27 日 22 时至 11 月 5 日 6 时，历经 33 年运行的长安街复兴门立交桥将进行大修加固，北京市民收到了交通主管部门的短信："自 2007 年 10 月 27 日起至 11 月 4 日止每天 6 时 30 分至 22 时，复兴门桥由东向南方向、由南向西方向、由北向东方向的匝道禁止机动车通行。复兴门立交桥大修加固施工期间可能会给人们出行带来不便，交管部门提醒过往车辆及行人提前选择好行驶路线，以免影响出行。"

笔者将此作为案例在课堂上与学生分享，不曾料想，学生们没有人收到这条短信。一学生一语道破，"这种信息与我等关联不大影响太小，不属于传播对象"。交通主管部门根据手机用户的使用情况，有针对性地选择了精确的传播目标。

四、传播效果的承载性

电话传播素有"零号媒介"之称，是最廉价的传播媒介，被誉为最可信的宣传工具。与广播电视、报纸杂志以及互联网等新媒体日益上涨的宣传费用相比，电话传播的成本是最低的，它利用人类传播信息的天性，支付了电话费之后不用另外付费。

电话传播中的双方或多方多同处家庭、朋友、同事等群体中，其文化、观念、意见和价值判断相当接近，双方相互间容易理解和认同消费观念，容易相信和接受传播的信息。消费者认为，相对于企业的计划性信息，口碑传播信息更客观更独立，更值得信任，传播效果的承载性更高。

正鉴于此，广告和销售人员宣传产品往往会利用电话传播的良好口碑，使消费者很快相信企业的产品和服务，形成稳定的忠实顾客。这不仅大大节省广告费用，而且人们对它的信任远远超过其他传播媒介，自然也就会得到良好的宣传效应，升华产品和品牌忠诚度，进而赢得更多的回头客。

应该看到的是，一些不法之徒正是利用电话传播针对性强、可信度高的特点，选择一些号段（如固定电话尾号带 1，6，8，9 等的吉祥号和手机移动电话 1390，1380，1300 等最早的"大哥大"用户，有时候还会再加上尾号为靓号）进行电话欺诈和电信诈骗活动，令人防不胜防，严重折扣了电话传播在受众心中的高信任度。

第三节　传播实质

电话出现之后，人们开始对电话传播的现象进行研究。在传播学视角下，电话传播的含义比较丰富。例如，传播学者郭庆光将媒介定义为：第一，它指信息传递的载体、渠道、中介物、工具或技术手段；第二，它指从事信息采集、加工制作和传播的社会组织，即传媒机构。实际上，任何媒介的诞生都是以技术为先导，而正是有着先进科技的媒介的产生，才能为媒介组织提供可拓展的平台。从这一角度出发，电话是一种通讯工具的同时，严格意义上也是一种媒介。

大卫·阿什德（David L.Altheide）的媒介定义是：一种媒介就是在社会事务中，是可见的，或确实的事情显现出来的任何过程、方法或技术。然而在媒介研究者看来，这些界定忽视了电话所负载的社会功能和社会变革价值，以及它所带来的人际和组织传播中信息流的变化。电话作为一种媒介，改变了传统信息传播的时空概念，公共领域和个人领域的信息开始重合，并导致现代社会信息传播的"二重虚拟"，形成了"地球村"中个体位置的虚化和距离的衍生等影响的认识缺乏。

电话因而成为一种被隐藏的媒介，处于一种被媒介研究者忽视、现实应用频繁的尴尬境地。学者 John Horrigan 的一项研究表明，纽约人常常访问政府网站，但如遇事件更加敏感、复杂时，即时可从网上获得解释，他们中的大多数人还是会拿起电话，因为通过电话将更加有效地提问和获取更直接和迅时的反馈。在《关键概念：传播与文化研究辞典》中的定义："一般来说，媒介是一种能使传播活动得以发生的中介性公共机构。具体点说，媒介就是拓展传播渠道、扩大传播范围或提高传播速度的一项科技发展。广义上讲说话、写作、姿势、表情、服饰、表演与舞蹈等，都可以被视为传播媒介。每一种媒介都能通过一条信道或各种信道传送符码。这一术语的这种用法正在淡化，如今它越来越被定义为技术性媒介，特别是大众媒介。有时它用来指涉传播方式（比如是用'印刷媒介'还是'广播媒介'），但更常用于指涉使这些方式成为现实的技术形式（比如收音机、电视机、报纸、书籍、照片、影片与唱片）。"因而，可把电话定义为作为一种传播方式的技术得以实现形式的媒介。而传播是社会信息的传递或社会信息系统的运行。依此，我们可以把电话传播定义为：以现代信息通信技术为基础，依托电话设备终端，通过声音的传递实现人与人之间的信息交流与传递的一种传播活动。在这一定义中，作为传播主体的人通过电话这一传播媒介，为了实现信息的交流与传递而进行的一种传播活动。简言之，电话传播就是指通过现代通信技术，利用电话设备进行的人类信息传播活动。

从电话传播的含义中可以看到，电话传播的讯息承载的物质实体是电话通讯装置和系统，而传递的讯息的本质是可被解读的声音。人类传播始于声音的传递。从媒介形态的演变过程来看，在数万年以前，人类还处于表达性语言和口头语言的时代，书面语言还处于发展期，媒介的技术形式较为原始。但随着造纸术的发展与成熟，书面语言广泛运用，报刊书籍得以普及。而电子技术的发展，使媒介形态的变革呈加快趋势，电报、电话、电视等纷纷登场。即使在众多媒介层出不穷的今天，人们还是更依赖于声音的传递。电话传播通过电话传声系统，将人的声音转换为模拟声讯号，把声音从一处传到另一处，为"地球村"的建构提供了可能。电话传播通过声音的传递，能实现其他传播媒介无法达到的传播的有效性，防止如文字传播带来的信息表达的不全面和意义的曲解。

以电话为媒介的声音的传播有着属于其自身的特点。任何一种电话交谈必然构成传受双方在异质空间的共时性交流，通过电话交流达到时空的统一。而反馈的即时、迅速，互动的高频率也是任何媒介所不可比拟的。面对面交往和电话沟通之间，很多人为了避免意义的误解，往往倾向于选择电话沟通，这样做的目的是可以及时调整交流的状态和交流内容，同时也不必受到不相干的环境压力和突发状况的影响。电话声音具有言说之外的意义，它所特有的矫饰功能的真实表达为其他媒介所不能及。

电话的发明和使用始于欧美，继而扩散到全球，直到今天以及久远的未来，电话依然是人类社会中极其重要的语音沟通方式。可以看到，在电话传播的发展历程中，随着固定电话技术的发展和电话交换系统的突破，加上电话用户数量的不断增加和通话区域的持续扩大，电话通信发展到出现连接城市与城市的全国长途电话网和连接国家与国家的国际电话网。因而，电话媒介的传播范围在空间上得到延伸，人们可以在全国、全球范围内通过声音的传递及时获取信息，成为传播史上的重大飞跃。

第四节　传播功能

从传播媒介发展史的角度来看，电话作为人类耳朵的延伸，为人类更即时地在更广的空间进行信息交流提供了便捷，方便了人们随时交换信息，提高了信息传播效率，并使得信息的真实有效性得到了保障。在美国，1896年布赖恩（Bryan，Willian Jennings，1860年—1925年）和麦金利参加总统大选期间，选举班子配备了电话系统用于转播选举结果，充分利用电话这一通讯工具传播的高效性和便捷性。银行转账也可通过电话来自动完成，现金出纳机可通过电话线与中心账户相连以完成银行业务，丰富且便利了人们生活的各个方面。同时，通过电话传递的信息也越来越多，从打电话听笑话、打电话祷告，再到获得时间和天气的信息等，大量生活信息通过电话涌现到人们面前。

一、日常沟通

无线广播式的信息传输功能。电话线的双向传输，使电话最初定位于一种私人与私人或组织与组织间的交流工具，是一种非广播通讯工具。

电话开始明确点对点的声音服务是在20世纪四五十年代。这一时期，电话深入到人们生活的各个方面。电信会议有了迅速的增长，连调查研究者的民意调查在那个时期也主要通过电话完成。

电话作为一种传播媒介，由于传受双方数量的确定性决定了它早期必然是人际传播的媒介，并担负了组织传播和人际传播的功用。国内一些研究者认为从手机和电话的拥有率和普及率来看，它们应该纳入到大众传播媒介范畴。电话依然属于小众范围的人际传播工具。我认为，即便是电话的高级形式——手机，最终能够附载许多功能，具有了 BP 机、录音机、摄像机、照相机、数字音频乃至掌中电视和电脑的功能，其最终的本质也只是通话，而任何通话都是以点对点（point-to-point）的传输方式来完成。所以本文不将手机的这些附着功能（包括短信息、彩铃、彩屏）纳入到纯粹的电话传播的研究之中。

二、热线服务

热线服务是处于电话大众传播功能与实现双方谈话之间的边缘功能。一方面，热线电话为身处在不幸中的人们提供一种谈话。从另一个角度看，那些有组织的咨询机构和与这些不幸之人进行谈话服务的工作人员的存在，使热线电话服务在某种程度上看可以说是具有了媒介的性质。电话咨询服务曾经有过巨大的发展，这是由于其使用性可以为处于危机中的人们提供帮助。电话咨询有着很多传统咨询模式无法比拟的优势，如它可为苦恼的人提供相对匿名性的保护。另一方面，电话也为咨询师们提供了一个重要的沟通服务工具。因为电话的特性，咨询者们或多或少会使用电话进行咨询。因而，电话咨询服务在心理问题的治疗中有着重要的影响，在心理健康方面，电话咨询服务起到催化剂的作用。

三、电话教育

把电话引用到教学活动中，便利了教学活动的开展，全世界中小学课堂教学都曾进行过电话教学。在美国，很多学校曾经利用电话引入了一些在当地无法获得的教学项目。比如，将投影仪和扩音电话一起使用，就能在城市中心地带给位于郊区学校的学生讲授艺术基础课。这在某种程度上填补了教育发展不平衡带来的鸿沟。

在 1966 年以前，电话教学还只限于演讲讨论的形式，并只是存在于传统的教室环境中，而口头演讲无法以书面材料作为辅助。随着科学技术手段的先进化，电话可以与可视技术结合起来，这无疑丰富了电话教育的内容和形式。随着电脑和网络视听技术的发展，电话交流设备也被广泛运用到各种教学应用中。

四、电话营销

电话营销指的是通过使用电话、传真等通信技术，实现有计划、有组织并且高效率地扩大顾客群、提高顾客满意度、维护顾客等市场行为的有效手段。成功的电话营销，可以使打电话和接电话双方都能体会到电话营销的价值。

电话营销出现于 20 世纪 80 年代的美国。随着消费者为主导的市场形成，电话、传真等通信手段的普及，很多企业开始尝试这种新型的市场手法。

电话营销不是随机地打出大量电话，靠碰运气去推销出几样产品和服务，而是在用心了解市场需求对其进行分析吸收的同时，精心挑选客户层，并且增加了一定技术含量的附加价值，通过打电话发传真的方式进行沟通。

电话营销可以扩大企业营业额，可以建立并维持客户关系营销体系。在打电话发传真回访客户时，应细心注意客户对已购产品、已获服务的意见，对电话中心业务员的反应，以及对购买商店服务员的反应。记下这些数据，会为将来的电话营销传播提供各种各样的帮助。通过电话传真的定期联系，还可以节约公司的人力物力成本，密切企业和消费者之间的关系，增强客户对企业的忠诚度。

随着即时通讯工具不断增长丰富，电话传播作为营销手段的价值不断受到影响，客户抵触情绪益发增加，营销效果正日益下降。

五、电话连线

随着广播电视技术的发展和新闻工作者对于新闻本质的追求，在广播电视新闻节目中，对于重大突发事件的直播电话连线报道，日益成为一种常态化的报道方式。在广播电视新闻的现场报道中，随着新闻事件的发展，适时灵活的采用直播连线的方式进行追踪报道，是对现场直播的一种多样化的表现手段。电话直播连线以其独特的表现方式，使现场报道离新闻的本质又近了一步。

电话直播连线对新闻节目所带来的突破首先是时效性，这使得广播电视新闻节目真正走向"直播"。除了某些可预知或有预案的重大新闻事件外（如偶发社会案件和台风地震等），很难做到于第一时间赶到事发地点现场直播。而形式灵活的电话直播连线，可以在演播室直播的基础上，真正实现了新闻播报与新闻事件的同步发生。通过随时插播电话连线，受众可以即时就事件发生情况、进程、各方面的协调措施以及相关细节不断进行补充完善，形成对这一事件的愈加清晰的了解。

在电话直播连线中，新闻时效性得以增强，消除了对于新闻真实的后期加工痕迹。通过整合现场各渠道的有效资源，多角度多侧面呈现事件的方方面面，尽最大可能还原新闻真实，平添了新闻报道的深度和厚度，形成了非技术层面的"独家"因素。

第五节　传播效果

电话传播是一种能够即时听到对方信息反馈的最直接的信息交换手段，目标对象清楚，早期的传播效果较为优良。在传播手段多样化时代，电话传播效果的差异化日益显现。

电话传播是世界电讯史上的里程碑，它极为迅速地成为了人类生活和沟通的常素和必须（电话的普及率逐渐提高）。随着电话与人们日常生活的彻底融合，电话传播作为人际交往媒介的影响正受到忽视和遗忘。正如媒介研究权威——大卫·阿什德所说，我们的生活浸淫在媒介之中，但是我们很少注意到这些媒介所扮演的角色。因为它们是如此密切地成为我们日常生活经验中的组成部分，乃至于他们分别独立的建构了自己的传播生态领域。主要的电子媒介只不过是人类传播传统中最新成分，并且与所有形式的媒介相关联。[1]

---

① 参见［美］大卫·阿什德：《传播生态学——文化的控制范式》，邵志择译，华夏出版社2003年版。

人们会很自然地将电视机、立体声音响和电脑纳入到室内装修计划中，在较为显著的空间位置突出它们的地位和作用。曾经为人们日常使用频率最高的电话，是一个家庭中富有和地位的显著标志，通常放置于会客厅床头柜等明显地方。时过境迁，现在的固定电话机，往往是悄无声息地被放置于不起眼的角落中，只有在铃声响起的时候，人们才能意识到它的存在。

人们将电话视为人与人交往的传声筒，在媒介研究者的概念中，电话只不过是在电子技术发展中，技术含量极低（较之电视电脑等）的电信号双向传输话音的简单设备。他们并没有深究电话所负载的社会功能和社会变革价值，以及它所带来的人际和组织传播中信息流的变化，于是电话在媒介研究中缺席了。但恰恰是这个不起眼的传声筒的发展改变了信息传播的传统时空概念，使得公众领域和个人领域的信息出现叠合，并导致现代社会信息传播的"二重虚拟"，形成了"地球村"中个体位置的虚化和距离的衍生。可以说，电话为人类社会的现代性乃至于后现代性形成与发展起到了推波助澜的作用。

电话设备在很多时候成为"被遗忘的媒介"，理论研究的漠视、现实的低关注度和实际应用的频繁，永远是电话这种电子媒介的尴尬处境。研究数据显示，40%的人认为用电话与政府联系是最好的选择，35%的人选择把网络搜寻和电子邮件作为第一方式，还有10%的人认为写信是首选。甚至是网络用户也更倾向于用电话来与政府交流，那意味着更高速的联系。美国斯坦福媒介研究中心的一项针对如何劝服退休的老年人参加体育锻炼的研究也揭示出，电话劝服是最有效的方法。这使得Calif教授开始检视以电话通讯为基础支撑的不同传播方式的效果。①

任何新媒介都是一个进化的过程，一个生物裂变的过程。它为人类打开了通向感知和新型活动领域的大门。基于这种观点，考证电话媒介的发展历程、发展现状、传播方式和传播效果便显得十分必然和必要。

媒介的诞生无不是在技术的先引下而产生的，正是复合了多种先进科技的媒介的产生，为各种各样的媒体组织提供了可拓展平台。在这种意义上说，电

---

① 摘自斯坦福大学网站：www.stanford.edu。

话完全可以在其通讯工具的界定下，被贴上传播媒介的标签。大卫·阿什德的媒介定义更具有科学性和前瞻性，"一种媒介就是在社会事务中，是可见的，或确实的事情显现出来的任何过程、方法或技术"。在阿什德的传播生态学观点中，社会组织也是被排除在媒介定义之外的。①

电话传播在不同场景、不同对话对象和不同对话环境条件中，具有着截然不同的传播效果。家人之间、亲密爱人之间的深夜喃喃细语，可以穿透时空阻隔，生怕遗漏一字一句；街区闹市歌舞厅，断断不是电话传播的理想场所，传播效果很难得到保障。

一机联动（指管理部门坐镇指挥中心发出统一电话信号至千家万户）导入"应急管理系统"，若经过事前演练，这般电话传播不仅信息传达"一呼百应"，而且到达率极高，传播效果极佳。

① 参见安珊珊：《电话媒介的传播生态建构》，见人民网 2005 年 5 月 31 日。

第五章

互联网传播

互联网传播是从计算机时代开始的。1946 年，美国人莫里奇和艾克特发明了世界上第一台计算机，当时这台机器体型庞大，主要用途是数据计算。1982 年，世界上首台个人计算机问世。

此后计算机向两级发展，一种是主要用于复杂运算的巨型计算机，另一种是以家庭、个人应用为主的微型计算机。计算机技术的发明使人类进入了第五次传播革命，互联网传播推动人类进入信息社会。

2014 年 2 月，国际研究机构 we are social 发布了《2014 年全球社会化媒体、数字和移动业务数据洞察》，公布了其对全球互联网、关键社交、数字化业务和移动应用的统计数据，全世界互联网人口总数已达 25 亿。在国际电信联盟（International Telecommunications Union，ITU）眼中，这是一个保守估算。这家国际电信权威机构认为，全球互联网用户数量可能已接近 30 亿。

根据中国互联网络信息中心（CNNIC）正式发布的第 41 次《中国互联网络发展状况统计报告》显示，截至 2017 年 12 月底，我国网民规模从 2005 年的 1.11 亿人上升至 7.72 亿，普及率由 8.5% 跃升到 55.8%，超过全球平均水平（51.7%）4.1 个百分点。我国手机网民规模达 7.53 亿，网民中使用手机上网人群的占比提升至 97.5%，使用电视上网的网民比例提高达 28.2%。以手机为中心的智能设备，成为"万物互联"的基础，车联网、智能家电促进"住行"体验升级，构筑个性化、智能化应用场景。移动互联网服务场景不断丰富、移动终端规模加速提升、移动数据量持续扩大，为移动互联网产业创造更多价值挖掘空间。

域名和网站是互联网传播的主要场所，我国在此方面的基础数据继续保持着良好势头。截至 2017 年 12 月，我国 IPv4 地址数量为 3.387 亿，拥有 IPv6 地址 23430 块 /32。我国域名总数为 3848 万个，其中".CN"域名总数继续快速增长，达到 2085 万个，在中国域名总数中占比达 54.2%。我国网站总数为 533 万个，是 2012 年（268 万个）年同期的一倍。在光缆、互联网接入端口、移动电话基站和互联网数据中心等基础设施建设稳步推进的情况下，移动互联网络流量连续三年实现翻番增长，显示出中国移动互联网传播市场的红火场景。

第一节　起源与发展

互联网传播是基于互联网的发展而产生的一种新的传播形式，它是相对于传统三大传播媒体即报纸、广播、电视而言的，也就是人类通过网络媒体而进行的信息传播活动。

网络传播的起源与发展有着复杂的背景。早期的互联网主要是军事用途，是由意识形态的政治军事需要直接催生的，后来逐渐应用到教育科研机构，发展到当今的大众化平民化应用。

互联网的前身是阿帕网（ARPA），它是"美国国防部高级研究计划署"（The Advanced Research Projects Agency）的简称。阿帕网建立之初主要是解决冷战时美国与苏联对峙中面临的各种政治军事危机。1986 年，美国科学基金会（NSF）将美国几乎所有的大学、科研机构链接起来，成立了国家科学基金网（NSFNET），这标志着互联网开始摆脱战争工具的束缚，逐步进入通信和传播领域。20 世纪 90 年代开始，微型计算机开始进入普通百姓的家庭，成为计算机发展的主流。1991 年，蒂姆·伯纳斯·李设计出了超文本链接的万维网（WWW）。1992 年，马克·安德森又研究出了马赛克浏览器（Mosaic）。这两项技术的发明推动了网络传播更加普及化、大众化。在用户体验上，计算机多媒体技术发展，能对数字、文字、声音、图像、视频等形式进行处理和呈现，给人们带来了全方位的体验。网络创作、网上聊天、网上购物和网络直播等各种网络应用，也使互联网传播的形式更加多样化。

一、非主流文化运动的促进

在美国历史上，20 世纪 60 年代被称为"动荡的 60 年代"。这 10 年里，美国人先后经历了古巴导弹危机、柏林墙危机、越南战争、肯尼迪遇刺等重大事件，国内的黑人民权运动、青年政治运动、反越战运动、发主流文化运动等此消彼长。尤其是反越战争，不仅"悲剧性地揭示了用非友即敌的透视镜来观察判断世界的危险"，而且"粉碎和动摇了权威机构的合法性"，"在美国历史上，对'资产阶级'的穿着服饰、语言、性行为等方面规范都炫耀否定以及服用毒品，第一次称为一场群众运动的基础。这场运动的战斗口号是'解放'"。①

这种以"解放"为口号的非主流文化运动开始蔓延，为网络传播的发展起到了巨大的促进作用。如起源于 20 世纪 50 年代麻省理工学院的"黑客"（Hacker）。当今人们一谈起"黑客"就会想到那些利用计算机攻击政府网站进行破坏或搞恶作剧等行为。当时的黑客其实与当下人们眼中的黑客远不是一回事，这一词更多的是正面的、褒义的。他们是智力超群的网络天才，他们热衷挑战高难度系统，从中找出漏洞并提出解决和修补漏洞的方法。当时黑客的出现，推动了计算机和网络的发展和完善。同时，他们追求互联网上信息免

---

① ［美］埃里克·方纳:《美国自由的故事》，王希译，商务印书馆 2002 年版，第 405—409 页。

费、共享，提倡自由、平等，他们自称是为自由而战的斗士。他们认为，软件
公司把程序做成产品出售并且不公开源代码是十分卑鄙和恶劣的，于是他们把
自己编写的应用程序放到网上，供人免费下载，还有的黑客把厂家的加密软件
破解，公之于众。这种观念和行为影响了人们对互联网的使用态度，从某种程
度上来说，"黑客文化"这一非主流文化开创了个人计算机的先河，打破了以
往计算机技术只掌握在少数人手中的局面，以较为偏激的方式推动了电脑的平
民化。

二、政府的扶持与管理的牵引

从计算机、互联网的产生与发展过程中可以很显然地发现，政府在其中充
当着重要的角色。网络传播的优越性使美国政府决定推广互联网在全国范围的
应用。1993 年，时任美国副总统戈尔提出了名为"国家信息基础设施"的构
想（National Information Infrastructure，NII），即"信息高速公路"。政府不仅
在政策上扶持，还对其进行了合理有效的管理。当时的克林顿政府为了更好地
建设"信息高速公路"，特别成立了"信息基础设施特别工作小组"，小组下设
电信政策委员会、信息政策委员会、应用委员会三个委员会。此外，克林顿政
府组建了由来自商界、学术界、社会团体等社会各界人士组成的顾问委员会，
同时成立的相关的政府部门还有国家电信和信息管理局、信息与法规处、联邦
委员会等。

继美国提出创建"信息高速公路"计划后，世界各国掀起了兴建信息高速
公路的热潮，包括日本的 Ujapan 和韩国的 Ukorea。我国在 1993 年正式提出
了"三金工程"，即金桥工程、金关工程和金卡工程。除了"三金工程"外，
还有与教育科研有关的"金智工程"，由国家经贸委所属的经济信息中心规划
"金企工程"（全称为"全国工业生产与流通信息系统"），与税务信息系统有关
的"金税工程"，与交通信息系统有关的"金通工程"，与农业信息系统有关的
"金农工程"，中国图书馆计算机网络工程——"金图工程"，中国医疗和卫生
保健信息网络工程——"金卫工程"等。

政府大力扶持互联网基础设施建设，使网络传播的范围更广、更深。此外，各国政府还针对网络传播中产生的问题进行了管理和引导，如英国针对网络儿童色情等不良信息成立了"互联网监视基金会"（IWF），政府有效合理的管理使网络传播更加文明、健康。

三、企业商业行为与网民自发行为的推力

企业对网络的商业化操作是网络传播发展的重要动力。传统企业开办企业网站，利用互联网进行电子商务，以降低成本、提高经济效益。以盈利为目的的商业网站也兴盛起来，如新浪、搜狐等，他们利用网络传播向受众提供新闻、娱乐等各种服务。企业对网络应用的开发，如网络聊天、网络文学、网络游戏等也极大地推动了网络传播的发展。

如今，网民不仅是网络传播过程中的最后一个环节——受众。随着网民自主意识的成熟，他们不再盲目、被动地接受信息，而是更具有自主性、创新性，甚至成为网络传播过程的起点——传播者。如他们在自己的博客中发表文章，将自己拍摄、创造的视频发布到网上供他人欣赏，充当网络写手等。互联网的普及使大众也可以成为网络传播中的传播者。

恩格斯曾在《致约瑟夫·布洛赫》中指出，"历史是这样创造的：最终的结果总是从许多单个的意志的相互冲突中产生出来的，而其中每一个意志，又是由于许多特殊的生活条件，才成为它所成为的那样。这样就有无数互相交错的力量，有无数个力的平行四边形，而由此就产生出一个总的结果……每个意志都对合力有所贡献，因而是包括在这个合力里面的。"①

恩格斯的历史合力说的提出，对我们理解网络传播兴起与发展有启示作用。可以说，网络传播的产生和发展正是政府、企业、网民，社会技术进步与文化思潮等因素下合力形成的最终结果。

---

① 《马克思恩格斯全集》第 37 卷，人民出版社 1971 年版，第 461—462 页。

第二节　传播类型和特点

莫里尔·莫里斯和克里斯汀·奥根指出，"网络传播是多层面的"。① 网络传播的出现，打破了传统传播自上而下，点对面、点对多的传播模式，除了自上而下、点对面、点对多的传播路径外，网络传播还有点对点、点对面、面对面和点对多等传播方式，它集多种传播类型于一身，具有自身独特的传播特点。

一、网络传播的类型

从网络应用上来看，网络传播的类型主要有交流沟通型、信息获取类、网络娱乐类和商务交易类。

（一）沟通交流类，包括网络聊天、网上论坛、电子邮件和博客播客等

1. 网络聊天，如 QQ、MSN、飞信和微信等。腾讯公司在 1999 年 2 月正式推出了一款即时通信软件——OICQ，2004 年 6 月 16 日正式更名 QQ。QQ 用户可以免费申请账号，也可付费申请某些特殊的账号，QQ 在我国拥有庞大的用户群，稳居国内即时通讯软件首位，关于 QQ 传播的特点，下文的章节中会详细说明。MSN 是 Microsoft Service Network（微软网络服务）的简称，它是微软公司推出的一种即时通讯工具，用户需要用电子邮箱申请账号，MSN 的用户规模在我国通讯工具市场上仅次于腾讯 QQ，稳居第二。

2. 网上论坛即 BBS，是 Bulletin Board System 的简称，中文意思为"电子公告板系统"。BBS 最初只是公布股票价格等信息。如今，BBS 已经发展成为一种虚拟社区，论坛通常分成不同的主题板块，用户可以根据自己的喜好进入某些板块，阅读关于某个主题的看法，也可以回帖，发帖。论坛的参与者一般

---

① Merrill Morris & Christine Ogan, "The Internet as Mass Medium" *Journal of Communication* 46(1),Winter.0021-9916/96.

是匿名的，他们可以较为随意地发表自己对某些问题的看法。与传统新闻传媒相比，网上论坛在信息传播和舆论形成方面的特点有以下差异（见表5.1）①。

表 5.1　网上论坛与传统新闻传媒的特点比较

特点	传统新闻媒体	互联网 BBS
反映民意的速度	慢	快
受众（用户）主动参与的地域范围	小	大
受众（用户）间的交互性	差	佳
受众（用户）与媒体间的交互性	差	佳
管理机构对其的掌控程度	大	无／小
受众（用户）的言论自由度	无／小	大
受众（用户）提供信息的真实性	高	低
供受众（用户）发表意见的"地盘"	小	大

除了提供发表意见的场所，BBS 还可以提供邮件服务、在线游戏、在线聊天、软件下载等多种服务。我国国内的论坛种类繁多，大体可分为社会类和高校类，社会类有天涯社区、百度贴吧、搜狐社区、网易论坛、新浪论坛等。高校类有北邮人论坛、南大小百合等。

3.电子邮件（E-mail）是 Electronic Mail 的缩写，它是网上最常用的一种用户通过网络与其他用户进行快速、廉价沟通的通信方式。它不仅可以传输文本信息，还可以传递图像、音频、视频等多媒体信息，并且发送时间通常为几秒。邮件的发送速度受带宽、传输线路的繁忙程度，以及发送和接收线路的繁忙程度的影响。

用户使用电子邮件必须拥有电子邮件地址，邮件地址不同于网址，我国2006 年 3 月 30 日正式实施的《互联网电子邮件服务管理办法》中对邮件地址

---

① 闵大洪：《数字传媒概要》，复旦大学出版社 2003 年版，第 84 页。

的定义为"是指由一个用户名与一个互联网域名共同构成的,可据此向互联网电子邮件用户发送电子邮件的全球唯一性的重点标志"。雅虎、网易、新浪等都有为用户提供免费电子邮箱的服务,用户在互联网服务提供商(ISP)网站登录邮箱后,便可以发送、阅读、回复、转发、删除电子邮件等。用户还可以向 ISP 申请付费邮件地址,这种邮件地址可以无须登录到 ISP 的网站,用户利用 POP3(Post Office Protocol 3)方式就可以收发收费邮件。

4. 博客(Blog)是 Weblog 的简称,中文意思是"网络日志"。博客有两种意思:Weblog,网络日志;另一种意思为 Blogger 或 Weblogger,即使用这一技术进行网络日志写作的人。博客同电子邮件一样,操作简单,使用门槛低,最初的网络博客主只是记录自己个人的生活琐事等,如今,博客的内容多种多样,除了发表人生感想,还可以对某些现象进行揭露和批判。1998 年的"德拉吉报道"揭露了克林顿绯闻,成为网络史上的一件大事,人们开始意识到网络博客的巨大影响力。关于博客传播的内容,本书会有专门的章节详细论述。

(二)信息获取类,包括搜索引擎和网络新闻

1. 搜索引擎(Search Engine)。搜索引擎是指根据一定的策略、运用特定的计算机程序搜集互联网上的信息,在对信息进行组织和处理后,将其显示给用户,是为用户提供检索服务的系统。搜索引擎的类型主要有:全文目搜索,他们提取各个网站的信息,建立起数据库,搜索与用户查询条件匹配的记录,并显示出来,如谷歌、百度等;目录索引,是将网站按照相应类别放在相应目录中,用户在查询信息时可以根据目录类型逐层查找,目录中网站的排名通常按标题字母的先后顺序排列,如雅虎、新浪分类目录搜索;元搜索引擎,可同时在多个搜索引擎上搜索,如 InfoSpace、Dogpile、搜星搜索引擎等。

随着时代的不断进步,人们对信息的需求直接推动了搜索量的举证。同时,海量信息对人们获取信息也造成了困扰,而专业的搜索引擎可以为用户提供相对准确、人性化的服务。据互联网络信息中心(CNNIC)统计,2009 年搜索引擎用户达到 2.8 亿人,年增长率为 38.6%,使用率高达 73.3%。

2. 网络新闻(Network News)。1995 年 1 月,《神州人》杂志开创网络版,成为我国第一家上网媒体。网络新闻业务最初也就是传统新闻业务的延伸,将传统新闻的内容完全照搬到网上，经过十多年的发展，网络新闻不再是传统新闻的附属品，而成为独立的传播力量。网络新闻的制作、发布时间短，传播迅速、及时，还可以包含多媒体形式，也可以像电视那样进行现场报道。一个完整的网络新闻作品通常包括标题、内容提要、正文、背景链接和相关延伸阅读。传统新闻只是媒体发布新闻，而网络新闻则是网络媒体向受众提供多方面的行为信息服务（见表5.2）。①

表 5.2　传统新闻与网络新闻比较

类别	传统新闻媒体的新闻发布	网络新闻媒体的新闻信息服务
信息	最新的新闻	最新的新闻，同时提供过时的新闻
受众	及时阅读、收看	及时阅读、收看，或需要时才进行检索
受众	必须长期持续阅读才能形成对一个主题的全面了解	可以长期持续阅读，也可以需要时才进行，仍可以获得对一个主题的全面认识
目的	传递最新的事实，间接形成舆论	提供最新以及过时的新闻，更加直接地形成舆论

（三）网络娱乐类，包括网络音乐、网络游戏、网络视频和网络文学

1.网络音乐。2009年9月，文化部发布的《文化部关于加强和改进网络音乐内容审查工作的通知》中指出，"网络音乐是指用数字化方式通过互联网、移动通信网、固定通信网等信息网络，以在线播放和网络下载等形式进行传播的音乐产品，包括歌曲、乐曲以及有画面作为音乐产品辅助手段的 MV 等。"网络音乐包括两种：一种是网络上的原创音乐，即利用网络技术制作和发布的音乐形式；还有一种是将已经制作好的音乐放在网络上进行传播。

网络音乐具有两大特点：开放性，在网络上，即使是草根阶级也可以制作、发布音乐，传统音乐需要磁带、唱片等物质作为传播介质，受众必须购买才能欣赏，而 MP3、Web2.0 等技术使网民只需在网站上下载就能轻松获得；趣味性，传统音乐专业性强，而网络音乐水准不一、种类繁多，且风格各异，

---

① 刘学：《中国网络新闻媒体研究》，《新闻与传播研究》2002 年第 5 期。

Flash、MV 等制作使音乐的趣味性浓厚。

2.网络游戏。沃尔夫在《娱乐经济》一书中指出，"娱乐已经成为未来 30 年严肃的大生意，娱乐经济时代已经到来，未来多数产业成功的关键在于能否成功结合娱乐，其中网络游戏产业则是未来娱乐经济的先锋代表"，网络游戏带来的经济价值远远超过了其本来的休闲娱乐价值。网络游戏种类繁多，有休闲类，如对战游戏、棋牌游戏、舞蹈游戏等，有角色扮演类，如《大话西游》《完美世界》等。休闲类游戏操作较为简单，娱乐性较强，而角色扮演类游戏需要游戏玩家花费较多的时间和精力来参与和经营。许多玩家沉迷于玩角色扮演类游戏，成为"网络痴虫"大军中的重要群体。关于"网络痴虫"的研究，本章最后一节中将会详细介绍。

3.网络视频。网络视频是指由视频网站提供的，利用 RM、WMV、FLV、MOV 等流媒体格式，可以在线播放的视频内容。知名的视频网站有美国的 YouTube，国内的有优酷网、土豆网和乐视网等。

4.网络文学。1998 年台湾成功大学的一名工科博士——蔡智恒以痞子蔡的笔名发表了小说《第一次的亲密接触》。从此，"网络文学"这一概念被正式提出来。既痞子蔡之后，一大批网络文学作家涌现出来，有被誉为网络文学"三驾马车"的宁财神、李寻欢、刑育森。如今，我爱吃西红柿、跳舞、唐家三少和血红，被称为新时代网络文学的"四驾马车"。起初，网络文学是在网络写手兴趣和爱好的基础上发展起来的，如今，网络文学的经济价值成为其发展的主要动力，网络写手的"功利性"增强，专门从事网络文学经营的网络文学网站兴盛起来。据不完全统计，全世界范围内的中文文学网站已超过 4000 家，而国内的汉语原创文学网站也已超过 500 家，一个文学网站一天收录的各类原创作品可达数百乃至数千篇。①

从传播学角度来看，网络文学使文学由有限走向无限，由精英走向大众。"无纸化"写作，使信息容量大增，网络文学写作的低门槛，使文学不再是上层精英的特权，普通大众也可以从事文学阅读、写作和发表。

① 欧阳友权：《网络文学的昨天、今天和明天》，《文学界》2009 年第 2 期。

（四）商务交易类，包括电话购物、网络购物、QQ 购物、微信购物和网上银行

1.网络购物。网络购物的最大优势在于方便、快捷、便宜，足不出户便可以享受砍价乐趣，对于卖家来讲也是一种新的销售渠道。著名的网络购物网站有卓越网、淘宝网、当当网等。网络购物也存在着一些风险，如商品质量问题、网上账户安全问题等。

2.网上银行。网上银行可以在任何时间（anytime）、任何地点（anywhere）、以任何方式（anyhow）向用户提供包括网上支付、投资理财、跨行转账等各种服务，又被称为"3A 银行"。网上银行使用户足不出户就可以解决一些账目支付问题，其方便性受到追捧。

二、传播特点

网络传播是依靠互联网进行的一种传播方式，必然与报纸、广播、电视传统媒体的传播形式有着本质的区别。同时，网络传播也打破了传统传播学中对人内传播、人际传播、组织传播、大众传播的界限，将四种传播形式集于一身，传播特点更加复杂多样。

1.多媒体技术表达。传统媒体的表达方式各有千秋，报纸主要依靠的是文字表达，广播的声音的穿透力强，电视则更主要依靠图像的视觉冲击，而网络传播是印刷技术、声像技术等的结合，将文字、声音、图形、图像、动画等全面结合，真实性更强，现场感更强，感染力更强。

互联网传播独有的超链接方式，可以提供专题报道、背景材料、类似新闻等海量信息，一方面使受众的选择性更多，另一方面也会使受众迷失在信息的海洋中，垃圾信息过多而使他们无从选择。

互联网传播还具有直播、点播、延播等形式，传播方式更机动灵活。报纸信息的时效性较差，电视播放稍纵即逝，而网络传播使受众完全可以根据自己的时间安排自主选择收听收看的新闻、节目等。

2.控制性弱。由于媒介的巨大传播力和影响力，不同时代、不同社会的政府，从来没有放松过对媒介机构（组织）和媒介传播的控制和管理。从集权主义的强控制，到自由主义、社会责任论、民主参与论的相对弱控制，虽然国家对媒介的控制明显放松，但世界各国的传统报纸杂志广播电视等媒介的控制权还是主要掌握在国家手中，代表着主流价值取向，符合政府组织的价值取向。网络传播的开放性、虚拟性、匿名性、互动性和传播载体的复杂性，使政府或个人对其的控制性远远不如对传统媒介的控制性强。

3.互动性强。报纸、广播、电视等传统媒体的传播过程是单向传播模式，受众只能接受传播者对新闻信息等进行把关之后的信息，传播者只是负责发布新闻，较少关注受众对信息的接受程度。在网络传播系统中，网民可以浏览信息也可以在网上自主发布信息，对传播者发布的信息进行评价等，传播者和受众的界限模糊，普通大众对信息传递交换进行反馈更加及时，双方多方可以即时即刻进行良性互动。

4.匿名性与公开性并存。网络传播中的传播者和受众可以自拟网名、角色，网络传播的匿名性特征使网民认为"在网络上，没有人知道你是一条狗"，网民于是毫无顾忌地在网上发表言论、宣泄情绪、扮演不同的社会角色，享受网络传播匿名性带来的狂欢。但是 IP 地址的存在，GPS（包括现在的中国北斗覆盖全球）的应用，使网民的匿名性成为非正式意义上的匿名，网民在上网的过程中总会留下一些痕迹，随时可以被找到"蛛丝马迹"。网络管理者可以对网民的一些非法言论进行屏蔽、删除。近年来盛行的"人肉搜索"甚至可以将被人肉的网民的所有个人隐私挖掘出来公之于众，都是网络传播的匿名性与公开性并存的鲜活事例。

5.个性化与大众化兼具。人内传播和人际传播的传播对象有限，传播过程针对性更强，具有个性化特征，而大众传播由于面向的是范围更广、层次更为复杂的大众，传播过程具有明显的大众化。网络包含了这三种形式：在传播过程中，全球化与地域化共享，个性化和大众化并存兼具，理想化与现实性共融。公众为了凸显自己地域化特色和个性化特征，总可以在互联网中找到窗口。年轻网民为了个性张扬，喜欢使用独特的网络语言，采用"不同凡响"的表达方式，在网络上发表个人作品，极力展示自己的与众不同。

第三节 受众人群

大众传播研究把受众看成媒介的信息接受者或传播对象，纸质媒体的受众可以称之为"读者"，广播受众可以称之为"听众"，电影、电视等媒体受众可以称之为"观众"，这些受众一般为媒介的最终消费对象，很难对传播者的传播行为造成实质性的影响。

网络传播中的受众，远远不像传统媒体那般"按资论辈排序清楚"，传者受者压根儿不再"泾渭分明"。信息发布者既传送消息，又通过互联网与消息接收者的互动，间接受到"反影响"左右到传播者的行为动机。同时，民众（传统意义上的受众）也可以在网上发布文字图片上传音频视频等，"变客为主"成为网络传播中的传播者。因此，传统意义上的受众概念，在网络传播中已经不完全适用，一般用"网民"来代表他们。

在网络传播时代，受众的规模再也不是原来的"画地为牢"，而是彻底打通了全球的地域边界，只要信息内容足以引人瞩目，民众哪怕冒着风险花费高价"翻墙""越狱"，也会入侵偷窥一睹为快，成为一个海量级的群体。一般来说，为了研究的便利，只会选取某一国家和地区的网民总规模作为"受众人群"。

一、网民结构

当前，我国网民增长进入了一个相对平稳的阶段，互联网在易转化人群和发达地区居民中的普及率已经达到较高水平，下一阶段中国互联网的普及将转向受教育程度较低的人群以及发展相对落后地区的居民。

中国互联网传播的受众在总人口中的比例逐年上升，受众的性别、年龄、学历和城乡结构也随着更多网民的参与，呈现出不同的特点（见表5.3）。

1.性别和年龄结构。从传播受众的性别结构看，我国网民的性别结构曾经比例非常悬殊，在中国互联网信息中心进行权威统计的前4年，男女网民比例一直在 80∶20 左右，1997 年至 1999 年的男性网民比例分别为 87.7%、92.8% 和 86%。进入 21 世纪之后，女性网民大大低于男性网民的状况已经改变，从 2000 年男性网民占比将近 70%（69.6%）下降到 2014 年的 56.4%。这一系列 逐年变化的数据说明，中国网民性别比例逐渐趋于稳定，网民性别结构趋近于 总人口中的性别结构①。

表 5.3　中国网民的结构总表（%）

类型	2003	2004	2005	2006	2007	2008	2009	2010	2011	2012	2013	2014
男	60.4	60.6	58.7	58.3	57.2	52.5	54.2	55.8	55.9	55.8	56	56.4
女	39.6	39.4	41.3	41.7	42.8	47.5	45.8	44.2	44.1	44.2	44	43.6
35以上	17.8	19.2	17.4	17.5	20.0	29.8	37.1	39.8	41.5	43.6	18.9	21.9
35以下	82.2	80.8	82.6	82.5	80.0	70.2	62.9	60.2	58.5	56.4	81.1	78.1
本科以上	29.8	30.7	29.2	28.5	17.5	13.2	12.1	11.4	11.9	11.3	10.8	11
本科以下	70.2	69.3	70.8	71.5	82.5	86.8	87.9	88.6	88.1	88.7	89.2	89
农村	—	—	—	—	25.1	28.3	27.8	27.3	26.5	27.6	28.6	27.5
城镇	—	—	—	—	74.9	81.7	72.2	72.7	73.5	72.4	71.4	72.5

注：2013 年和 2014 年的年龄结构指的是 39 岁以上和 39 岁以下

① 《中国统计年鉴（2008）》显示：2007 年底，中国居民的男女性别比为 51.5∶48.5。

从互联网传播受众的年龄结构看，随着中国网民增长空间逐步向中年和老年人群转移，中国网民中 35 岁以上人群比重逐渐上升，从 2000 年的 16.2%攀升到 2012 年的 43.6%。2012 年，60 岁及以上老龄网民比例大幅增长，由 2011 年的 0.7%上升到 2012 年的 1.8%。这些数据变化，反映出我国网民年龄结构开始分化，越来越多的中老年人开始追赶时尚浪头，与年轻人共享网络文化大餐。

2.知识结构。从网络文化传播受众的学历结构来看，由于互联网本身就是知识与技术相结合的产物，这也就注定了网络文化的传播必然在开始阶段主要是在具有一定的文化知识和追逐前沿信息的人群中传播，为地处国际化都市的精英人士所共享。90 年代末至 21 世纪初，30%左右的网民为本科及以上学历，大专以上学历更是高达 70%以上（见表 5.4）。

表 5.4　我国网民知识结构年代对比表(%)

年代	文化程度			
	高中及以下	大专到大本	硕士	博士
1998 年	11	77	10	2
1999 年	16	77	6	1
2000 年	29.9	67.8	1.9	0.4
2011 年	77.6	10.5	11.9	
2012 年	78.9	9.8	11.3	
2013 年	79.1	10.1	10.8	
2014 年	78.5	10.4	11.0	

随着互联网基础设施的普及、计算机技术的发展以及上网资费的下降，中国网民的学历结构呈现出由高学历结构向低学历结构的不断渗透过程。

网民向低学历人群扩散的趋势在 2012 年继续保持，小学及以下、初中学历人群占比均有上升，其中初中学历人群升幅较为明显，显示出互联网在该人群中渗透速度较快。大专及以上学历人群中网民占比基本饱和，上升空间有限。

人们在互联网的冲浪中，知识信息不断在网民中传播，每个人几乎都是网络文化传播的受众，同时又是知识信息的制造者，不断向互联网补充和添加大量的知识和信息。学历高低，慢慢地已经不再是决定人们与互联网传播媒介互动的门槛。

3. 职业结构。从网络文化传播受众群体的职业构成来看，学生一直是网络文化传播的最大的受众群体，从 90 年代末以来长期占网民总数的 20% 以上，最高峰值为 2010 年的 30.6%，2012 年占网民总数的 25.1%。学生群体的大量存在，一方面极大地活跃着中国的互联网应用，另一方面也增强了中国互联网知识信息的传播价值。从 2008 年开始，与网民年龄结构变化相对应，学生群体占比基本呈现出连年下降的趋势（见表 5.5）。

表 5.5　我国网民职业结构年代对比表(%)

职业	年代							
	1999年	2000年	2009年	2010年	2011年	2012年	2013年	2014年
学生	21.0	20.9	28.8	30.6	30.2	25.1	25.5	23.8
个体 / 自由职业者	2.5	3.7	13.0	14.9	16.0	18.1	18.6	22.3
企业 / 公司职员	16.1	14.6	15.0	16.2	9.9	10.1	11.4	14.2
专业技术人员	32.1	2.9	10.4	8.7	8.3	8.1	6.6	5.8
无业 / 下岗 / 失业	1.8	5.3	9.8	4.9	8.6	9.8	10.2	7.7
事业单位职员	6.2	8.4	7.5	5.8	5.2	4.2	4.3	3.4
商业服务业职工	2.6	4.4	—	—	3.5	3.8	3.8	3.9

续表

职业	年代							
	1999年	2000年	2009年	2010年	2011年	2012年	2013年	2014年
农林牧渔劳动者	3.5	2.8	2.8	6.0	4.0	5.5	6.6	6.3
企业/公司管理者	6.4	5.8	3.1	4.3	4.0	3.1	2.5	2.8
党政事业干部	3.0	4.2	—	—	0.7	0.5	0.5	0.5
退休	0.8	1.1	2.1	1.7	1.8	2.3	2.4	2.8
其他	1.9	2.9	0.8	0.5	1.3	1.8	0.1	0.5

个体户/自由职业者、下岗失业人员和企业/公司职员等人员占有较大比重，可以看到互联网已经逐渐作为人民获取信息谋求下岗再就业的重要渠道。占中国人口最大比重的农民、产业服务业工人在网民中所占比重还比较低，中国网络文化传播可以针对网民的职业结构特点，开展以互联网为基础的网络教育和网络培训，从而提高网络文化的传播广度。党政机关事业单位领导干部连续几年低于网民总比的1%（2011年和2012年分别为0.7%和0.5%），尤为需要引起各方面的重视。

4. 城乡结构。近几年来，中国网民城乡结构变化幅度不大，这与中国急速推进的城镇化进程有关。2011年中国城镇常住人口规模首次超越乡村常住人口，城镇化率突破50%的关口，农村人口已经由2008年的7.28亿持续降至目前的6.57亿，因而造成网民中农村人口比例没有显著提升。从2011年开始，互联网在中国农村常住人口中的普及速度开始小幅超越城镇，结束了城乡互联网普及差距持续扩大的趋势，反映出农村互联网普及工作的成效。

截至2017年12月，我国城镇地区互联网普及率为71.0%，农村地区互联网普及率为35.4%。与此同时，不同地区互联网应用的使用率也存在明显差异，这种差异主要由应用类型和区域特点决定：一方面，由于使用门槛相对较高，农村地区网民在商务金融类应用与城镇地区差异较大，网络购物、旅行预订、网上支付及互联网理财等应用的差距在20%—25%之间；另一方面，外卖、网约车、共享单车等具有明显区域化特点的应用，城镇地区使用率更为突出，各种应用使用率均超过农村地区20个百分点。而对于即时通信、网络音乐、网络视频等发展较早的基础类应用，城乡网民使用差异并不明显，差异率均在10%左右。

经上述分析，基本上可以发现互联网传播受众的城乡结构。2017年，乡村网民规模达到2.09亿，比上年底增加793万人，占整体网民比例为27%，占比相对上一年度略有下降（见表5.6）。

表5.6　我国网民城乡结构比例表

年代	城乡结构（%）	
	乡村	城镇
2007 年	25.1	74.9
2008 年	28.4	71.6
2009 年	27.8	72.2
2010 年	27.3	72.7
2011 年	26.5	73.5
2012 年	27.6	72.4
2013 年	28.6	71.4
2014 年	27.5	72.5
2015 年	28.4	71.6
2016 年	27.4	72.6
2017 年	27.0	73.0

二、网民行为

在网络传播过程中，网民的行为特征主要表现为自主参与性、娱乐性。

1998年，我国网民上网的主要目的还是查询信息（95%）、收发电子邮件（94%）和下载软件（77%），对游戏娱乐和电子商务、网上购物的应用较少。而到了2009年，我国网民网络应用的种类更加多样化，对网络传播有较强的自主参与性，其中排名前三甲的网络应用为网络音乐（83.5%），网络新闻(80.1%)，搜索引擎(73.3%)。从总体上看，近年来，即时通讯、搜索引擎、网络音乐、网络新闻、网络娱乐、交流沟通、信息获取和网络商务交易已经成为网络应用的重要内容。

最近几年，我国网民的个人互联网络应用发生着根本性变化。2017年，即时通讯的个人使用率高达93.3%，即九成以上的国民都玩上了QQ、微信、手机游戏等"掌上明珠"，紧随其后的是网络新闻（83.8%）、搜索引擎（82.8%）和网络视频（75.0%）。自2015年起，在线教育初具规模，网络直播则是2016年突然猛涨的"绩优股"，两年间个人网民使用率已经达到54.7%（见表5.7）。

表5.7　近年来我国网民的网络应用情况(%)

应用状况	2008年	2009年	2010年	2011年	2012年	2013年	2014年	2015年	2016年	2017年
网络音乐	83.7	83.5	79.2	75.2	77.3	73.4	73.7	72.8	68.8	71.0
网络新闻	78.5	80.1	77.2	71.5	73.0	79.60	80.0	82.0	84.0	83.8
搜索引擎	68.0	73.3	81.9	79.4	80.0	79.3	80.5	82.3	82.4	82.8
即时通信	75.3	70.9	77.1	80.9	82.9	86.2	90.6	90.7	91.1	93.3
网络游戏	62.8	68.9	41.5	63.2	59.5	54.7	56.4	56.9	57.0	57.2
网络视频	67.7	62.6	62.1	63.4	65.9	69.3	66.7	73.2	74.5	75.0
博客空间	54.3	57.7	64.4	62.1	66.1	70.7	72.0	—	—	—

续表

应用状况	2008年	2009年	2010年	2011年	2012年	2013年	2014年	2015年	2016年	2017年
微博客	—	6.6	13.8	48.7	54.7	45.5	38.4	33.5	37.1	40.9
电子邮件	56.8	56.8	54.6	47.9	44.5	44.5	38.8	37.6	33.9	36.8
社交网站	--	45.8	51.4	47.6	48.8	45.0	--	77.0	—	—
网络文学	--	42.3	42.6	39.5	41.4	—	45.3	43.1	45.6	48.9
论坛/BBS	30.7%	30.5	32.4	28.2	26.5		19.9	17.3		
网络购物	24.8%	28.1	35.1	37.8	42.9	—	55.7	60.0	63.8	69.1
网上银行	19.3%	24.5	30.5	32.4	39.3		43.5	48.9	50.0	51.7
网上支付	17.6%	24.5	30.0	32.5	39.1	—	46.9	60.5	64.9	68.8
网络炒股	11.4%	14.8	15.1	7.8	6.1	—	5.9	8.6	8.6	8.7
旅行预订	5.6%	7.9	7.9	8.2	19.8	—	34.2	37.7	40.9	48.7
团购	—	3.3	4.1	12.6	14.8		26.6	26.2	28.5	44.5
在线教育	—	—	—	—	—	—	—	16.0	18.8	20.1
网络医疗	—	—	—	—	—	—	—	22.1		
网络直播	—	—	—	—	—	—	—	—	47.1	54.7
共享单车	—	—	—	—	—	—	—	—	—	28.6

"—"：表示未统计

从上表中可以看出，即时通信、网络新闻、搜索引擎和网络视频在网民的网络应用中占有很大的比例。网络新闻一直是网民网络应用的主要内容，互联网是网民获取新闻的途径，也是网民对社会热点事件发表言论的场所。网络视频中也不乏网民自己创作的与社会生活相关的或诙谐幽默、或理性叙述、还原事实真相的内容，网络传播有力地提高网民参与社会事务的热情。正是网络视频多年集聚的人气，让网络直播在 2016 年瞬时爆发。

2009 年是网络电子商务类应用大发展的一年。其中，网上支付用户从 2008 年的 17.6％增长到 2017 年的 68.8％，几年间翻了好几倍。社交网站在 2009 年兴盛起来，在网民网络应用中高达 45.8％。社交网站的兴起，是网络人际交往逐步开始由虚拟性向真实性、人性化回归。2017 年是"共享单车年"，OFO、小蓝遍及全国主要城市。

三、网民语言

社会中一些行业都有自己的专业语言，我们称之为"行话"，网民们对于发明、创造、使用一些搞笑、搞怪、晦涩难懂的新词汇乐此不疲，那些较少接触网络的人往往称它们为"火星文"。我国网民的语言特征就是创造发明、使用并传播网络语言。

对刚刚涉及网络语言的人来说，网络语言主要可以分为两大类："火星文"和"事件流行语"。

（一）"火星文"

"火星文"是网络语言的最初常见形态，主要类型有：

1. 数字类。如"7456"：气死我了；"9494"：就是就是；"687"：对不起；"886"：拜拜喽。这些词主要是靠谐音来表达，初见的人有时可以猜出意思。

2. 字母类。字母类火星文有英汉字母缩写词如"FAQ"=Frequently Asked Question；"VG"=Very Good；"JJ"=jiejie（姐姐）；"GG"=gege（哥哥）；"MM"=meimei（妹妹或美眉）；"RMB"=renminbi（人民币）；"CU"=See you；等等。

3. 文字类。文字类是网络语言中变化最多、随机性随意性很强的一类词汇，在网络词汇中占的比重最大。"伊妹儿"（E-mail，电子邮件）、"烘焙鸡"（Homepage，个人主页）、"菜鸟"、"驴友"、"青筋"（请进）、"北鼻"（baby）、"斑竹"（版主）、"蓝瘦香菇"（我很难受很想哭）、"图样图森破"（too young too simple），等等。

4.符号类。又称为"颜色词",主要借助于键盘符号构成各种表情符号进行表达。如:)表示开心;^-^表示明媚的笑容;*-*表示看花了眼;Zzzz表示睡觉;@>>——>——表示一朵玫瑰;Orz表示"因失意身体前倾",其中O表示头,r表示身体,z表示脚,整个字看起来就是人倒在地上,于是有"失意体前屈"或"佩服得五体投地"之意。"囧"原本是汉语中的一个生僻字,但网民主要把它当作表情符号来使用。

5.中英文、数字、图文混合夹杂使用。这种用法是在上述介绍的"火星文"基础上进行进一步的排列组合而成的。如"郁闷ing":这种"动词+ing"的表达方式完全借自英语,表达一种正在持续进行的状态,更加形象、生动;"I服了U":中英文混杂,更加简洁;"3Q得Orz",后用"囧"代替"O"成了"囧rz"。这种混杂使用使网络语言进一步成为"火星文",让人更加难以理解,同时又富有个性。"火星文"反映了网民在网络传播过程中的娱乐性和创造性。

(二)事件流行语

除了"火星文"外,中国网民还发明了另一种网络词语,我们可以称其为"事件流行语"。

所谓"事件流行语",指的是这些词也许本来就存在,但是经过网络对社会上某一事件的报道或炒作,引起了网民的注意,网民们在发表看法、表达舆情的过程中自我创造出来的一种词汇。如"打酱油"、"俯卧撑"、"躲猫猫"、"髂腰肌"、"犀利哥"等。

这些"事件流行语",若单从字面望文生义也可理解其只言片语,但深层内涵就不清楚了。它们与"火星文"相比更具有时效性,在某一段时间特别流行。但随着人们对事件关注度的降低与转移,这些词可能会被淘汰、替代,也可能会保留下来继续使用。"事件流行语"的出现,表明网络不仅是一种信息获取、休闲娱乐的工具,而且渐渐发展成为一种公民参与政治生活、行使话语权的重要平台,网民们在网络传播过程中开始注重对社会事务的主动参与。

这些"事件流行语"甚至开始由网络向现实蔓延,逐渐为现实社会的人们所熟知,以至于"又双叒叕"、"火炎焱燚"、"水淼森猋"、"土圭垚壵"等好看好玩的新新流行"火星文"开始受到网民宠爱。

四、网民心理

众多网民在互联网传播过程中的心理较为复杂，既想无所顾忌尽情狂欢，又怕隐私泄露"授人以柄"；既想在网络上大发横财，又担心"道高一尺魔高一丈"，担心网上银行不安全；既希望享受互联网带来的各种便利，又害怕上当受骗，网络陷阱太多太深。

1. 匿名狂欢。在现实生活中，每一个人都有自己特定的角色，人们不能随心所欲地转换自己在现实生活中的身份和角色，其行为也受到法律、道德、传统观念的约束，真实的"本我"被隐藏了起来，人们更多表现的是"自我"的状态。互联网的出现改变了这种状态，人们在上网时可以不使用自己真实姓名和个人信息，只需申请一个代号来代表自己。这种匿名性使人们在虚幻的空间中，以放松、自在的心态展示自己不为人知的一面，一个人可以在同一时间、同一场合甚至是不同场合扮演不同的角色，不断进行角色转换。人们在这种匿名状态下，不停地转换角色，重新塑造自己，获得精神上的满足与狂欢。近几年社交网站的兴起，表明网民网络人际交往向真实性、自我的回归，但网民的匿名狂欢心理仍是当今网民网络传播中的主要心理特征。

2. 秀出自我。在网络上，还有这么一群人，他们不喜欢匿名，而是更加享受在网络上展示自己，甚至是借助网络传播的广泛性而出名的心态。一些网民开通自己的博客、个人空间等，上传照片，抒发对人生的感悟。还有些网民将自己创作的音乐、视频、文学作品等发布在网络上，与他人共享。他们在网络传播中通过展示自我、秀出自我，从而获得自信，享受被他人认可的感觉。

3. 休闲娱乐。网络媒体集文本、图像、音频、动画、视频等多种表达形式于一身，使人们能够获得全方位体验。据中国互联网络信息中心历次调查显示，休闲娱乐一直是网民上网的主要目的和主要应用之一。现实生活中，紧张的生活节奏、复杂的人际关系、激烈的竞争等，常常使人们感到烦躁不安，互联网便为人们提供了一个宣泄的渠道，成为人们释放压力的"解压器"。

第四节　互联网文化

互联网在发明之初，只是作为一种技术工具来使用。如今，互联网的发展已经成为普通大众生活的一部分，人们在参与网络传播的过程中，行为习惯、思维方式、价值观念等不知不觉地发生了变化，从而对现实社会中的文化产生了影响，甚至出现了与传统文化不同的文化现象，我们可以将之称为网络文化。

一、定义

梁启超在《什么是文化》中称："文化者，人类心能说开释出来之有价值的共业也。"[①] 包括文学艺术、道德规范、科学教育、生产方式、社会制度等各个方面。从广义上来讲，文化一般指人类在社会历史发展过程中所创造出来的各种物质财富和精神财富的总和。网络文化是互联网与文化相结合的产物，可以从不同的方面进行理解。

中山大学常晋芳认为，"网络文化是以网络为载体和媒介，以文化信息为核心，在网络构成的开放的虚拟空间中自由地实现多样文化信息的获取、传播、交流、创造，并影响和改变现实社会中人的行为方式、思维方式的文化形式的总和。"[②] 这种定义是从网络文化传播的过程进行描述的，文化是人、网络信息和文化三位一体的产物，但这种定义并没有指出网络文化包含的主要内容。目前，学术界将网络文化的类型分为两种：第一种是将已经制作好的文化产品通过互联网传播的文化形态，如将制作好的新闻、艺术作品等发布在网络上，供网民阅读和下载；第二种是借助于互联网传播特征而产生的"网络原生态文化"，如博客文化、网络客文化等，这种文化形态是网络文化的主体内容，

---

① 《学灯》，1922 年 12 月 9 日。
② 常晋芳：《网络文化的十大悖论》，《天津社会科学》2003 年第 2 期。

也是专家学者研究的对象。笔者认为，对网络文化的理解可以从物质和精神层面来理解。网络文化包含了依靠网络而产生的各种具体文化产物，如博客、BBS、网络聊天等；也包括在使用网络过程中，个人、群体等心理、思想等精神层面的文化内容。

二、特点

互联网络是一面"照妖镜"，可以洞悉世间万物，写真冷暖霜雪，概貌真善丑美。互联网络是一把"双刃剑"，既传承古老的传统文明，创造新型的文化现象，推出新型的文化人物，又夹带着网络攻击、网络炒作、网络色情、网络暴力、网络垃圾等多种多样的"负联网怪状"。这就造成了网络文化的"多面体"，不同的人从不同的角度观察网络文化都会获得各自不同的见解。从功能上讲，它具有知识性、商业性、服务性、娱乐性和教育性；从传播角度上看，它具有多元性、即时性、超容性、超时空性和超文本性；从存在方式上看，它又具有虚拟性、开放性、互融互动性和易变性等。

网络作为一种文化载体，人们对其依赖性越来越高，在很多时候很多地方已超过了图书课本、影像出版物、报纸杂志、广播电视等任何一种传统文化范本。网络文化除具有传统文化的一般特征外，还有如下几个独有特征。

1.资源体系的全球性。互联网的全球互通互联，决定了网络文化的传播与交流体系的全球性。在人类既往文明的传承、传播与交流史上，由于地理阻隔、语言不通和科技手段落后等原因，不同地域、不同种族之间很难进行文化交流，各个地区、各个国家的文化产生、发展和形成也具有很强的独立性和地域性，各自有各自的文化时空。网络的横空出世，粉碎了文明传播的地域限制和时空隔断。在经济全球化浪潮和当代科技成果的强力推动下，网络把各个不同疆域、不同层次、不同信仰的文明拉到了同一平面上。这就极大地提高了人们实践活动特别是交往活动的效率，同时为不同国度、不同地区、不同民族的不同文化形态间的交流、对话提供了机会，使人类交往冲破了时空的限制，不但加速了全球经济一体化的进程，而且在"电脑空间"里密切了人类跨国度、跨民族的交流，构建了"网络地球村"，强化了人类的心理认同感与文化认同感。网络文化的开放性、互动性，为不同民族的文化、不同民族的人文精神的交流，奠定了广泛的基础。如今，任何一个民族、任何一个国家的公民，只要你登陆互联网，就可以在网络空间中实现文化及人文精神的交流。网络把人文精神交流的自由空间给了世界上每一个公民、每一个普通百姓。毫无疑问，这种由普通百姓参与的、不带任何功利色彩的文化交流更真诚、质朴，它将为进一步增进世界各国、各地区、各民族之间的相互了解架起新的桥梁。纵观文化发展进程，只有网络文化的传输，才可以实现全球化同步，才可以打破不同文化的地域性和时空观。可以预料，网络文化发展的全球性和同步性必将给各种现有的文化带来难以估量的深刻影响。

网络文化融合了世界上不同地区、不同国家与民族的文化特征，人类社会形形色色的文化交融在网络中得以实现。同时，由于信息在网上的自由流动，也使网络文化成为"不设防"的文化形态，关注文化扩张、文化入侵、文化安全正被提上日程。网民不分地域种族阶级贵贱，内容无所不包而且不受时空限制，只要能上网就可以对其各取所需，资源共享，形成高度开放、高度自由、高度平等与不拘地域的网络世界，没有疆界，没有关闸，没有任何的约束和教条，这种极大的宽容与自由形成了在网络文化形式与内容上的开放性特征。

2. 信息传受的联动性。网络是信息时代重要的交际、传播工具，是一种点对点、点对多、多对点、多对多的多种形式的传播样式，超出了以往任何一种传统的单向传播媒体。网络文化传播交流不受时空、国籍、身份的限制，你联我、我通你，把网撒到哪里，信息沟通就在哪里实现。人人既是信息传播者又是接受者，真正成为大众媒体、平民媒体、联动媒体。网络以互联互通为媒介，实现双向互动、多向联动，这种联动性是其他传统媒介所不具备的。

网络文化打破了信息传播者与信息接受者的固有界限，突破了多年来一成不变的传播方式，改变了传播主体高高在上、教化训示的姿态，网民本人可以随时随地发布信息，演示性本善与性本恶的矛盾人性，现实世界表现的有限性与内心世界倾泻的无限性都会在网络行为中互为体现。

网民是网络文化的主体，其活动不像在现实中那样受到过多限制和约束，他们可以在任何一台电脑上嫁接、创作、发布自己的文化成果。互联网尊重个性化的自我创造，网民在网上可以尽情享受个性化的自我服务。任何观点、任何思想、任何民族的文化价值观都可因创建者个体的意愿在网上输出。因特网就像一条任人涂鸦的信息大河，真善美与假恶丑的自我个性可以毫无阻碍地流入这条大河中。

网络文化的这种信息传受的联动性，保证了个性张扬，保证了真挚快捷的信息传递，实现了轻松、平等、自由、自我等前所未有的传播价值，构筑出另类的"和谐文化"。

3. 交流空间的虚拟性。互联网是通过计算机数字化虚拟空间，即网络行为所依附的空间传播信息的平台，是一种不同于物理空间的电子虚拟空间，而这个虚拟的空间与网络相结合，又把人类带入数字文化时代。网络世界这个虚拟空间的形式是虚拟而不真实的，但是这个空间网络行为效能是真实的，人们可以依据其行为的真实观来满足自己的精神需求。这是区别于其他传统媒体又使青少年容易迷恋的重要特征。

网络文化所创造的虚拟与现实，为人类交往提供了无限巨大的文化空间。交往作为人的社会本性，其方式和时空范围在很长时间内总是受到交往工具、通信手段的制约。在古代社会，封闭的自给自足的生存与交往方式经历史的积淀，在每一块地域上形成了严密厚重的宗法血缘关系网络。这些血缘地缘关系网络，决定了人与人之间的根基与范围。网络文化所创造的虚拟世界，拓展了人类想象力、创造力的空间，更新了科研方式，推动了科技文化、教育文化的快速发展。如今，借助虚拟现实技术，经济学家可以构建经济模型进行分析，历史学家可虚拟某一朝代的"实时历史"进行研究，理工科大学生可以"钻进"物质内部观察分子结构，医生可以借助心脏或大脑模拟手术以制定手术方案，航天科学家可以进行登临火星金星等的模拟考察……总之，网络模拟技术使人身临其境，为人类创造力的发挥提供了一个巨大的文化空间，有利于人类潜能的开启、智能的倍增。

网络文化的虚拟性有着多种形式，无论是电子邮件，还是QQ、MSN聊天交流，以及BBS社区、博客微博客D客等新型传播渠道，都是在虚拟的网络空间进行，具有鲜明的虚拟性与隐匿性，真实与虚幻的界限在网络世界中已经变得模糊不清。由于网络的虚拟性，各种风俗时尚与社会热点不断发生变动，导致了网络恶搞、网络炒作、网络黑客、网络色情、网络病毒、网络欺诈、网络沉迷等大量的社会问题，已经成为危害社会秩序、妨碍社会安全的重大因素，是网络文化具有虚拟性的负面结果。

4.管理系统的非控性。目前，绝大多数网站都处于相对宽松的系统管理，博客微博客D客的无限上传、BBS论坛的自由发表、网络广告的形式多样、网络垃圾的无所不在、网络恶搞的肆意泛滥，都令人烦不胜烦也防不胜防。显然，网络文化是无法用行政命令、简单的道德伦理以及法制规范来控制的。

我国非常重视对各种类型的低俗网络文化的防范与管理，一直也没找到行之有效的控制方法。面对众多家长畏之如虎、让孩童们"失魂落魄"的网络游戏，国家有关部门几经研究，出台了"防沉迷系统标准"，设计了"防沉迷软件"。这种创意和目标毫无疑问代表了民众的呼声，具有时代意义。殊不知，在实际操作过程中，却发现这只是一厢情愿的构想而已，很难达到预期目标。在实际运行与执行过程中，决策者们与执行者们发现，让网游开发运营商去开发"防沉迷系统"，怎么越看越像武侠小说中才有的"左右手互搏"，越看越像是与虎谋皮的游戏。

2005年8月，盛大总裁唐骏、新浪总裁汪延、金山董事长求伯君等七大网络游戏厂商近日齐聚北京，在一份《实施网络游戏防沉迷宣言书》上签字，承诺"按照以人为本的原则，采用先进技术手段，针对当前部分玩家沉迷网络游戏的特征，积极研制开发有效控制不良沉迷行为的防沉迷系统"。

根据"防沉迷系统标准"的要求，累计游戏在3小时以内的属于"健康游戏时间"，累计游戏时间在3—5小时的属于"疲劳时间"，累计游戏时间在5小时以上的为"不健康游戏时间"，该系统的核心就是试图让玩家缩短当前游戏的在线时间。

2009年，工信部、财政部、文化部等几大部委使用中央财政资金，买断了供全社会免费使用的具备拦截色情内容等功能的网络过滤软件——绿坝一年的服务，同样招致不少质疑。这种软件有助于孩子"绿色上网"、健康成长的初衷值得肯定，但"花季护航"的"绿坝"，能否真如一道坚不可摧的堤坝，拦截网络洪流中的不良信息，尚需检验。还有人怀疑软件的功效，怀疑这又是一件花瓶式摆设，国家花了冤枉钱。

凡此种种的不可控性，代表了网络文化所有特征的实质。人们利用这一载体不受限制地发泄人性内在的多元性、复杂性、隐蔽性。当然，随着网络管理制度的日臻完善，网民素质的不断提高及对网络认识的不断深刻，网络经济的不断发展与繁荣，网络技术的日趋改进，网络文化最终还是可控的。①

三、构建

构建网络文化具有重要的意义。它是以习近平同志为核心的党中央创建网络空间命运共同体的重要组成部分。2007年，中共中央政治局第三十八次会议强调，加强网络文化建设和管理，充分发挥互联网在我国社会主义文化建设中的重要作用，有利于提高全民族的思想道德素质和科学文化素质，有利于扩大宣传思想工作的阵地，有利于扩大社会主义精神文明的辐射力和感染力，有利于增强我国的软实力。2012年12月，习近平同志在视察腾讯网时提出，"现在人类已进入互联网时代这样一个历史阶段，这是一个世界潮流，而且这个互联网时代对人类的生活生产、生产力的发展都具有很大的进步推动作用。"

习近平同志在中国共产党第十九次全国代表大会上所作的报告中，多次提到互联网的重要性，将"网络强国"与建设科技强国、质量强国、航天强国、交通强国、数字中国、智慧社会等置于同等高度。党的十八大以来，习近平总书记关于网络强国的重要思想以及网络安全与信息化、网络内容建设与管理、传统媒体和新兴媒体融合发展、让互联网更好造福社会服务人民等重要指示精神，是信息化时代对马克思主义和中国特色社会主义理论的丰富和发展，勾画

---

① 参见曾静平等编著：《网络文化概论》，陕西师范大学出版社2013年版。

出建设与发展中国网络文化正生态总基调总纲领，是习近平新时代中国特色社会主义思想的重要组成部分。

习近平总书记高度重视互联网时代传播手段的建设和创新，强调"用社会主义核心价值观和人类优秀文明成果滋养人心、滋养社会"，指出"网络空间是亿万民众共同的精神家园。网络空间天朗气清、生态良好，符合人民利益"，营造了具有中国特色中国气派中国神韵的高扬主旋律、传播正能量、向上向善、气正清朗、追求高尚、境界高远的网络文化理想乐园与和谐生态。

网络文化生态包括正生态、负生态和融合态，建设与发展中国网络文化理想乐园与和谐生态，瞄准中华民族伟大复兴中国梦这一目标，必然将建设"天朗气清"的网络文化正生态放在首要位置。中国建设网络强国、网络文化强国，通过互联网向全世界传播中国文明、中国智慧，传达中国声音，表明中国在世界互联网领域的自觉担当和高尚承诺，创立平等协调、平衡协作和谐的世界互联网文化传播新秩序。

建设与发展中国特色网络文化强国正生态，要对网络文化主流和支流、正面和负面效应以及"中间地带"（即网络文化融合态）有明确的认识，对于网络文化的支流和负面方面，要明辨是非去粗取精，吸收借鉴具有创新性和生命力的文化养料，保持一个健康良好的网络文化生态环境。

建设与发展中国特色网络文化强国正生态，必须立足中国国情民情，通过深入互联网的各个传播渠道各种传播形式，洞悉网络空间所呈现出的民情民意，建立一个信息高速流动且促进社会稳定、提升民众福祉的有序的网络空间，充分发挥互联网通顺畅达的民意疏通作用，排解怨气怨言、谬误谣言等负能量，使更多的正能量得以抒发得以弘扬。

习近平同志在中国共产党第十九次全国代表大会上的报告中指出，"善于运用互联网技术和信息化手段开展工作"，要求全党上下全国亿万人民增强科学发展本领，提高网络文化生态建设与发展的政治素养、技术素养、语词素养和符号素养，在实际工作中时刻牢记中国互联网文化强国与中华民族伟大复兴中国梦一脉相承，科学合理生动运用网络语词网络符号，加强互联网语境中沟通交流的亲和力，提速新时期科学决策科学管理的效能，建设积极健康、向上向善的中国网络文化生态，让中国社会每个网民都承教受益。①

<h2 style="text-align:center">第五节　网络人</h2>

20 世纪 70—80 年代，日本学者林雄二郎和中野收分别提出了"电视人"和"容器人"的概念，这两个概念都是针对电视媒介的发展带给受众的影响，过度沉迷于电视媒介所营造的媒介环境中而与现实世界隔绝，缺乏与外界的交流，内心封闭、孤立。可以看到，每一种大众传播媒介在给人们带来信息交流便利的同时，也往往会带来某种社会病理心态——媒介依存症。这里所说的"媒介依存症"有几个特点：过度沉湎于媒介接触而不能自拔；价值和行为选择一切必须从媒介中寻找依据；满足于与媒介中的虚拟社会互动而回避现实的社会互动；孤独、自闭的社会性格等。

互联网作为一种媒介，已经成为大众获得信息的主要渠道之一。网络的推广和普及，造就了一种以网络生活为依托的、独特的社会生活群体，即"网民"。而网民中也不可避免地存在一群"媒介依存症患者"——"网络人"，这是由互联网所提供的服务、营造的独特的"拟态环境"决定的。

"网络人"与"电视人"和"容器人"有一定的共性，都对当前的媒介形式存在很强的依赖感，置身于网络、专注于网络、沉湎于网络，在网络世界中不可自拔不可自知不可自制，完全区别于一般使用网络的人（网民）。因此，"网络人"是指产生和存在于网络社会，将网络作为自己的生存空间、工作空间、梦想空间和寄托空间，深度影响了个人（群体）的道德信仰、价值取向、思维方式、生活态度、行为准则和工作作风，对网络虚拟空间具有特别的寄托性、依赖性和模仿性，且生活起居、学习兴趣、工作热情和精神交流主要依靠网络来实现的网民群体。

---

① 曾静平：《网络文化强国生态建设的中国路径与中国范式》，人民论坛网：十九大·理论新视野，2017 年 10 月 24 日。

1. 网络成瘾

网络人耗费在网络上的时间超过一般网民上网的平均时间，对网络的过度沉迷可能会导致网络成瘾症，引发一系列的精神和生理疾病。

很多网络人迷恋于网络中的各种应用，沉浸于网络信息的搜索、网络视频的观看，引发了像是"人肉搜索"或是各种有害身心健康的视频泛滥的现象，使网络处处充满着陷阱和诱惑，像是"电子鸦片"吸引着"网络人"，使其无法自拔。

2. 双重身份

网络人在现实社会和网络社会中扮演着不同的角色，而且习惯于在这两种角色之间转换，很多网络人无法从网络虚拟社会中脱离，完全迷失自己，具有着双重身份、双重人格。

网络人眼里只有电脑计算机设备，只有网络空间，他们之间的交往只是人机交往，或者是"虚拟人"之间的交流交往，至于对方是人是鬼是狗是猫，一概"恍如隔世"般迷迷瞪瞪。

由于长期扮演着双重身份，而且"虚拟人"更加"投入"，自然会忽视真实可信的人际交往，导致现实人际情感萎缩、人际距离疏远，从而造成人际关系新的障碍。

3. 性格异化

网络虚拟社会是一个崇尚主体和个性张扬的社会，人的主体性和创造性得到发挥，但这并不意味着人性就会朝着想象中的优化发展，而是会造成性格异化。

网络人不能正确面对网络世界里的信息污染、信息过剩、信息欺骗等现状，沉迷于各种迷幻世界，模仿想象中的"英雄人物"，打斗风流一掷千金，完全是现实与虚拟的"人格割裂"。这样，网络人长此以往就会失去对现实环境的洞察力和感受力，从而形成缄默、孤僻、欺诈、缺乏责任感等心理，形成"数字化""网格化"的特殊性格。

网络人在现实生活中遇到困难或者无法解决的问题时，倾向于向网络寻求帮助，信赖网络，相信网络带给他们的踏实感安全感和成就感。

4. 迷失自我

网络人终日游走于自己固定的活动空间和场所，如 QQ、博客微博客、豆瓣、论坛、网络直播（弹幕）等社交网站中，或在其他可以容纳他们活动的空间中，如网络购物、微信购物等自得其乐，个人信仰、家庭牵挂、工作约束早早置之度外。网络人从来不知道"我在哪儿""我在做什么""我的未来是什么"，今朝有酒今朝醉，"剁手党""吃土族""月光族"等皆源于此。

网络人通过这些载体在网络中公开自己的生活工作状态，传递表达自己的思想感情和目标追求，结识各种朋友（狐朋狗友），扩大社交圈子；网络人沉浸在网络游戏中，闯关夺隘，一步步跃上更高一级的游戏平台，感受网游带给自己万众瞩目万人拥簇的"成功感"；网络人通过网络提供的平台获取各种工作学习娱乐资料，因为网络的海量资源性使得网络人可以搜罗传统媒介所不能传递的各种信息资源。他们往往与现实生活脱离，在实际生活中迷失方向，以至于没有情感共鸣的知音知己，性格孤立怪癖。

5.道德失范

网络是一个交往的平台，也是一个交往的屏障。它为人们展示自我提供了一个自由、开放、毫无约束的空间，同时又掩盖了网络人的真实身份。网络人的"真实自我""现实自我""虚拟自我"，这三个面相互交织，有时则会相互冲突，造成自我认识不统一的危机。

在互联网世界中，人们对客观事物既有理性的思考清醒的认识，也有感性的借题撒泼肆意骂街，还有即兴发挥即兴创作激情挥洒，这全部是网络空间的"原生态"。网络人则不尽然，他们很多时候在网络世界中置道德法规于不顾，将人情伦理亲情友情爱情彻底抛开，认定网络空间就是自由空间自我空间，只顾自由表达自己的观点，以自己偏激片面的观点强加于现实世界，或"目中无人口若悬河指点江山"或"肆无忌惮偷梁换柱指桑骂槐"或"移花接木李代桃僵无中生有"，给现实生活带来混乱和危害。

网络为网络人的行为提供了安全的屏障，也给不正当的行为披上了虚拟的外衣，从而造成网络社会虚假信息的泛滥及非道德行为的发生。网络人在无所限制、为所欲为的感觉和冲动下，容易做出在现实中不可能去做的不道德事情。

"使用与满足"理论把受众成员看作是有着特定"需求"的个人，把他们的媒介接触活动看作是基于特定的需求动机来"使用"媒介，从而使这些需求得到"满足"。基于不同的目的，网络人在网上会有不同的表现，网络人在网络中一般都会有固定的活动空间和场所，所以根据网络人在网络中的活动空间和主要行为特点，我们把网络人分为网游人、网购人、社交控、网聊控、点评控和闲游人。

互联网为人们提供了一个"自由时空"，滋生出网络人。网络人往往可以不受地域限制自由交往，不同的思想观念、价值取向、风俗习惯、道德文化互相冲撞融合。

大众传播时代营造出"电视人"，其形象描述即"沙发土豆"，指那些拿着遥控器，蜷在沙发上，吃着土豆片，目不转睛跟着电视节目转的人。"电视人"在影像和音响的刺激环境中长大，是注重感觉的"感觉人"，行为方式是"跟着感觉走"。电视视听背靠沙发、面向荧屏的狭小封闭空间环境，使"电视人"呈现孤独、内向、以自我为中心的性格，社会责任感较弱。

网络文化的传播催生出"网络人"，他们沉迷于网络游戏、网络色情、网络暴力、网络关系和网络交往的网络痴虫，可以夜以继日待在电脑屏幕前面，像一只大虾般弓着身躯，两眼直勾勾盯着屏幕，十个手指像极了龙虾的长须，跟着场景的变换忙不停休地敲着键盘，一待就是连续几个小时甚至几十个上百个小时，活生生的"键盘虾米"画面。

"键盘虾米"对网络有着极强的依赖性，情绪会随着网络游戏等场景而起落，是封闭与开放化的矛盾体，即将自己封闭在开放的网络世界里，信马由缰，自由无度。

"网络人"往往漠视社会，对各种人和事漠不关心，很多处网吧发生凶杀案件时，当事网吧的"键盘虾米"熟视无睹，端坐不动，身边发生天大的事情也与己无关。有关方面在网吧凶杀案现场调查取证时，最直接的近在咫尺的网络人竟一脸茫然"一无所知"，令经验丰富的公安干警百思不得其解。

"网络人"模仿性强，不负责任，不择手段，不考虑后果（网络犯罪手法超乎想象）。"网络人"常常空虚、孤僻，只要离开网络世界，就觉得全身心一片空白。

| 第六章 |

电子邮件传播

与互联网传播相伴生的有新闻网站传播、电子邮件传播、聊天室传播和 BBS 传播等。其中电子邮件传播因其传播时间的纵贯性、传播内容的留存性、传播范围的广泛性以及负载广告的特殊价值等，成为众多传播学者更为关注的研究主题。

电子邮件（electronic mail，简称 E-mail，昵称为伊妹儿，又称电子信箱），是一种用电子手段进行信息传递与交换的通信方式，是互联网应用最广的服务之一。通过电子邮件系统，用户可以用非常低廉的价格，以非常快速的方式，与世界上任何一个角落的网络用户联系。这些电子邮件文化图腾，可以是文字、图片、声音、影像和动漫游戏等各种方式，传递大小新闻、个人情感、商业情报、娱乐资讯和专题专栏等各类信息。

美国通信在线电子通信研究公司对全球 700 个电子通信平台进行统计后认为，电子邮件是继电视之后最成功的传播技术。它不单单是个体之间点对多的信息表达与传递，而是可以像报纸杂志广播电视等大众传播机器一样，实现点对多的文字图片再现，展现悦耳动听的音乐，展映最具激情画质的影像诗篇。这是信息技术飞跃所带来的杰作。电子邮件的传播空间已经足可装下一个报刊杂志社，其所传递的信息内容足可媲美迷你的广播电视台。

电子邮件的个性化传播正在向大众走来，手写字迹邮件、配乐浪漫邮件和背景场景邮件等逐渐从幻想进入现实，"斑竹一枝千滴泪"不日就会悄然映入在古典与现代撞击的同一视野里。

电子邮件传播的使用人群极为广泛，差不多每一个网民都是电子邮件的发送者同时也是接收者。加上少数专业群发邮件专业户和群发软件的存在，使得电子邮件传播的受众人群远远超过统计数据。不管喜欢也好，憎恶也罢，几乎每一个网民都有一个或几个电子邮箱，每天都在花时间阅读和写作电子邮件。

尽管人们发现邮件发送可靠性不能保证，即信件是否寄达是不知道的，邮件发送和接收协议本来就是非可靠协议，还有各种电子邮件过滤软件和系统这个拦路虎，常常错杀正常甚至重要邮件，但大家还是把它当成工作首选沟通方式。

曾经取代传统信件，作为新科技时代人们沟通主力的电子邮件，如今因为像 Facebook 这样的社交网站的崛起，而逐渐出现了消失危机。根据一项市调显示，民众已经开始改变网络互动沟通方式，高达 67% 受访者偏好使用电脑即时通讯工具，如 MSN、Facebook 进行讯息沟通，而 E-mail 的主要使用族群年龄层提高到 35 岁以上，同时四成 19 岁以下网友，会间隔几天或有必要的才收一次 E-mail。

在这个数码时代，人与人之间的沟通，除了传统电话、邮件外，即时通、社交 App 等的使用也开始普及，根据创市际市场研究顾问公司在 2011 年 8 月初调查 3000 个样本的结果显示，包含 MSN、Facebook 讯息等网络即时通，是目前民众最主要的与他人沟通的方式，使用比例高达 67%，而像 Line、What's app 等免费 App 讯息使用率则约 33%。此外，电子邮件占比 66%，手机付费短信占 54%。

不过这项调查也发现，电子邮件的使用率具有与年龄增长呈正比的使用趋势，35 岁以上的受访者使用 E-mail 比率还维持在 76% 的高点，但 25 岁以下的受访者，使用率则只剩下 50% 左右。

此外，创市际还指出，目前除了电脑、笔记本外，也可以透过手机、平板电脑等数码工具随时随地收发 E-mail。但从调查结果发现，民众并不会因此经常开启电子邮箱收信，约两成受访者会隔几天收一次 E-mail，或是当亲友叫他收信时才会去看，而 19 岁以下的年轻族群间隔几天或有必要才会收 E-mail 的比重更高达四成。

创市际分析，主因是年轻人不愿意受到大量广告信息的干扰，加上在有其他沟通渠道可供选择之下，收发 E-mail 的频率自然就开始降低。由此可见，在私人联络方面，电子邮件即将进入生命衰退期，未来 E-mail 势必需要改头换面，否则将从年轻人开始，逐渐被舍弃淘汰。①

第一节　发展历程

对于电子邮件的起源，世界上有两种不同说法。第一种关于世界上第一封电子邮件的说法是据《互联网周刊》报道，世界上的第一封电子邮件是在 1969 年 10 月由美国计算机科学家伦纳德·克兰罗克（Leonard Kleinrock）教授发给他的同事的一条简短消息，这条消息只有两个字母："LO"。根据伦纳德教授自己的解释，"当年我试图通过一台位于加利福尼亚大学的计算机和另一台位于旧金山附近斯坦福研究中心的计算机联系。我们所做的事情就是从一台计算机登录到另一台。当时登录的办法就是键入 L-O-G。于是我便键入 L，然后问对方：'收到 L 了吗?'对方回答：'收到了。'然后依次键入 O 和 G。还未收到对方收到 G 的确认回答，系统就瘫痪了"。

第二种关于世界上第一封电子邮件的说法是 1971 年，由美国国防部资助的阿帕网项目正在热火朝天地进行着，参加这个项目的科学家们在不同的地方做着不同的工作，由于大家使用的是不同的计算机，就不能很好地分享各自的研究成果。为阿帕网工作的麻省理工学院博士雷·汤姆林森（Ray

---

① www.cnbeta.com/articles/201165.htm.

Tomlinson）研究出了一个借助网络能在不同电脑之间传递数据的程序，并选择"@"作为用户名与地址的间隔，因为符号"@"不会出现在任何人的名字当中。由于阿帕网工作人员的热情工作和符号"@"的引入，电子邮件诞生了。

在电子邮件的使用中，主要的表现形式是文本和图片，其中又以文本最为突出。当然，随着网络科技的不断进步，音频、视频、动画、flash、游戏以及背景场景等多媒体手段也逐渐应用于电子邮件当中。

电子邮件具有全球畅通、价格低廉、投递迅速、使用简便、方便存储等特征，是以往任何传统的通信方式都无法比拟的。除此之外，电子邮件不单可以一对一发送，还可以一对多发送，同一邮件可以一次分别发送给许多人。它的出现和发展，极大地改变了人们传统的通信方式，也越来越为广大网民所认同和应用。

到 2000 年年底，全球电子邮件用户已达 8.91 亿个。这意味着全球平均不到 7 个人就拥有一个电子邮箱。10 年之后的 2010 年，全球电子邮件用户翻了一倍多，达到 18.8 亿个。这一数字比 2009 年增加了 4800 万个，也就是说基本上每个互联网用户都至少有一个电子邮箱。

据和讯科技援引国外媒体的报道，网站监控公司 Pingdom 提供的数据显示，全球互联网电子邮件的数量在 2010 年达到了 107 万亿封，也就是说每天都有 2940 亿封电子邮件被发送。这家公司同时表示，在所有的电子邮件当中有 89% 是垃圾邮件，而真正有用的电子邮件的数量并不多，也就是说每天大约 320 亿封电子邮件才是真正有意义的。

虽然电子邮件营销早已背上垃圾泛滥的恶名，但随着精准广告技术的不断完善，这种"古老"的营销渠道又重获新生，受到世界各国零售商的广泛追捧。

尽管脸书（Facebook）和推特（Twitter）等社交媒体营销渠道广受追捧，但零售商却没有忘记有着数十年历史的另一项技术——电子邮件。Williams-Sonoma 和家得宝虽然业务迥异，但这些零售商都不约而同地为用户设计了更有针对性的电子邮件，而没有沿用原先那种千篇一律的风格。据美国直销协会的统计，按照每 1 美元创造的销售额计算，电子邮件广告的效果达到社交媒体的三倍。这也足以解释为何 2012 年的零售商电子邮件发送量增加了 19%。①

中国早期的网民第一目的地就是电子信箱。2001 年时，中国网民对电子信箱的使用率高达 92.2%，位居各类应用使用率第一，超过排名第二的搜索引擎（62.7%）近 30 个百分点。直到 2009 年，中国电子信箱的网民使用率出现零增长（2008 年和 2009 年均为 56.8%）。2010 年，中国电子信箱的网民使用率首次出现负增长，从 2009 年的 56.8% 的高位，骤然下降到 54.6%，并在 2011 年第一次降到了 50% 以下（为 47.9%），2017 年为 36.8%。

应该看到的是，近年来以手机为代表的移动工具的兴起，给手机、PAD 和 PDA 等移动终端的移动电子邮件茁壮成长注入了活力。2013 年，中国手机电子信箱的网民使用率为 25.4%，位居手机网民各类手机应用使用率的前列。2017 年，在中国使用手机电子信箱的网民继续增长，使用率达 30.9%。

近年来，以新浪、搜狐、网易和腾讯为代表的中文网站，都将开辟电子邮件业务作为重要内容，以紧紧吸纳更多的稳定用户。网易免费邮箱号称中国第一大电子邮件服务商，提供以 @163.com，@126.com 和 @yeah.net 为后缀的个人免费邮箱，致力于提供安全、稳定、快速、便捷的电子邮件服务，是全球使用人数最多的中文邮箱。截至目前，网易旗下七大电子邮箱（163.com，126.com，yeah.net，vip.163.com，vip.188.com，专业企业邮箱，免费企业邮箱）总有效用户数已经突破 3.1 亿。

腾讯把为用户提供"一站式在线生活服务"作为战略目标，提供互联网增值服务、移动及电信增值服务和网络广告服务。通过即时通信应用 QQ、微信等中国领先的网络平台，腾讯打造了中国最大的网络社区，满足互联网用户沟通、资讯、娱乐和电子商务等方面的需求。新浪、搜狐等的 VIP 电子邮箱，曾经是很多高端白领和政务人士的首选，直到现在也依然是中国电子邮件用户的重要平台。

有了中国网民的肥沃土壤，加上上述商业门户网站的高度重视，中国电子邮件用户增长迅速，10 年间从 2003 年的 6000 万增长到 2013 年的 2.7 亿，网

---

① 思远:《电子邮件浴火重生，营销效果超 Facebook》,《新浪科技》2012 年 12 月 19 日。

民使用率接近 50%。

第二节　传播类别

电子邮件传播有着多种分类方式，可以按照与网站的依附关系来分，可以根据传播的实质内容来分，也可以按照公私界限分为公用电子邮件和私人电子邮件，还可以按照文字图片音视频等传播形式来分。本节主要以电子邮件传播的实质内容为脉络进行论述。

电子邮箱与互联网站有着天然的依附性。它衍生于各种类型的网站里，深刻着网站特色烙印，也是网站打开局面、开辟更为广阔疆域的重要利器。网站的点击率越高知名度越大，其麾下的电子邮箱也就越容易受到追捧，就会有更多的用户以更高的频率去使用。

在中文邮箱市场，网易邮箱持续领先行业已经 16 年。2013 年，网易邮箱在国内市场依然一枝独秀。在国际市场，网易邮箱是微软、雅虎和谷歌之间电子邮件的"三国杀"。

电子邮件业务是网易公司最早开展的业务之一，也是网易公司的核心战略平台。网易免费邮箱具有 3G 空间，支持超大 20 兆附件，280 兆网盘，而且可以精准过滤超过 98% 的垃圾邮件。

2013 年，网易邮箱总用户突破 6 亿，网易手机号码邮箱活跃用户超过 1 亿。网易邮箱通过创新不断提升用户体验，先后上线域名纠错、音视频邮件、文件中心、应用中心、虚拟场景写信、30 秒内取消发送等新功能，还与手机聊天 App 易信进行功能整合，实现了在易信内直接查看和回复邮件。

网易邮箱在 2013 年还与中信银行、兴业银行、广发银行、汇添富基金等合作发起"绿信封"计划，倡议用户使用网易手机号码邮箱收取电子账单；与嘉实基金合作，为易信用户提供便捷的在线理财产品；与国航合作，成为第一个"空中邮箱"；获得"国考"机关青睐，连续 3 年成为国家公务员考试招录机构的首选联系邮箱。

雅虎公司在新总裁梅耶尔（Marissa Mayer）上任后，对雅虎的电子邮件服务进行强化，并在 2013 年 10 月对雅虎邮箱进行全新改版，但新版邮箱被认为是对谷歌 Gmail 的严重模仿。2013 年 4 月，雅虎宣布将关闭中国邮箱业务。雅虎邮箱的突然关闭，让中国用户认为雅虎对用户极不负责任，雅虎邮箱曾经声称要成为用户的"终身邮箱"也沦为笑谈。在邮箱账号已经成为网络通行证情况下，众多使用雅虎邮箱注册电商、微博、支付宝等网站，关闭雅虎邮箱，无疑为用户带来很多隐患。

在雅虎宣布退出中国市场之时，网易邮箱则在第一时间公开承诺提供"永久服务"并提供"一键迁移"服务和"搬家"教程，为用户保存资料，显示出了作为中文邮箱领头人的态度和气魄。而网易邮箱公布的相关数据也显示，超过百万的雅虎中国邮箱用户迁移到了网易。①

此外，新浪邮箱、搜狐邮箱、tom 邮箱、和讯邮箱、21cn 邮箱、QQ 邮箱、Gmail 邮箱、139 邮箱和 Hotmail 邮箱等，都是中文电子邮箱的主力军。

对于一些政府机构而言，尽管网站的日常点击率可能很低，但因为其所依托单位的特殊地位，通过此类网站衍生的电子邮件有着特殊的威望，发出邮件者可能多少会有些自豪感，接收邮件者可能会望而生畏或者敬仰之情油然而生。

依据电子邮件传播的实质内容来分类，则可分为情感类电子邮件、信息类电子邮件、广告类电子邮件、诈骗类电子邮件和妖言惑众类电子邮件等。

一、情感类电子邮件

通过发送电子邮件，以文字、图片、音乐、贺卡等形式表达深情厚谊，加强了亲友和同事的交流沟通。写封邮件，哪怕是寥寥数语，即可传达真情真意。不用信封、不用邮票、不用跑邮局，坐在电脑前就能免费收发邮件。即使

---

① 参见佚名:《雅虎退出中国，盘点电子邮箱巨头的 2013 年》，太平洋电脑网，2014 年 1 月 16 日。

相隔千万里，浓情厚谊也能瞬间传递。

一项新的研究发现，发送诉说内心情感的电子邮件，有益于人们身心健康。研究数据显示，经常书写抒发情感的电子邮件的大学生，比那些写毫无感情的电子邮件的或者根本就不发电子邮件的大学生要健康。

美国得克萨斯州立大学的心理学家 Brown 教授说，他们比不在电子邮件中述说自己感情的人患病的时间要少，写信能够缓解人们内心深处的紧张。Brown 教授对《每日电讯报》说，"虽然电子邮件是一种方便快捷的通信方式，甚至是传播粗野笑话和大骗局的一种方式。但是结果表明，即使是经过电子邮件处理之后，具有感情的书信仍会产生有利于健康的结果。"他说，"人们一直知道谈论或者写下他们自己的问题有助于使他们感觉舒服一些。这项研究提供了实际的证据表明，书面抒发情感有益于身体健康，即使是通过电子邮件也是如此。"①

当然，对电子邮件有助于身心的说法，也有完全相左的观点。有些公司为鼓励同事之间更多地当面交流或电话联系，规定周五或周末不准发送电子邮件。而 Success Factors 创办人兼首席执行官达尔高（Lars Dalgaard）则给员工发了一封电子邮件，要求一周都不得在公司内部使用电子邮件。

达尔高反对电子邮件，一部分是因为人们用它来避免同别人说话，或用于向同事隐瞒负面消息或关键信息（有时候是通过发送"密件"来进行）。他对员工说，下达禁令的目标就是让员工"亲身处理相互之间的问题"。达尔高说，到目前为止，禁令起到了作用，大家都在抓起电话或走到对方的位子边交谈，员工之间仍在通过公司内部的社交网络进行在线联系。

在相关的研究中，电子邮件有可能降低使用者讲真话的责任感。最近一期《应用心理学杂志》（*Journal of Applied Psychology*）中的一项研究发现，相比纸笔交流，人们使用电子邮件时说谎的意愿会更高，而且也更加觉得理直气壮。不管撰写人有没有得知他们的谎言会被其他人揭穿，情况都是如此。

① 《心理学家：想健康？请多发情感电子邮件》，2002 年 4 月 23 日，http://www.sina.com.cn。

二、信息类电子邮件

信息类电子邮件包括个体之间通过电子信箱传递奇闻趣事大事小情、婚庆宴请以及组织机构自下而上的函件往来、招生招工、会议通知、文件通告、民意咨询、调研统计等都在此列。这不仅大大提高了办事效率，而且无纸化办公大大减少了办公成本和环境污染。

学术争鸣与论文著作传送在信息类电子邮件中占有一定比例，为学术交流开启了一条新渠道。原本羞羞答答的学术争议，可以通过书写电子邮件洋洋万言尽情表达，无须当面脸红脖子粗，也不用避讳口头辩才词不达意。

期刊投稿借力于电子邮件如虎添翼，不仅有利于期刊编辑部与作者的沟通与联系，规范作品的写作范式，而且通过注册登记增强作者对期刊的品牌忠诚度，提升期刊的知名度和影响力。

不可思议的是，个别国内排名靠前的新闻传播期刊编辑部，到现在还拒绝接受电子邮件传稿，一律只接受手写稿件或传真稿件。如此劳民伤财与效率低下之举，实在不知道什么缘由。

三、广告类电子邮件

广告类电子邮件又被称为电子邮件营销——EDM（即 Email Direct Marketing 的缩写）。它是在用户事先许可的前提下，通过电子邮件的方式向目标用户传递价值信息的一种网络营销手段。

EDM 有三个基本因素，包括用户许可、电子邮件传递信息、信息对用户有价值。三个因素缺少一个，都不能称之为有效的 E-mail 营销。电子邮件营销是利用电子邮件与受众客户进行商业交流的一种直销方式，同时也广泛地应用于网络营销领域。电子邮件营销是网络营销手法中最古老的一种，可以说电子邮件营销比绝大部分网站推广和网络营销手法都要老。

广告类电子邮件是以加强商人和目标客户的合作关系为目的的发送邮件，从而鼓励客户忠实于它或者反复交易，也有一些是以获得新客户和使老客户立即反复购买为目的发送邮件，还有的是在发送给自己客户的邮件中添加其他公司或者本公司的广告。

随着国际互联网的迅猛发展，全球电子邮箱用户日益增加，作为现代广告宣传手段的广告类电子邮件正日益受到人们的重视。只要拥有足够多的 E-mail 地址，就可以在很短的时间内向数千万目标用户发布广告信息，营销范围可以是中国全境乃至全球。

广告类电子邮件是一种低成本的营销方式，所有的费用支出就是上网费，成本比传统广告形式要低得多。广告类电子邮件效率极高，使用专业邮件群发软件，单机可实现每天数百万封的发信速度，发送上亿封的广告邮件一般几个工作日内便可完成。

电子邮件本身具有定向性，你可以针对某一特定的人群发送特定的广告邮件，也可以根据需要按行业或地域等进行分类，然后针对目标客户进行广告邮件群发，使宣传一步到位，这样做可使营销目标明确，收效甚好。

四、诈骗类电子邮件

利用电子邮件传播进行诈骗已经成为当下的新型诈骗形式。原来在其他场合出现过的诈骗宣传，而今改头换面出现在电子邮箱里，行为更加隐秘。

诈骗类电子邮件传播包括提供商业机会、家庭代工、连锁信函、投资机会和免费赠品等，只要大海捞针般达到千分之一以上的成功率，受骗人数量和诈骗金额就极为惊人。

1.提供商业机会。这些电子邮件通常都宣称，你可以不必花太多时间或金钱就能赚得优渥之报酬，或声称可提供一个国际网络相关事业赚钱途径。这些邮件大都有一长串的承诺，但却很少提及详细内容，甚至可能是非法多层次传销业者所伪装的另类营销途径。

2.家庭代工骗局。从报纸广告到电子邮件广告，这些家庭代工骗局都使用同一伎俩。电子邮件通常会宣称有很好的工作机会，要求应征者做某一加工或组合工作，而这种诈骗方式通常需要先投资金钱在设备或材料上，并花相当多的时间生产某一公司答应要买回的产品。当投资人花了金钱及投入时间去完成加工组合产品，促销者声称产品并未达到他们的"品质标准"，而拒绝付钱。

3.连锁信函。电子邮件里有时候会收到一封好友或素未谋面的陌生人来信，告诉你他最近如何如何地不顺，结果因为写了这封"幸运函"后，变得多幸运，要求收信人将这封"幸运函"继续传播给更多人。信中还说到，如果不理会这封信，将会遭受到多大的灾厄。在这些电了邮件中，收信人会被要求寄出小额的金钱给名单上的四或五个人，同时把名单中第一个人的名字换上你自己的名字，再把修正后的电子邮件寄出给名单上的这些人，然后就等其他人"寄钱给你"，你将收到一笔可观的财富。

4.投资机会。这种投资诈骗方式通常会在电子邮件中承诺可观的高投资报酬率且宣称没有任何风险，以吸引收信人投资。这些信函中对投资本身描述模糊，但却强调高报酬率。声称，公司与高层有财务关系，他们有私人渠道可通内线消息，保证该项投资一定成功，或宣称在一段时间后他们会买回该项投资。

5.免费赠品。电子邮件宣称免费提供或巧立名目中奖价值不菲的物品，如电脑、手机乃至豪华汽车境外旅游等高价值产品与服务，然后要求赠品奖品获得者先交一笔诸如邮寄包装费用或所得税等费用。当然，付了这些费用后，赠品奖品可能永远不会来，也可能赠品奖品只是外面夜市或地摊上的便宜货，价值不及其所宣传的十分之一。

当然，电子邮件的分类传播与分类管理也会因人而异。大型国际化集团公司的CEO们每天可能会最少接收到数百份邮件，面对这么多邮件他们也会分身乏术。CEO们分类管理自己私人邮箱独树一帜，就是按照自己的需要为不同类别的邮件制订各种规则。

多数私人邮件都会通过电子邮件服务的过滤系统直接转至私人邮件标签中，将采访信件等媒体事宜转送至沟通部门，求职类信件将会递送给人力资源经理，而一些邮件将由那些与"客户服务"人员相似的雇员进行管理，慈善事业捐助邀请将会归类至家庭基金会标签中，附有衣着暴露女性照片的邮件将会直接被过滤至垃圾邮件中。其他部分邮件将被归至律师标签。

如果人们向 CEO 们发送包含诸如政治言论、笑话或者其他无关痛痒的信息，而且他们并不在 CEO 们的电邮白名单上，那么他们的邮件将会被自动归档到垃圾邮件中。通常情况下，白名单中的可信用户包括他们的配偶、孩子、父母和一小撮关系要好的朋友。当然，约会通知信息将会直接推送给 CEO 们，因为他们本身便是自己日程表的管理者。

对于那些所谓"粉丝来稿"，很多时候 CEO 们会预先拟定答复邮件，然后当有粉丝来信时他们会亲自将这些已经起草好的稿件发送出去。虽然 CEO 们答复邮件时的语气通常都会十分亲切，不过，他们会在内容中含蓄婉转地要求该粉丝不要再继续联系。

第三节　传播特点

电子邮件传播作为电信传播的新兴使者，除了具有与其他电信传播成员同样的特质之外，还有着地址与网站紧粘黏、虚拟与现实相映衬、传统与现代互纠结、民用与商务常结合等电子邮件自身独有的传播特点。

一、地址与网站紧粘黏

电子邮件传播既是网站传播的重要品牌标志，是网站的主要"名片"，也是网站传播不可替代的"黏合剂"——将网民与网络信息目的紧密联系在一起。因此，设置商业门户网站配套邮箱（包括网络传播早期的 VIP 邮箱）、扩大邮箱内存、免费试用、捆绑使用等各种招揽网民"加盟"的招数在新浪、雅虎、搜狐、腾讯、网易、Gmail 等邮箱中纷纷登场。

腾讯用足了 QQ 用户和微信用户的庞大数据资源，成为当下电子邮件用户最多的门户网站。只要使用 QQ 把玩微信，必然就会早早注册一个 QQ 邮箱，不然就是 QQ 菜鸟，也进不了 QQ 朋友圈微信朋友圈，就没有办法登记注册玩游戏，没有办法和各类玩家分享资讯畅游赛博空间了。

二、虚拟与现实相映衬

邮箱地址可以是虚拟的，只要在某某网站注册即可。电子邮件的发送者和接收者的身份也可以是虚拟的。他们可以使用各种符号来代替自我，隐瞒真实姓名和身份。这种虚拟性一方面使网民们得以自由地挥洒想象力，获得前所未有的自由，另一方面也可以使他们丢弃社会责任和义务，规避负面影响的风险。

电子邮件传播与接收的信息内容也可以是虚拟的，广告邮件、欺诈邮件、色情邮件、暴力邮件、恐怖邮件、谣言邮件等，占据了电子邮件传播的一定比例。

同时，电子邮件的发送者和接收者的身份又可以是真实的，有时候还必须是有据可查的真名实姓，比如说电子邮件应聘、电子邮件投稿等。在我国，政府机构和事业单位的电子邮件基本上都实行实名制，要求使用本单位的域名为电子邮箱信息交流渠道。这类电子邮箱，政府机关与行业组织的邮箱前缀一般为汉语拼音（或全拼或拼音第一个字母），后缀一律为"gov.cn"，高等院校的后缀则一律为"edu.cn"。单位与个人的真实情况一目了然。

鉴于电子邮件的发送者和接收者的真实身份，所以电子邮件的传播与接收的信息内容也大都体现的是真情实感。当下初露风头的原创字迹邮件，可能后来居上的音视频邮件和场景邮件，更会将虚拟与现实演绎得生动精彩。

三、传统与现代互纠结

电子邮件是新一代网络技术与传统书信的有机结合，也是现代社会传统文化与技术符码的纠结。在电子邮件的冲击下，现代人使用传统书信与亲朋好友的联系日益减少，有不少人已经基本上舍弃了这种沿袭了千百年充满笔墨纸香的中华文明来传情达意。

传统书信是几千年来中华民族信息往来的载体，传载了沉甸甸的厚重文化。"见字如见人"体现出中国传统书法在传统书信中"书"的价值，字如其人，入木三分，都是传统书信的缩影。古道驿站，传递殷切期盼；鸿雁传书，缔造羡世姻缘。"斑竹一枝千滴泪"，承载了多少诗情画意。封封书信，成就了多少千古名章。而今，传统书信这种非常诗意的文体，渐渐成为远去了的风景，淡出了人们视线。

很多人在怀念传统书信，想象着在闲适的午后品一盏香茗，在雪白的信笺上留下墨影，将混合着茶香记录着心情的信投入信箱，然后依旧闲适地生活，并在闲适中多出一分期盼，期盼他是否收到我的来信；多一分想象，想象他收到信的表情心绪；多一分急切，急切地每天查看信箱等回信。

电子邮件是一种传情达意的网络文化载体，它打破了传统书信的时空界限，可以在转瞬间将要表达的信息即时传递。现代的两地书母子情不再需要跨越漫漫征程，不再需要翘首以盼等候漫长时间，现代的商务邮件往来变成一片坦途。电子邮件可以只言片语，也可以洋洋洒洒尽书千言万词。电子邮件形式多样，功能齐全，只需要敲下键盘尽情挥洒，不再像传统信笺那样研墨铺纸，严肃刻板神情专注将深情饱蘸笔端跃然纸上，而是可以大胆蔑视传统规范的束缚而自行其是，尽情地嬉戏于语言的狂欢和荒诞离奇的故事编撰，调侃搞怪式语言都可以无拘无束畅写。

电子邮件作为传统文化与现代生活的撞击，打破了传统写作规范，以致一些人对这类现代文明开始质疑。有人认为，电子邮件扼杀了情感交流，降低了人们的合作精神，加剧了人类爱撒谎的趋势。

在传统与现代的纠结中，一项名为"慢递"的服务受到都市人青睐。"慢递"是一种和普通邮局相同的信件投递服务，唯一的区别是，投递时间由寄信人决定。"我要给五年后的自己写封信，看看愿望实现了多少。"近两年来，在北京、武汉等城市的一些茶吧或咖啡店，"写封信给未来"的业务开始受到顾客关注和欢迎。

四、民用与商务常结合

电子邮件简便易行，是"网友"交流日常生活情感的渠道，也是商务联络的主要桥梁。电子邮件既是每一个普通百姓必用的情感联系手段，同时也是各种商业活动所必学必备的商务工具。阿里巴巴集团董事局主席马云每年春节前夕发给每位员工的电子邮件，则既有家书般个人交流，又有浓厚的商业气息。在 2013 年 2 月 1 日曝光的邮件中，可以看到马云从"奖励""惩罚""年终奖""加薪"和"红包"等几个方面回应"每一个阿里人"。其中，"今年的红包"那一段很有人情味，正是民用与商务的有机结合。

> "红包是在公司取得特别成绩的年份才会有的，它是个惊喜（如果年年有，就不是惊喜了，呵呵）。当然红包的原则是人人有份，主要根据你在阿里贡献的年份多久而定。我们鼓励员工在公司里长期发展。
>
> 2012 年我们收获了很多的惊喜，雅虎股权的回购，双"十一"的精彩，一万亿网购销售的突破等等。我们也经历了很多艰难的挑战，例如，B2B 公司在香港的退市，组织的快速变化，25 个事业部的迅速调整等等。这一年发生的很多事情会在阿里发展史上可圈可点。所以，今年我们有理由给自己发个红包！
>
> 如果你觉得红包不够大，请继续努力。如果你觉得红包太大，请大声地认真感恩我们的客户、我们的同事和合作伙伴……

随着智能手机的普及和 QQ、微信、微博客等即时通讯工具的兴起，电子邮件的民用功能正在退化或者被取代。电子邮件可以在企业形象、在线顾客服务、会员通讯和电子刊物网站与产品推广方面发挥作用。电子邮件在电子商务等领域的作用，依然占据着一定的位置。电子邮件巧妙地组合进行销售、服务、促销，是电子商务中取得长期成功的基本因素。定期的电子邮件将会加强与顾客的联系，通过长期与顾客交换信息能够建立留住回头客的牢固基础。

当然，电子邮件的商务功能也在受到挑战。电子邮件的垃圾邮件引发的"信息污染"，使很多人花费大量时间陷入无休止也无意义的信息筛选之中，大大降低了管理效率。2011 年早些时候，欧洲 IT 服务巨头法国源讯公司（Atos）宣布，在未来三年内准备把内部工作电子邮件全部取消，成为世界上第一个"零电子邮件公司"。这表明越来越多的新一代的通讯工具，正逐渐成为沟通的更有效手段，成为企业的牵引力。首席执行官蒂埃里·布雷东（Thierry Breton）有三年没发过工作电子邮件了。尽管他执掌的是欧洲最大的 IT 服务公司之一，但他暂时不打算改变这个习惯。①

① 参见曾静平等编著:《网络文化概论》，陕西师范大学出版总社 2013 年版。

第七章

博客传播

博客即网络日志，是随着互联网技术和多媒体技术的发展而成长起来的一种新兴传播方式。博客并不是纯粹的技术创新，而是一种逐渐演变的网络应用。博客传播既是网络传播的组成部分，又是个性极强、形式多样的别样信息传递与互动阵地。

博客是一种相对较新的网络交流工具，正日益影响着人们的政治经济文化生活，并逐渐形成了自身的文化形态。一段时间，博客在全球范围内以极快的速度发展，应用人群日益扩大，影响力不断增强。作为新兴的媒介传播形式和信息交流沟通方式，博客没有墨守成规，没有固定范式，是一种约定俗成，是一种水到渠成，是一种时尚新潮，是一场信息革命和思想进化，是电信传播的又一主要传播载体。

博客传播作为一种传播工具，已经迅速渗透到了人们社会生活的各个层面，成为许多大中学生、娱乐界名人、体育界大腕以及专家学者们关注的对象，成了网民电脑收藏夹里的重要内容。博客的影响力日益强大，正在成为一种改变媒介生态、传播规则甚至社会行为方式的重要现象。

2001 年 9 月 11 日，震惊世界的"9·11"事件不仅以人类历史上的一次重大悲剧永载史册，同时也直接推动了博客的普及和发展。其时，博客恍若横空出世，使全世界民众的目光第一次越过了传统广播电视报纸杂志，以快速高效的"现场导入感"突然跃入了普通人的视野，成为新闻的中心。

在"9·11"事件发生后的几小时里，几乎所有的主要传统媒体网站都由于访问量过大而近乎瘫痪，这中间包括CNN、《纽约时报》和BBC等重量级的媒体网站。希望了解更多真相的人们，认为传统的广播电视报纸杂志媒体的报道内容不够即时真切，不够深入全面，不够通俗联动。最为草根的博客在其他媒介报道不尽如人意之时突放异彩，满足了受众的需求。其中，最著名的博客当属戴夫·温纳斯（Dave Winers）的 Scripting News 网站（http：//www.scripting.com/)。戴夫·温纳斯的 Scripting News 原本主要是介绍技术界的一些动态的站点，在袭击发生的当时，一改以往的反世俗态度，在第一时间就将"9·11"事件各种各样的相关信息作为重点头条。仅在当天，戴夫·温纳斯在其个人博客上发布了与"9·11"恐怖袭击事件相关的消息近100条，有从其他媒体上摘录的新闻和申明（时任美国总统布什定义这是一场恐怖主义战争），有现场目击者的亲笔描述紧张而试图得到朋友和亲属状况的请求及两座高塔都已经倒塌的状况，还有在其他国家的人提供的当地的反应（驻日美军提高了戒备）和最新的照片，等等。Scripting News 甚至成为了传统站点的一些消息来源，《纽约时报》也报道了 Scripting News 作为互联网上的代表反映了人们对于这场袭击的反应和关注。

有人评价，"正是这场恐怖袭击，使人们对生命的脆弱、人与人沟通的重要、最即时最有效的信息传递方式，有了全新的认识。'9·11'事件最真实、最生动的描述，不在《纽约时报》，而在那些幸存者的博客日志中"①。

近年来，微博异军突起，成为 Web 3.0 新兴起的一类开放互联网社交服务。微型博客（简称微博）势头日盛。有人甚至认为，微博的传播力量是博客的 200 倍。

微博，即微博客（MicroBlog）的简称，又称为一句话博客，或干脆被网

① 参见［美］杰里米·莱特:《博客营销》，洪慧芳译，中国财政经济出版社 2007 年版。

络化为"围脖"。这种"围脖"嘘寒问暖，以三言两拍的方式，或现场记录、偶发感慨，或晒晒心情、嘘叹世态炎凉，以多种 API（Application Programming Interface，应用程序编程接口）使得大量的用户可以通过手机、网络等方式来即时更新自己的个人信息，打通了移动通信网与传统互联网的界限。

微博是一个基于用户关系的信息分享、传播以及获取平台，用户可以通过 WEB、WAP 以及各种客户端组建个人社区，以 140 字左右的文字更新信息，并实现即时分享。最早也是最著名的微博是美国的推特（Twitter）。根据相关公开数据，截至 2010 年 1 月，该产品在全球已经拥有 7500 万注册用户。2009 年 8 月，中国最大的门户网站新浪网推出"新浪微博"内测版，成为门户网站中第一家提供微博服务的网站，微博正式进入中文上网主流人群的视野。

相比传统博客中的长篇大论，微博的字数限制恰恰使用户更易于成为一个多产的博客发布者。2010 年 2 月，广东省肇庆市公安局和佛山市公安局率先开通微博，成为全国首批通过实名认证的公安微博。4 月 30 日，广东省公安厅（微博）及 21 个地级市公安局全部开通公安微博并上线。5 月 11 日上午广东公安微博群在网上亮相。截至 2010 年 5 月 27 日 9 时，广东省公安微博共发布信息 7124 条，粉丝总数为 91610 人，主动关注对象 7400 多人，评论总数超过 25000 条。

2010 年 5 月 27 日上午，广东省公安厅邀请知名网友和记者与珠三角九市微博团队面对面，建言拍砖。省公安厅宣传处负责人说，网络大大拓展了警察公共关系的内涵和外延。有了互联网这个制高点、接触点，公安机关能用低成本做好很多事。以群形式亮相的公安微博群在工作上实行联动，对公众关心的热点话题通过微博群工作模式联动发布，使信息在最短时间内及时转发和共享，如广州市局第一时间在公安微博上发布了"暴雨中失踪的清远来穗女大学生"一事的最新情况，并及时发布后续调查进展，使警方声音第一时间被网民读取和播报，避免了误读和谣传。①

---

① 参见王鹤、粤公宣：《广东将禁止警方微博关闭评论　要求限时回复网友》，《广州日报》2010 年 5 月 28 日。

随着微博的兴起，越来越多的政府官员开始尝试通过"织围脖"，搭建"民情官意互动通道"。"云南伍皓"的创建者云南省委宣传部副部长伍皓，借助时下流行的微博，第一时间发布政府对突发事件的处理办法乃至个人家庭琐事，表明"我们公务员并不像公众通常认为的那样呆板，我们的生活也不乏乐趣"。伍皓在个人微博"云南伍皓"中透露"我没什么好隐瞒的：月薪5000元，有私宅一套，夏利车一辆，车牌号云A005WH，自费去成都看环球小姐选美大赛"。时下，伍皓的微博很受欢迎，已有"粉丝"3万多。

第一节　博客的定义

博客，是一个外来语，英文为Blog或Weblog，又译为网络日志、部落格或部落阁等，是网络世界里的新生事物，是人们在浩游网络天宇时的创举，是政府官员、社会名流和寻常百姓平等共享的天堂。Log的原义则是"航海日志"，后指任何类型的流水记录。将Weblog合在一起来理解，就是网民在网络上的对生活琐事或社会热点的一种流水记录形式。Blogger或Weblogger，是指习惯于日常记录并使用Weblog工具的人。

由于博客出现的时间还不长，各个国家和地区的理解也不尽相同，因而"博客"的定义自然也是五花八门，各执一词。有人把博客形象比喻为"信息的孤岛"，即网络信息空间似无边无际的海洋，而博客就像茫茫大海中的一个个孤岛。有人说，博客是网络时代的个人"读者文摘"，是以超级链接为武器的网络日记，是信息时代的麦哲伦，是一个快捷易用的知识管理系统，是新型的"协同媒体"，是"不停息的网上旅程"，是"个人网上出版物(社区)"，是"网络中的信息雷达系统"，是"人工搜索引擎"，是"专家过滤器"，是"自组织网络生态"，是"草根记者"，是"互联网个人信息结点"，是"E时代的盗火者"，等等。

《市场术语》中对博客是这样描述的："Blog就是一个网页，它通常是由简短且经常更新的Post构成；这些张贴的文章都按照年份和日期排列。Blog的内容由个人喜欢，可从有关公司、个人、新闻，或是日记、照片、诗歌、散文，甚至科幻小说的发表或张贴。许多 Blogs 是个人心中所想之事的发表，其他也有非个人的 Blogs，那是一群人基于某个特定主题或共同利益领域的集体创作。Blog 好像对网络传达的实时讯息。撰写这些 Weblog 或 Blog 的人，就叫做 Blogger 或 Blog writer。"

《网络翻译家》对博客（Blogger）的概念解释为：Weblog 或 Blog，是用来指称网络出版和发表文章的专有名词。网络出版（Web Publishing）、发表和张贴（Post——这个字当名词用时就是指张贴的文章）文章是个急速成长的网络活动。一个 Blog 就是一个网页，它通常是由简短且经常更新的 Post 所构成；这些张贴的文章都按照年份和日期排列。Blog 的内容和目的有很大的不同，从对其他网站的超级链接和评论，有关公司、个人、构想的新闻到日记、照片、诗歌、散文，甚至科幻小说的发表或张贴都有。

2002 年，我国的方兴东和王俊秀将 Blog 音译为博客，形象地汉化了这一外文词汇，并给出了流传久远的定义。在其眼中，Weblog 或 Blog，翻译作"网络日志"、"网志"或"部落格"等，是互联网平台上的个人信息交流中心。经过几年的发展，博客已经从小群体应用走向大众广泛使用，由一种新型的网上信息内容的组织和传播形式，变成了使用者在虚拟社会的标签和缩影，从一种工具理性升华为一种价值理性。博客呈现给世界的不仅仅是简单的日记和枯燥日志，而是个人的思想精华和成长轨迹。

方兴东认为，博客与黑客有着几分相似，是"知识工人"的一种类型。黑客的力量与其说来自他本人作为"知识个体户"的智力，不如说来自一种组织机制。而这种组织机制——开放性、自组织、自我优化，恰恰是由知识的充分共享——源代码的开放——来保证的。在这个意义上，黑客与其说是指人，不如说是指一种全新的知识的生产方式和交流方式。

作者认为，博客是一种在互联网上由个人与网络共同管理、不定期张贴与发布个人信息的方式，是继 E-mail、BBS、MSN 和 QQ 之后出现的第五种网络交流方式。博客既是一个新生的赛博空间，是一种典型的自媒体形式（或称个人媒体），也可以是活跃于网络时代的个人信息创作与发布的弄潮儿。

一、博客是网络张贴与个人发布信息的方式

博客把个人书写的只言片语及心得体会放置在固定的赛博空间，由网站负责专门打理。在个人博客具有超高粉丝追风追捧追评状况下，博客广告主就会尾随而至，"博客广告"一度行情看涨。

博客的核心是超文本语言的再现，这种理念甚至可以追溯到古代犹太人的一部法典《塔木德》。这部看起来多少有些奇怪的法典，表面上它是由正文与后人的注释两部分构成，但两部分具有同等的法律效力，两部分互为正文和注释。而且，注释也是多层次的，包括对注释的注释，对注释的注释的注释……《塔木德》的特点就是：它是一种开放的文本而不是一本"只读文本"；原创者（立法者）与再创者（法律的解释者）只有先后之分，但在权威性上没有差别，从而也就没有严格的作者和读者的差别。正因为《塔木德》的所有读者（即所有的犹太居民）都参与了作品的创作（也就是修改和完善），使这样的一部法律在不断延伸的时间长河中不断优化、升级。

二、博客与 BBS 的联系与区别

博客与 BBS 都是网络个人行为，都是个人的网络信息发布，但两者有根本的不同，其核心差别在于目的的不同，BBS 侧重于众人集体讨论，而博客则追求大家共享信息资源。

BBS 的建立，是基于为一个数量庞大的目标人群提供服务；而博客则纯粹是为博客"个人"树碑立传，天生是属于自己的个人空间。当无数的个人空间聚集到一起的时候，博客托管网站才形成虚拟社区。BBS 的意义在于，它打破了大众传播时代意见表达渠道为少数集团垄断的局限，赋予"大众"在互联网这个公共传播媒介上一个平等发言的机会。而博客网站则是充分利用了互联网赋予"个人"的发布信息和寻求共享的可能性，在虚拟社会中，赋予了个人一个信息化的生活天地。这其中也包含着强烈的信息扩散欲望，有一定的读者针对性，但这是与 BBS 不同的。

博客是独立存在的，BBS 的用户是缺少独立性的。博客有域名，BBS 用户没有域名。域名是互联网的门牌号码，用于识别和定位网站在互联网上独立存在的标识。博客为它的用户提供了这种在虚拟社会中识别个体身份的标识。博客可分成两种类型：一种是个人网站型博客，即博客者自己购买空间和域名，拥有独立站点和属于自己的独立的域名；一种是注册型博客，即博客者在博客托管网站注册后，拥有一个二级域名，二级域名是网络上让别人识别和访问自己的工具。前者可能发展成群体博客，进而成为小型的虚拟社区；后者则一经注册就成为虚拟社区的成员。

BBS 好比广场，你可以在这里驻足、观光、社交，但你不会拥有它，也没有自己的隐私空间；博客更像一个私家住宅，你不仅拥有它，还可以自由地支配使用它，且不必担心版主指责你"灌水"。跟 BBS 提供的社区功能相比，博客更胜一筹，博客主除了可以在自己的"住宅"内"生活、工作、娱乐"，还可以邀请自己的朋友共同参与，开展属于自己私人圈子的"社交"，而不用担心影响别人，也不必担心不受欢迎的人前来骚扰。另外，博客主可以通过博客托管网站的设置和安排，更充分地展示自己的魅力，扩大自己的"社交"范围。

博客和 BBS 的内容话题发起和管理不同。在 BBS 上，话题分散于多个用户之间，每个人都可以发表各种不相关的话题，都拥有相同的发言权利；但在博客中，话题都集中于博客主本人，博客主提供的内容是话题的中心。在 BBS 中，一般是版主才能管理文章，拥有对各个文章编辑的权利，而用户个人（发文者）不能编辑删改自己的文章（现在也有部分 BBS 提供了这样的功能）；而在博客上，博客主（发文者）自主管理文章，拥有编辑和删除自己文章的权利。

三、博客可以是自媒体，也可以是个人信息创作与发布者

通常我们所说的"博客"，既可用作名词 Blogger 或 Weblogger——指具有博客行为的一类人。"他 / 她是一位博客，他 / 她天天在博客"及"博客博什

么客？"

与黑客相比，博客的知识门槛低得多。任何人都可以在几分钟之内迅速成长为一名博客——只要他有这个兴趣即可。

换言之，仅从字面上讲，博客首先是指一群人，其次才是指某个人，首先是指"我们"，其次才是指"我"——通过多链接的、"序曲—导言"式的网络日志，使"我"成为"我们"，并让更多的人汇入"我们"中来的"我"。知识共同体是他们共同的血缘。在博客和黑客的世界里，借用邓恩的诗句来说，"没有人是孤岛"，每个人都是同一个大地的一部分。单个的博客不是一个自足的点，而是一个知识网络上的节点。相对而言，博客比黑客更明显地表现出"节点"的性质来。

博客的文本提供了不少信息，但博客本人往往可能不是作者（版权所有者），他所做的，可能仅仅是提供了一些链接而已。另外，博客的读者也可以加上自己的链接。因此，与传统媒体不一样，博客往往不是把读者的注意力引向自己，而是通过已有或潜在（有可能被其他人加上）的链接，把注意力引向一个个"他者"。最重要的是，博客通过把读者引向读者自己，让读者逐渐成为作者。从知识和信息的消费者变成提供者。

在托马斯·库恩（Thomas Samuel Kuhn，1922—1996）看来，与其他网络应用相比，"博客更具深度沟通和民主化的潜质，能为主流媒体提供新闻和公众观点来源，为教育和商业创造知识共享的环境，同时能为个人提供一个自我表达和自我价值实现的平台"。①

博客就是分享，越分享越多，大概是对其最好的概括了。对于博客本人，对于阅读博客的人；对于自己，对于他人，对于社会；对于工作，对于生活，"越分享越多"的博客精髓注定了它的发展势不可当。通过分享，美化每一个博客，美好每一个人的生活，自然美好整个社会。

分享可以是沟通，可以是人际关系，可以是文章，可以是音乐和声音，可

---

① 参见［美］托马斯·库恩：《科学革命的结构》，金吾伦、胡新和译，北京大学出版社2003年版。

以是图片和视频，可以是阅读和推荐，"博客网，让你随心所欲"，这个随心所欲主要就是在超越时空的虚拟世界中，可以随心所欲分享你愿意分享的一切（当然，任何随心所欲都应该在法律法规和道德的范畴之内）。

博客的繁荣，不仅仅是书写的繁荣，而是分享的繁荣，改变的不仅仅是少数爱好者，而是所有人，是整个社会。社会、文化、经济、政治等，都将因为博客的新分享文化，而实现变革。变革的最终方向，就是美化我们的生活。在分享自己和分享别人中美化生活，何乐而不为。"越分享越多"，就是博客无与伦比的魅力精髓。

第二节　博客的发展

博客最早在美国产生，后借助互联网的全球传播优势，进入中国，走进国人的视线，被有识之士成功运用，从而引导潮流，掀起博客使用的热潮，蔚为壮观。鉴于此，立足当下，回首博客走过的道路，梳理其发展脉络，显得尤为必要。总的来看，博客经历了萌芽阶段和发展阶段，一路走来，继续向前，继续去开创可能的奇迹。

在网络上发表 Blog 的构想使于 1998 年，但到了 2000 年才真正开始流行。起初，Bloggers 将其每天浏览网站的心得和意见记录下来，并予以公开，来供其他人参考和遵循。但随着 Blogging 快速扩张，它的目的与最初已相去甚远。目前网络上数以千计的 Bloggers 发表和张贴 Blog 的目的有很大的差异。不过，由于沟通方式比电子邮件、讨论群组更简单和容易，Blog 已成为家庭、公司、部门和团队之间越来越盛行的沟通工具，因为它也逐渐被应用在企业内部网络。目前有很多网站可以让网友设立账号及发表 Blogs。

与任何人都可以进行免费电子邮件的注册、写作和发送一样，博客可以轻而易举完成个人网页的创建、发布和更新。如果把论坛（BBS）比喻为开放的语言广场，那么博客就是你开放的私密情感房间。博客可以充分利用超文本链接、网络互动、动态更新的特点，在你"不停息的网上航行"中，精选并链接全球互联网中最有价值的信息、知识与资源，也可以将你个人工作过程、生活故事、思想历程、闪现的灵感等及时记录和发布，发挥你个人无限的表达力；更可以以文会友，结识和汇聚朋友，进行深度交流与沟通。

博客的诞生地虽然在美国，但是经过我国 IT 界的精英们的引进和推广，加之互联网运营商受利益的驱动而推波助澜，如今已在全国范围内轰轰烈烈地掀起了一场"博客运动"，众多网民加入到博客写作中来，使博客成为生产互联网内容的重要途径之一。根据中国互联网信息中心的统计报告，截至 2009 年 12 月底，我国网民数量达到 3.84 亿，网民规模跃居世界第一位。其中，拥有个人博客 / 个人空间的网民比例达到 42.3%。博客的用户规模已经突破 1 亿人关口，达到 1.07 亿人。2014 年，我国网民的个人博客 / 个人空间的应用人群达到峰值，使用率高达 72.66%，而博客的个人人群使用率仅为 14.2%，以至于从 2015 年开始，中国互联网信息中心的统计报告中不再有"博客"统计数据。

博客的繁荣兴盛，标志着以"信息共享"为特征的第一代门户，开始正式过渡到以"思想共享"为特征的第二代门户，开始真正凸显网络的知识价值，标志着互联网发展开始步入更高的阶段。

一、萌芽阶段

博客在我国是舶来之物。我国的方兴东与著名网络评论家王俊秀最早将"blog"引进国内，并恰如其分地将其翻译成"博客"。Blog 是 Web（万维网）和 Log（航海日志）结合而成的组合词，意思就是"网络日志"。概括地说，博客就是一种网络上的个人记录形式，"一种表达个人思想和网络链接，内容按照时间顺序排列且不断更新"。[①]

博客的发源地是美国，其发展历史较短。1997 年 12 月，Jorn Barger 第一次使用"Weblog"这个正式的名称，如果我们把这个事件看作博客发展的开始，

---

① 刘津：《博客传播》，清华大学出版社 2008 年版。

那么博客的发展史不过 10 多年而已。不过目前最流行的"blog"一词，一般公认为是 Peter Merholz 在 1999 年命名的。Jorn Barger 的贡献主要体现在形式上，他将 log 的意义从接近航海日志那种无人称、拟客观、机械式写作，转换成接近旅游日志的"有人称、有个性"的自由写作。

对博客的发展起到关键性作用的是一个软件的应用：1999 年 7 月，一个专门制作博客站点的"Pitas"免费工具软件发布了，这对于博客站点的快速搭建起到了非常重要的作用。随后，上百个同类工具软件也如雨后春笋般快速被制作出来。由于这些工具软件的作用，博客站点至此终于出现了爆炸式的增长。

2005 年被称为"中国博客元年"。这一年，作为传统门户网站的新浪网、搜狐网等，不甘心落后于潮流，在分别推出了"首届中国博客大赛"和"全球中文博客大赛"后，相继推出了门户博客。2005 年 10 月，新浪推出一大批名人博客，徐静蕾、余秋雨、吴小莉、余华、刘震云、张海迪、潘石屹等上百位各界名人加入博客队伍。2005 年底，名人博客队伍已初具规模，印证了 2005 年博客的勃兴，宣告了博客时代的来临。

2002 年 8 月，方兴东看到博客的强劲势头，发起创立了博客中国（www.blogchina.com）知识门户网站。作为第二代互联网门户，博客中国是中立、开放和人性化的精选信息资源共享平台。2003 年底，博客中国已经成为全球中文第一博客网站。2005 年 7 月，曾经为全球第一博客门户立下汗马功劳的博客中国正式更名为"博客网"（www.bokee.com）。方兴东至今在中国互联网舞台上风生水起，与当年"博客教父"头衔不无关系，这也是其互联网江湖地位和广众的互联网人脉底蕴所在。

二、发展阶段

随着博客数量的爆炸式增长，博客群体的力量逐步壮大，为随后的博客发展奠定了良好的基础。基于广泛的传播群体，使得很多重大事件得以在博客圈内传播。同时，这些重大事件的传播也从深层次上提升了博客在信息传播中的地位，促进了博客发展，由此，博客作为一种重要的传播形态登上了传媒舞台。

2001 年的"9·11"恐怖袭击事件，再次让博客获得一个吸引全世界人们眼球的机会。在事件发生后的几小时内，几乎所有主流媒体的网站都由于访问量过大而近乎瘫痪，在这个时候，个人博客充当了"新闻中转站"的角色而大显身手。其中最出名的当属在袭击当时就担负起传播最新消息责任的戴夫·温纳斯的博客网站——Seripting News。仅在当天，戴夫·温纳斯在其个人博客上发布了与"9·11"恐怖袭击事件相关的消息近 100 条，包括从其他媒体上摘录的新闻和声明、目击者的直接描述，以及其他国家的人提供的当地反应以及最新照片等。戴夫·温纳斯甚至成了一些新闻网站的消息来源。《纽约时报》也报道了该网站作为互联网上的代表反映了人们对于这场灾难的关注。有人评价，"正是这场恐怖袭击，使人们对生命的脆弱、人与人沟通的重要性、最即时最有效的信息传递方式，有了全新的认识。'9·11'事件最真实、最生动的描述不在《纽约时报》，而在那些幸存者的博客日志中。"①

博客在一些全球性的突发事件中迅速成长，并日益扩大其影响力范围。2003 年伊拉克战争爆发，在关于这场战争的报道中，人们再次看到了博客的传播力量，是目击者和幸存者而不是记者对战争做了精确地描述。同样，对战争的反思最为彻底的不是传统媒体而是博客。作为新兴的网络事物，博客还毫不畏惧地向居于"老大"地位的传统媒体发起了挑战。

2004 年，博客首度参与美国总统大选，此事被认为是博客正式迈向新闻传播领域的里程碑。2004 年 7 月 26 日至 29 日在波士顿举行的民主党全国代表大会中，大会组织者有史以来第一次为各种政治博客们发放了采访证。虽然传统媒体极不情愿，但是他们不得不承认，博客已经开始和他们站在平等的位置竞争了。

在 2005 年的伦敦爆炸事件当中，博客同样充当了"第一时间报道者"的角色，博客们的现场照片和目击者的现场描述再一次成为诸如 BBC、《卫报》等权威主流媒体的部分新闻来源。又一次，博客向人们展示了其新闻传播功能

---

① 参见［美］杰里米·莱特：《博客营销》，洪慧芳译，中国财政经济出版社 2007 年版。

的惊人潜力。

回顾博客短暂的发展历史，可以得出几点结论：第一，博客通过在几次全球性的事件中大放异彩而迅速引起了人们的高度关注，从而带来了博客全球性的繁荣；第二，博客具有十分强大的传播功能，并且在传播信息方面具有传统媒体望尘莫及的优势，这些在下文会有详细论述；第三，博客和传统媒体之间在信息传播方面已经开始了争夺眼球的竞赛活动，这场竞赛也许会在不久的将来激烈化。

2017 年 12 月，新浪微博月活跃用户增至 3.92 亿，相比 2016 年底增长 7900 万，创下上市以来最大数量的净增长，同期微博日活跃用户也增长到了 1.72 亿。受益于用户规模提升和内容生态体系的完善，微博商业化效率继续提升。2017 年，微博总营收达到 77.13 亿元人民币，同比增长 76%，是 2016 年增速的近两倍，微博净利润则达到 27.14 亿元人民币。

2017 年，新浪微博加强了与主要手机厂商和头部 App 的合作。得益于平台生态越来越完善，微博与主流渠道在营销和内容上的互补性逐渐增强，双方的生态不断融合，带动微博用户数量的增长。此外，新浪微博还与 NBA、NFL、央视春晚等国内外顶级内容 IP 进行合作，并不断深化垂直领域内容合作，以丰富的内容吸引越来越多的用户。

新浪微博与浙江卫视、东方卫视、爱奇艺、优酷、腾讯等电视台、视频网站合作，共同推动《白夜追凶》、《明日之子》等众多剧集和综艺节目，并获得广泛影响力，这也进一步证明了微博在泛娱乐内容传播和 IP 塑造上的价值。在视频内容生态丰富的同时，微博的内容产品矩阵也不断丰富。除了图文、短视频、直播等内容表现形式外，微博在 2017 年推出了问答、新鲜事等内容产品，进一步满足了用户细分和多样化内容消费的需求。

过去一年，新浪微博核心信息流产品形成"关系流 + 兴趣流"的矩阵，进一步降低用户的使用门槛，提升了中低频用户的留存和活跃度。同时，微博通过引入机器学习，重点开发基于用户兴趣的个性化推送和基于社交关系的提醒等手段，使老用户回归微博的规模显著提升。目前，微博的月活跃用户中，召回用户的规模同比增长超过 50%，为活跃用户规模提升打开了新局面。截至

2017 年底，新浪微博月活跃用户约为微信的 40%，这也意味着其用户规模仍有较大增长空间。

第三节　博客的分类

博客的发展历史虽然较为短暂，发展速度却令人吃惊，短短 10 多年的时间，不仅博客数量剧增，其类型也是不断增加，各种类型的博客令人目不暇接。按照不同的分类标准，博客可以分为不同的类型。

一、按存在方式

按照存在方式来划分博客体系，博客可以分为托管博客、独立博客和附属博客三种类型。

1.托管博客。无需自己注册域名、租用空间或者编制网页，只需要免费注册申请便可以拥有自己的网络空间，如新浪博客、搜狐博客、QQ 空间、百度空间、博客网等均为免费博客托管网站，网民可以轻易在任何一个网站上获得一个自己的空间，这类博客是目前中国比较普遍的一种博客类型，这种博客的特点是免费、方便管理，但是博主（Blogger）的自主性不高，很多方面需要受托管网站的约束。

2.独立博客。即自建独立网站的博客，有自己的域名、空间和页面风格，使用这种博客需要一定的技术条件，而且需要一定的费用去购买域名和网络空间。这类博客目前在中国还不多见，但是在国外，独立博客还是占了相当大的比例。他们很多人写博客是为了赚钱，而独立博客的最大特点就是利于博主（Blogger）盈利，因为独立博客完全由博主（Blogger）自主管理，包括投放广告。

3.附属博客。将自己的博客作为某一个网站的一部分（如一个栏目、一个频道或者一个地址）。这三类之间可以演变，甚至可以兼得，一人可以拥有多种博客网站。

二、按内容异同

按照内容创作的相同与不同，博客则可以分为日志博客、主题博客和新闻博客三种类型。

1. 日志博客。以记录个人生活、工作、情感等内容为主，即网络上的个人日记。这是目前中国乃至全世界占比例比较高的一种博客。

2. 主题博客。即有集中主题的博客，例如，专门写有关博客的博客、专门写有关传播学的博客、政治博客、体育博客等，也可以说是专业博客。这类博客目前在中国并不多见，国外发展情况比中国好，但是仍然有很大的发展空间。主题博客由于有相对集中的主题，可以吸引到特定范围的人群，因此这类博客商业化的可能性比较大。国外知名的赚钱博客都是有非常集中的主题的，如博客界的传奇人物 John Chow，他的博客（johnchow.com）主题就是教别人怎么样利用网络来赚钱。

3. 新闻博客。它是以时效性信息为主要内容的博客。"9·11事件聚焦""伊拉克战争""德拉吉报道"等，就是典型的新闻博客，这类博客目前在数量上并不占优势，但它是博客发展过程中不可或缺的。如今，任何大事件的发生都能看到博客参与报道。

三、按作者地位

按照作者的社会地位与行业影响力来划分，博客可以分为名人博客、明星播客与草根博客。

1. 名人博客即社会各界名人开通的博客。如任志强博客主题鲜明文辞犀利，韩寒博客文如其人粉丝万千，马云张朝阳马化腾刘强东等的网络大咖博客，引各路人马争睹风采，等等。

2. 明星播客特指当红演艺界的各路明星人物书写（或经纪人代为书写）的

博客。徐静蕾博客风靡一时，王小丫"两会博客"曾经长时间占据博客榜首。

3.草根博客是与名人博客明星播客相对的一个概念，指的是普通民众开的博客。例如，普通大学生、白领、一般社会人士开的博客。这个分类主要是针对中国博客市场的特点而设置。国外也有名人写博客，但是国外一般不突出名人博客，他们更看重草根博客发挥的作用。而在中国，虽然名人博客所占的比例不多，但其影响力却超过草根博客。国内博客托管网站对名人博客的偏好和重视直接导致了这一现象的产生和发展。发展名人博客一度是博客服务商的一个重要举措，但现在已经开始转变观念，草根博客越来越被重视。

四、按表现形式

按照博客的表现方式，博客可分为文本博客、音频博客和视频博客。从最初的人大代表公开邮箱，到官员上网回答网民提问，再到如今的官员开博客和微博客。

2010 年，广州公安开通微博，设立网络问政平台，每天发布微博超过 20条，将近日的热点警情、治安提醒即时发布。广东的深圳、韶关、湛江以及广东省公安厅也开通了官方微博，并且这些微博都已经开放了评论功能。

微博的一大功效就是互动，如果披露信息是必须的，那么互动则不可或缺。如果只是表扬和自我表扬，而生硬地切断网民的参与互动权，这自然会激起民怨。正如有网民称："我果断取消了对广州公安的关注。一个拒绝网民评论、不与网民互动只会刷屏宣传业绩和政策的官方微博，还是趁早关了吧！"还有人称，作秀而已，不让评论是不敢面对群众的表现，亏心事做太多了。当地媒体人则直言，广州公安的"围脖"相比省内其他地市公安开设的"围脖"，差距不言而喻。鸵鸟的心态直接导致其失去了网络舆论的支持和主导的位置。

相对于博客需要组织语言陈述事实或者采取修辞手法来表达心情，微博只言片语"语录体"的即时表述更加符合现代人的生活节奏和习惯；而新技术的运用则使得用户（作者）也更加容易对访问者的留言进行回复，从而形成良好的互动关系。综上所述，微博占据了天时地利人和之机，想不红都难。

微博客草根性更强，且广泛分布在桌面、浏览器、移动终端等多个平台上，有多种商业模式并存，或形成多个垂直细分领域的可能，但无论哪种商业模式，都离不开用户体验的特性和基本功能。

微博的主要发展运用平台是以手机用户为主，微博以电脑为服务器以手机为平台，把每个手机用户用无线的手机连在一起，让每个手机用户不使用电脑就可以发表自己的最新信息，并和好友分享自己的快乐。

微博之所以要限定 140 个字符，就是源于手机发短信最多的字符就是 140个（微博进入中国后普遍默认为 140 个汉字）。可见微博从诞生之初就同手机应用密不可分，更是其在互联网形态中最大的亮点。微博对互联网的重大意义就在于建立手机和互联网应用的无缝连接，培养手机用户使用手机上网的习惯，增强手机端同互联网端的互动，从而使手机用户顺利过渡到无线互联网用户。

第四节　传播动因

作为一种新兴的网络传播与交流工具，博客既具有与其他网络传播方式相似的一般特点，更具有其独特的传播特性，正是这些特性令博客以黑马的姿态在短暂的发展过程中迅速成长。

个人化和个性化是博客最突出、最有优势的一个特征，作为一种传播方式，与属于政府和社会的电视、报纸等传统媒体来说，博客是完全个人化的。从本质上来说，博客是一个完全个人化、个性化的事物，是一个个人自主注册的空间，同时突破了传统个人主页的诸多局限。与托管博客相比较，独立博客的个人性尤其突出，而独立博客中的主题博客更具个性化，从博客风格到内容都完全具有独立性，是纯粹的个人媒体。

博客具有独特的链接功能，与 BBS 等同为开放性交流工具相比，博客在这一点上无疑既极具个性，又占尽优势：博客主人可以利用超链接功能将与博客内容相关的所有信息从互联网上搜罗过来，博客因此而内容丰富。而对于博客来说，使用超链接还可以有效地节约网络资源。更为重要的是，这项功能可以使作为个人媒体的博客成为信息的集散地，在一定范围内充当大众传播工具。"以最少量的说明文字配以丰富链接的文本，可以说是更有代表性的博客样式，而完全无链接的主观表达，就成了个人独角戏，和个人日记没有了区别，和其他在线文字也没有了区别。"[1]

博客的集中性主要是指博客的内容相对集中，主题博客的内容最具集中性。博客与 BBS 一样是一种开放性的传播方式，但是在 BBS 发布的信息相对散乱，且不容易为个人所控制，而博客则不一样。博客的主要内容均出自博主（Blogger）一人之手，无论是个人博客还是主题博客，传递的信息都相对集中。而由于博客文章按时间顺序排列，在时间上具有持续性，且便于查阅，这在很大程度上也增强了博客的集中性。

博客的个性化链接性集中功能，决定着也决定了博客的传播动因。

一、宣泄感情，减缓压力

人是社会性的动物，处于各种各样的社会关系当中，扮演着不同的角色，并为符合各种角色期待而努力。角色期待是一种无形的约束力，给角色扮演者施加着无形的压力。社会发展程度越高，人们需要做的事情越多，需要扮演的角色越多，所承受的压力也越大。现代社会的人们处在一个充满竞争的拥挤世界当中，为了各种目标而紧张打拼着，无穷的欲望使人们停不下脚步来休息，尽管已经是精神紧张、身心俱疲。面对日益庞大的社会压力，许多人却无法在现实世界找到一个合适的渠道来宣泄感情、缓解压力，这是因为现代人太忙了，谁也没有多余的时间去倾听另外一个人的诉苦。另一方面，电视、报纸等传统媒体从来都是以社会最大多数人作为传播对象，无法兼顾个人心理的满足。心理学家认为，人是需要宣泄和倾诉的，负面情感的长期积累容易导致心理疾病。在人们苦苦寻找一个畅通的交流渠道的时候，博客出现了。博客的出现，为人们感情的释放带来了可能，给了人们一片缓解压力的空间。作为新兴

---

[1] 钟瑛:《网络传播伦理》，清华大学出版社 2005 年版。

的自媒体，博客以个人化和自由化的特征而赢得人心。博客空间是完全个人化的一种媒介，博客作者可以随心所欲地写作、贴照片，不必在乎文笔的好坏，也不必担心别人对自己相貌的评价。在这个完全自由的空间里，个人情绪得到尽情地宣泄，人们可以在发泄情绪和公开窥探发泄的情绪中得到快感，并缓解压力。总之，博客给了现代人一个合理的抒发情感、减缓压力的渠道，这就是为什么会有多达33%的博客作者为了记录心情而写作。这种写作动机导致中国博客的私人化特征十分明显，和美国博客流行政治、新闻及专业博客形成鲜明的对比。

二、层次鲜明，各得其所

马斯洛将人的需求由低到高分为五个层次，即"生理需求、安全需求、社会需求、尊重需求和自我实现的需求"。当人们满足了生理和安全需求之后，自然就开始追求个人价值的满足。个人价值的实现需要依靠媒介将个人与社会联系起来，例如，发表言论、出版著作、成为名人、广泛交友等。由于资源的有限性，传统媒介只能满足极小一部分人的社会性需求，而博客则不然，博客可以满足每一个写博客的人的需求。

作为自由的自媒体，博客给了在信息传播过程中处于弱势和被动地位的普通个人发出自己声音的一个有力武器，博客可以最大限度地帮助人们实现言论自由，使社会民主在某些方面或一定程度上得以实现。博客的发展使人们拥有了面对整个社会说话的权利，以往只属于权势阶层和精英阶层的话语权逐渐分散到普通民众的手中，甚至一些弱势群体、边缘群体也在某种程度上拥有了话语权。例如，长沙市民陈洪在和讯网写博客反对政府禁止"摩的"的政策，认为这种政绩工程对百姓的伤害最大，并勇敢与"人大研究生"进行网络论战，引起社会广泛关注，赢来一片叫好声。陈洪的博客仅开通两个月便拥有超过数万次的点击，几千条评论，绝大多数人对其表示支持、赞赏。①

---

① http://hexun. com/chencs/default.html.

此外，博客还能满足博客作者自我认知和互相认知的需求。自我认知是透过潜意识或个体意识寻找、增加并扩大自己认同体的一种过程。互相认知即心理学中的社会认同，与自我认同是同一体的两面，彼此互相影响与作用。自我认知与互相认知都需要通过得到自己的肯定以及和社会他人建立联系而实现。人无完人，尤其对于自卑和胆怯的人来说，他们对现实中的自我表现并不满意，却不知道怎么改变。由于博客的隐匿性，在博客的世界里，人们可以任意塑造多个自我，在不同的自我角色中找到肯定自己的理由，并形成一个完美的自我模式，并逐渐用虚拟的自我来影响现实中的自我表现。博客作者们在博客空间里展现自己的才华，例如，写小说、写心情、写专业知识、发表摄影作品等，这些做法除了需要得到自己的肯定，还需要得到他人的评价。自我认知的另一面就是互相认知。在日记本上写日记不可能找到大量的观众，写得再好也只是自己欣赏，在博客上写作就完全不一样。博客的一个重要特征就是交互性。博客作者与读者之间可以通过写作、阅读及评论建立平等的交流关系，甚至成就虚拟或者现实的友谊，满足作者社交的心理需求。同时，通过阅读读者的评论，或者与他人讨论问题，可以使博客作者更容易释放自我，从更多的角度认识自己，从而达到强化自我认知的效果。

三、交流信息，兼容并包

博客依托于广阔的互联网空间，同时本身具有开放性与交互性，是一种非常优秀的信息传播工具。与我国博客的私人化、心情化不同，在美国等西方国家，博客的传播信息功能受到更多的重视，例如，美国新闻博客、政治博客的风行。当然，随着博客的快速发展，人们越来越关注博客的信息传播功能。近两年来，我国博客界涌现出一大批主题博客，如财经博客、JT博客、教育博客、文化博客、政治博客等，为人们的学习交流提供了非常便利的平台。另外还有，搜狐博客频道的"教育博客圈"以及新浪博客频道的"财经博客"都受到广泛关注。

同时，传播即时信息的新闻性质的博客也开始在国内发展。新闻记者的博客是其中的一种，一些记者将无法在传统媒体出版的信息及时传到博客上，例如，采访背后的故事、后续报道等，以飨受众。另外一种新闻博客是在新闻事发现场的普通民众写的博客文章。这种博客在汶川地震和北京奥运会中均有很出色的表现。这种博客文章的特征是发表迅速，角度多样且内容多为第一手信息。

"5·12"汶川大地震发生后，作为新媒体的博客在信息传播方面发挥出色，给人们留下了深刻的印象。首先，那些最早记录地震发生的博客时效性非常强，新浪网在《汶川地震一月祭》总结性专题中提到了最早记录地震的博友在 5 月 12 日 14 点 32 分就发出了首篇地震博文，"题目：地震了。内容：摇得厉害，晕楼了……"① 其他一批最早记录地震发生的博文也多在地震发生后的几分钟内上传的，笔者即在地震发生后的 10 分钟写了一篇地震的博文。各大网站的即时消息也多是根据其网站内博客的记录综合而成。这些博文第一时间记录了地震发生的事实，都是非常珍贵的历史记录。其次，受灾人群的博客通过对地震现场描述，使人们对这场我们无法想象的巨大灾难有一种身临其境的感受，例如，北川中学幸免师生的博客，这些博文无论文笔如何，都比经过层层把关的传统媒体新闻来得真实，让人感觉到切肤之痛。还有赴灾区救助的志愿者的博客对受灾情况以及灾区人民顽强抗灾的精神的描述，也使人们对灾区有更多的了解。

总之，这些数量众多的博客充分发挥了其"媒体的开放源代码"② 的优势，从各个角度记录了灾区各个角落的种种情况，使人们在传统媒体之外多了一个关心灾区的渠道，弥补了传统媒体报道篇幅及其他不足。

在 2008 年 8 月的北京奥运会中，运动员及官员博客、志愿者博客以及现场观众的博客又充分发挥了信息传播的优势，为人们带来了丰富的第一现场的信息，使有限的直播镜头之外的许多精彩新闻呈现在人们眼前。

---

① 周正昂：《汶川地震危机传播中网络博客的角色解析》，《洛阳师范学院学报》2008 年第 4 期。

② 方兴东：《博客革命的力量之源——媒体的开放源代码》，见 http://fxd.bokee.com/21211. html。

在信息传播方面，传统媒体的优势十分明显，然而，汇聚了草根力量的博客的传播实力也不可小瞧。以往只是听说国外博客在重大事件中发挥重要作用，2008年我们在中国见识到了博客的巨大信息传播力量。将来，随着人们对博客认识的不断加深，博客会在越来越多的关键时刻发挥特殊作用。

四、别出心裁，重释"把关"

"把关人"理论是由美国社会心理学家、传播学的奠基人之一的库尔特·卢因（Kurt Lewon）提出的。他认为在群体传播过程式中，存在着一些把关人，只有符合群体规范或把关人价值标准的信息内容才能进入传播的渠道。1950年，传播学者怀特（D.M.White）将社会学中的这个概念引入新闻传播中，发现在大众传播的新闻报道中，传媒组织成为实际中的"把关人"，由他们对新闻信息进行取舍，决定哪些内容最后与受众见面。"把关人"理论确立了传播者在信息传播中的垄断地位。在传统媒体中，一条信息经过记者、编辑、总编等环节的层层把关，最后才与受众见面。但是，把关虽然与记者、编辑个人密切相关，但是这些判断只有在与传播组织的报道方针不相冲突的前提下才能发生实质性的影响，这也说明把关活动的组织性。

在博客出现之前的互联网时代，同样存在着"组织把关"现象。虽然没有严格意义上的记者，但是门户网站也有编辑、总编，在一条新闻发布出来之前，同样会受到他们的审查。BBS有自带的某些过滤系统，在帖子发出之前，要经过系统的检查，这样就可以过滤掉一些不适合发布的信息和观点。即使某些观点已经发表了，还要经过管理员和版主的人工检查，只不过这道把关程序是事后的，也许信息已经在一定范围传播开了，但是毕竟还是得到了及时的纠正，"亡羊补牢，犹未晚也"。同时由于网络传播具有双向互动的特点，传者和受者不仅在地位上相对平等，在角色上还可以实现互换，网络上并没有绝对意义上的固定传播者，这样就打破了传统媒介的"把关"特权。从这个层面来说，网络传播已经撼动了传统媒介传播者的强势把关地位，为"把关人"理论的重新阐释提供了条件。

如果说网络传播只是撼动了传统媒介传播者的强势把关地位，那么博客传播则是重新阐释了"把关人"理论。传统媒体和门户网站等社会组织在选择传播内容的时候都会有一套"把关"标准，如新闻标准、市场标准以及社会道德标准等，只有符合标准的信息才可以进入传播渠道。博客写作是一个纯个人的行为，博客作者几乎拥有完全的传播自由，他们根据个人意愿选择信息的发布，执行"个人把关"。除非是专业人士，很少有博客会注意新闻标准什么的，甚至一些博客滥用传播自由，引发一系列诸如著作权、名誉权和个人隐私权等社会问题。于是有人认为博客传播中已经不存在"把关"这道程序，处于一个"把关人缺失"的状态。博客传播过程当中仍会发生"把关"现象，只是我们不能直接套用传统的"把关人"理论。博客作者可以主动做好"把关"这项工作，允许言论自由，但应该是在不违反法律和伦理道德的前提下享受自由，这是博客传播中的"自我把关"，即自律。当博客作者做不到"自我把关"时，社会也应该对博客传播进行监督，必要的时候出台各种管理措施来规范博客作者的行为，这是"外力把关"，即他律。我们希望自律的作用大于他律的作用，因为"自我把关"作用的提高意味着博客作者素质的提高，高素质的博客作者队伍才能带来更健康的博客传播。

五、个性抑宕，新解"螺旋"

"个体户"式的博客传播者和传统的作为社会组织的大众传媒的传播者，有着本质的区别。传统大众传媒的传播者具有绝对权威的地位，掌握着大量先进的大众传播生产资料，并拥有足够多的信息来源。而绝大多数博客作者只是普通的网民，没有显赫的地位，也没有先进的设备，更没有众多的记者为其提供最新的信息。在这种悬殊差距的实力对比之下，博客传播仍然得到快速发展，就传播意义而言，意味着官方话语、经营话语实现了向平民阶层话语和大众话语的转移，而"沉默的螺旋"理论在这里也不再适用。"沉默的螺旋"理论由德国社会学家伊丽莎白·诺埃勒-诺依曼（Noolle-Neumann）提出，这个理论的总体观点就是人们普遍具有从众心理，当占据主导地位的意见与自己的意见一致时，人们总是倾向于表达个人观点，反之则倾向于缄口不言。这样就形成强势的声音越来越强势，弱势的声音越来越弱势的"螺旋式"传播过程。①

传统大众媒体时代，大众媒介凭借其垄断地位营造出一定的"意见环境"来影响和制约社会舆论，人们只能通过大众媒介所传播的信息来了解社会上其他人对某些重大事物的看法。然而人们听到的只是一个统一的声音，这个声音却未必是社会上意见分布状况的如实反映，这是因为不同于大众传媒价值取向的声音已经被传媒有意识地忽略掉了，而一般社会成员对此并不知情，于是大众媒介对社会舆论的控制得以实现。

在博客出现之前的互联网也广泛存在着"沉默的螺旋"。首先，门户网站和新闻网站的新闻绝大多数来源于传统媒体，这些新兴媒体充当着第二次传播传统媒体信息的角色，自然无法形成自己独特的意见环境。其次，互联网最常用的工具电子公告板（BBS）也是存在"沉默的螺旋"的。这是因为 BBS 的每个版块都会有一个版主来专门管理网民所发的帖子，如果发现某些内容与主流媒体价值观相悖，或者某些言论过激时，版主们就会即时删除相关帖子，并设置相关文字限制，甚至封闭某些 ID。这种情况在社会发生了重大事件时尤其常见。由此可见，BBS 虽然是言论自由之地，但也是存在很大限制的自由，在这里也并不能形成强大的舆论环境。

博客是一个个人媒体，具有高度个人性。它的信息大多数来源于作者原创，且博客用户具有相对独立性，他是信息的"把关人"，在个人博客的管理上拥有一定的权利——这是托管博客。如果是独立博客，即拥有自己域名的博客，那么博客作者就对博客拥有绝对的权利，可以完全自由表达自己的意见。当然，托管博客也是自由的，只是托管网站会设置一些权限限制。博客作者在自己的一亩三分地上发表自己的意见，读者可以对其发表评论。

---

① 参见郭庆光：《传播学教程》，中国人民大学出版社 2001 年版。

第五节　受众人群

一个完整的传播过程始于传播者，经过媒介到达受众，但并没有终于受众。受众的信息反馈相当于第二轮传播的开始。受众是信息传播过程中十分重要的环节，在现代传媒社会，受众的反应甚至在一定程度上决定着传播动作的成败。作为一种新生的媒介，博客的受众市场的稳定性要远低于电视、报纸等传统媒体。同时，近两年来有关于博客商业化这个话题逐渐升温，而拥有足够的受众是商业化必不可少的前提条件。因此，从博客的发展角度来讲，探讨博客的受众很有必要。

一、受众结构

博客的受众即博客读者。在我国，目前并没有关于博客读者的确切统计数据，但是根据《2007 年博客市场调查报告》显示，博客作者浏览过别人的博客的比例较高，93%的受调查者（博客作者）均表示浏览过别人的博客。也就是说我国绝大多数博客作者既是传播者又是受众。这是因为，首先，愿意写博客的人应该对博客有一定了解和喜爱，读博客自然也是上博客频道会做的事情之一；其次，一些刚开通博客不久的博主（主要是草根博客）在写完博文之后，为了提高自己博客的点击率，一般会去浏览别人的博客，写留言或者评论，以期被访博客主人的回访。由于学历层次相对较高的博客作者是我国博客市场的主力军，因此博客的受众也是呈高学历化趋势，学生和普通白领是博客受众的主要组成部分。

当然，也存在不少不开博的浏览者，很多知名博客文章后面的大量匿名点评说明了这一点。这些匿名点评中，文笔犀利，观点鲜明的不在少数，显示出一部分博客纯读者群是一个整体素质较高的群体，这个群体的素质甚至不亚于开博的博主。这些博客纯读者很可能会在浏览博客一段时间以后，体会到博客的乐趣而加入到博客大军中来。近两年来，博客受众的一个"群"的特征慢慢明显，即带有行业或者人群特征的博客受众群体越来越多。其出现的直接原因是国内不少博客托管网站将博客按行业和人群特点开设了很多博客分类栏目，这种具有栏目标签的博客，往往决定了一部分博客读者群的特征。比如看财经博客的人群中，股民一定是最大群体，一些金融机构、基金同行以及财经专业的学生也是股票博客的受众重要组成部分。而情感博客、女性博客，则应该是女性读者占据绝对比重，年龄大概从 15 岁到 40 岁居多。还有房产博客、体育博客、IT 博客等，其受众特征和其行业特征应该是吻合的。受众的"人以群分"特征越明显，对我国博客的商业化就会越有利。从广告学的角度来说，成功的广告投放必须是面对明确的目标受众。现在有不少的调查机构都开始瞄准博客的受众，意在掌握一些数据，以备广告商之需。

二、受众动机

来自中国互联网络信息中心 CNNIC 的《2007 年中国博客市场调查报告》显示，详尽的数据可以在一定程度上看出博客传播的基本动力。33%的博客作者注册博客是出于记录自己的心情，28%的作者是跟风——别人都有我也来一个，因为朋友或者明星的带动而开通了博客，16%的作者是为了备份自己的照片、文字等资料，12%的作者是为了表达自己的观点，还有 10%的作者是为了结交更多的朋友。

很大比例的博客微博客作者也同时是读者即受众，由此可见，博客微博客的受众，主要有娱乐诉求和环境认知。

1. 娱乐诉求。根据 CNNIC《2007 年中国博客市场调查报告》显示，读者阅读博客的动机中，消遣娱乐占到 43%，所占比例最大。在工作生活压力日益加大的今天，人们需要依靠娱乐来缓解压力，放松心情。人们对于报纸电视等传统媒体的严重同质的娱乐性节目感到审美疲劳，作为新生媒介的博客为人们带来了新的娱乐感受。

这类读者的娱乐诉求可以从两个方面实现：第一，通过阅读博客内容而消遣。名人博客，尤其是娱乐明星的博客的内容是读者最喜欢的"娱乐节目"。

明星们在博客里写一些粉丝们感兴趣的东西，发些照片，适当透露一点小隐私，吸引粉丝的注意力，与他们联系感情。网友们闲暇时找到喜欢的明星的博客，看看他们的小隐私，给明星留言，满足自己的心理需求。此外，阅读草根博客们的私生活日记也是读者消遣的好方法，因为这种阅读会给他们带来窥探他人隐私的快感。第二，通过留言和评论带来娱乐感。读者看到一篇自己喜欢的文章，对符合自己心意的观点大加赞赏，在取悦了别人的同时也会令自己身心愉悦。还有一些读者喜欢抢"沙发""板凳"，即争做文章的第一个或者靠前的评论者。有些读者为了抢到自己喜欢的博客的"沙发"，甚至不惜使用某些追踪博客更新的软件，以便第一时间留言。例如，韩寒的每篇博客文章的前几条评论一般都是"沙发，太不可思议了""太兴奋了，第一排""这么靠前，好激动"等。对于这些读者来说，他们首先不是关心博客作者写什么，而是享受坐到"沙发"和"板凳"给他们带来的和偶像距离很近甚至零距离的感觉。

2. 环境认知诉求。现代人面对激烈的社会竞争，时时刻刻都需要了解周围环境，适应环境变化，以保证自己的生存和发展。媒介是人们获取环境信息的重要工具。博客也已经成为人们获取环境认知的一个途径：将能够学习，提升自我、能从多个角度看问题、能够看到新闻背后的故事、能够发现社会热点问题以及对自己的工作有所帮助等动机综合起来分析，即是能够使自己能力得到提升和能够全方位地了解社会环境。博客信息的丰富多样及信息传播的公开性、迅捷性以及博客的超链接功能可以帮助博客出色完成这些工作。当然，必须看到的是，以我国博客目前的发展状况来看，博客并不能像电视、专业网站等媒体一样，可以全方位满足受众在环境认知方面的诉求。

三、微博人

微博即微博客（MicroBlog）的简称，是类似博客的一种信息发布平台，用户在微博这一平台上发布不超过规定字数的文字，同时这一平台不仅是发布信息、接收信息的平台，而且最重要的是发展线上、线下各种关系的平台，是草根、互动且辐射更广的传播平台。微博的诞生，源于 2006 年 6 月由比兹·斯通（Biz Stone）、埃文·威廉姆斯（Evan Williams）和杰克·多尔西（Jack Dorsey）共同创建的世界上第一个微博服务——推特（Twitter）。自 2009 年以来，推特注册用户数量迅速增长，截至 2012 年 7 月推特的注册用户达到 5.17 亿，而全球月活跃用户量已达 1.4 亿。

根据市场研究机构 eMarketer 对全球范围内各大社交网络的用户访问情况进行统计和对比之后发表的一项调查结果显示，在世界范围内拥有活跃用户量最多的社交网站是脸书（Facebook），以 11.1 亿的用户量稳坐冠军宝座。51% 的互联网用户每月至少浏览一次该网站，位列第二名和第三名的网站分别是谷歌（Google）和 Youtube。[①]

当脸书推特等社交媒体网站在美国如火如荼地发展时，国内的创业者也迅速的将眼光放在了微博这一新型媒体形式上来。当然第一个尝螃蟹的人必定会承担很多风险和困难，2007 年第一家微博网站"饭否"上线以后，虽然以迅猛的态势吸引了众多用户，但在 2008 年就被迫暂时关闭，导致后来的模仿者发展势头都呈现疲软状态，直到 2009 年 7 月，国内门户网站新浪网开始对其旗下的新浪微博进行内测，这才真正掀起国内微博的发展浪潮，自此微博正式进入国内网民的视野。2010 年，国内的互联网公司开始纷纷进入"跑马圈地"的状态，新浪、腾讯、网易、搜狐等门户网站均开始布局微博业务的发展，使用微博的人群也开始不断增加，由此 2010 年被业界称为"微博元年"。微博发展至今，用户增长的数量和速度仍保持在较高水平。

在 2011 年 3 月结束的两会上，代表们将一种新型的网瘾提上了议案，两会专家认为，"微博控""偷菜狂""发帖癖"这些新型网瘾，是新型互联网媒介发展至今出现的，其对人的危害性不小于网络游戏所带来的成瘾现象，它使人在网络中能感受到快乐，在现实里却缺乏基本的交往能力等。其中微博快速发展所带来的"微博控"现象更是尤为突出，成为 2009—2010 年的网络热词。"微博控"这类的人群是对那些喜爱微博到无法自控的人群的描述。

---

① 由工业和信息化部国际经济技术合作中心柳一辰编译自法国 www.zdnet.fr，2013 年 5 月 15 日。

"微博人"不同于使用微博的人群，微博对于他们不仅仅是一种媒体、一个平台，更提供了一种与现实空间不同的"微博生存空间"。首先，他们在这一空间里分享信息和维持关系，对微博提供的海量信息进行有区别的理性获取，将微博作为了解最新信息的渠道，基于信息的分享进行人际社交，相对现实社会互动会更加积极和主动。其次，依存于"微博生存空间"的"微博人"价值取向和思维方式受微博影响很大，不再单方面的被动接受价值输入，在微博上对公共事件关注，对微博的意见偏向和名人的观点有理性的思考，也有感性的谩骂，满足其对现实的不满和需求。最后，"微博人"满足于利用微博进行虚拟互动而忽略现实社会互动，性格特征呈两面性，在微博上的"他"与现实生活中的"他"性格有异，通常微博上的"他"更加乐于与他人交流。

互联网（移动互联网）的发展以及 4G 时代的到来，催生了微博这一新型的媒介形式，同时也将很多人拉入了过度成瘾的旋涡，与"电视人""容器人"同属于新媒介产生而带来的媒介依存症，"微博人"也具有媒介依存症的鲜明特征，而且还带有新型的特征。

1.微博深度嵌入日常生活，过度沉迷不能自拔。有资料显示，许多资深微博玩家每天开电脑或者是使用手机首要任务就是"刷"微博，他们每天发 10 条微博甚至更多，每天"刷"的次数至少是 1—3 次，而且会出现不自觉无诱因的"刷"微博行为，这便是微博成瘾，患上微博强迫症。笔者在进行深度访谈时，20 位受访者中的 15 位都表示每天登录微博的次数在 10 次以上，有 5 位受访者甚至表示每天都会"刷"微博 20 次以上。尤其是手机微博与移动互联网结合后，使得便利性、即时性发挥到极致，各种碎片化时间被利用起来，微博成为人们打发无聊时间的必备良器，20 位受访者都表示会使用手机微博，并且利用手机上微博的时间更多。

不仅如此，如果长时间无法接触微博，会产生心理上的不适，如疏离感、空虚感等，甚至会出现生理上的不适，如头晕、恶心等。这是由于长期重复使用微博而导致周期性的着迷状态，并带来难以抗拒的想要再次使用微博的欲望。

2.信息以及价值取向等来自微博。微博的主要功能便是传递分享信息，

"微博人"习惯于从微博这一平台获取信息，他们对外界事物的认识和了解基本都来自微博。笔者对 20 位受访者进行访谈时，其中有 18 位受访者都表示目前的信息来源渠道都是微博或者其他网站，无论是新闻信息、突发事件、网络热门或是专业信息等，微博是获得一手信息的主要来源。同时他们认为虽然微博信息比较短小，无法深入思考，但是即时性和快捷性的信息传播渠道使得微博成为打败其他信息渠道的"赢家"。

另外，微博信息的草根性、个人观点性以及互动讨论性，使得微博的信息更具人性色彩，人们会对于某一公共话题作出讨论，并且对真实性作出质疑，因而产生可信度更高的意见环境。对于在大众媒介等其他渠道接触到的信息，他们通常持怀疑和不赞同的态度，但是微博上某位意见领袖或者某种意见形成普遍接受的态势，他们受其影响就会很大。

在价值观和世界观方面，微博所提供的"生存空间"里充斥着草根的声音、质疑的声音和讨论的声音，有多重价值观在碰撞，这种与传统自上而下的价值观导向完全不同的形式，使得"微博人"依赖于微博所提供的自由讨论的环境。他们对外部的强权不认同，他们从微博中寻找共同的行为模式、共同的世界观价值观，甚至人与人之间的信任感。

3. 满足于微博平台上的互动而忽视现实的社会互动。基于信息传递和分享的微博互动独特而新颖，人们通过信息的传递和分享不仅能获取大量资讯，更能利用信息来进行评论、转发等互动，维系了现存的熟人关系、半熟关系，更能基于自身的兴趣或者有用的信息来拓展关系。这种方式不刻意、更为自然主动，营造了一种和谐、主动的微博虚拟交往模式。这种交往模式突破了现实的交往模式，利用信息我们认识了朋友的朋友、认识了兴趣爱好相同的人、认识了有相同目的的人、熟悉了以前的好友、熟悉了异地的朋友、熟悉了以往没说过话的校友同事等。

不同于"电视人"和"容器人"，这类人群利用网络来进行的虚拟互动更加让人沉迷。由于电视的使用方式是单向的、被动的、缺乏互动，"电视人""容器人"与电视中的形象来进行互动，往往是长时间观看某些节目从而产生的"熟人效应"，这种虚拟的互动通常难以满足沉溺其中的"电视人"的心理需求。而通过互联网微博平台，你可以和明星互动、和政府互动、和现实从未交流的人互动，这种互动方式模拟了现实社会互动，使受众既和社会进行了必要的接触和互动，同时还满足了受众的心理需求。有时在现实生活中他们没有机会或是不敢去与某些人进行交流，通过微博满足了他们的互动需求，获得了存在感，从而便忽视现实的社会互动，最终使得现实的人际交往能力大大减退，甚至在现实生活中出现交往障碍症。

4.性格呈两面性，"微博生存空间"里更为积极主动。"电视人"和"容器人"由于回避社会互动，从而导致孤僻和自闭的性格特征。与以上两种人群有某些方面的共同点。笔者在进行访谈时，90%的受访者都表示，在微博上他们更乐于与人交谈和互动，不会有现实交往的尴尬，更愿意去表现自我。

因而依存于"微博生存空间"的人群社会交往能力也有很大的退化，在现实生活中与他人进行交往会有过多顾虑、害羞、自闭等，虽然也渴望与他人的现实交流和互动，但是封闭的内心却让他们始终难以与他人实现心灵的真正交流。然而，在微博上，他们又仿佛换了副面孔，他们积极活泼地与他人交流，无论是陌生人还是熟人、权贵还是平民、明星、草根。他们将自己内心的独白发表在微博上，用广播的方式让众多陌生人分享自己的心情，允许他们评论，与他们讨论。虚拟生活中活泼、乐于分享的性格特征与现实生活中的封闭、害羞的性格特征形成鲜明的区别，成为了受微博影响深重的受众的主要性格特征。

5.信息泛滥，导致思维能力的退化。在访谈时，很多受访者表示微博上的信息过多，而且短小精悍，只能大致了解，无法去深度思考，更是无法作为精确搜索和文本收藏的资源。

微博中所传递的信息通常是不超过140字的短小的文字，这种碎片化的表达方式，导致众多无意义的信息出现，而阅读这种发散式、碎片式的文字会使人的思维变窄，不能像完整的长篇文章和著作那样有利于人们进行全面的认知和思考。微博中的信息的传递模式通常遵循的是病毒式的传播模式，经过不断的转发分享达到一定的影响力，这样的传播模式会使得阅读人无意识地通过各种超链接浏览和阅读过多的信息，造成信息泛滥，信息泛滥使得从无用信息中分离有用信息更加困难，这样并非是增加了选择性而是削弱甚至剥夺了人的选择权，受众只能无意识地将选择权交给网络、交给微博。这样，人类的思维方式不仅变成了发散和碎片式的，甚至走向了思维快餐化和思维停滞的极端。

第八章

短信传播

短信（Short Message Service，SMS）即短消息服务的一种缩略说法，是使用移动终端来发送和接收文本信息的技术。用户可以通过手机或者其他终端直接发送或接受文字或者数字信息。根据网络的规则，每条短信能接受和发送短信的最大字符数是 140 个英文或数字字符，或者 70 个中文汉字，与大约 1 秒钟的话音呼叫所占用的空间相当，因而费用很低，每条仅为 0.1 元，这样低廉的定价和瞬间互动，是短信能够迅速发展的一个重要原因。

短信传播是最早最能够最容易被各方人士作为"传播媒介"的电信传播，逢年过节的政府问候信息、突发情况的应急信息和广播电视"海选"节目的推荐信息等群发短信，为短信传播图饰了更多的政府机构媒介机构外衣，奠定了强大的"大众传播"政治支撑基础和源源不断的庞大"声援"后盾。

2003 年 8 月 12 日，中共中央政治局进行第七次集体学习，内容是世界文化产业发展状况和我国文化产业发展战略，主讲人是中国社会科学院新闻研究所张西明研究员和清华大学新闻与传播学院熊澄宇教授。其中，熊澄宇教授主讲的题目是：《手机短信是一种不可忽视的媒体》。如此直接为短信传播作为媒体定位，叫人脑洞大开。

熊澄宇认为，必须把手机短信当作一种媒体来看待，因为它的影响面之大是不可忽视的。"我们现在的手机短信和一般用户理解的手机短信不一样，不仅仅是发发消息、收个笑话、上网浏览，实际上它还可以传递文本、声音、游戏、图像、视频、动画等"，随着技术的推进，短信发送的内容可以和一本小型杂志差不多，而且可以随时更新、可以交互。由此可以看出它的影响力有多大。

熊澄宇说，以前我们更多地把手机当作一种通信手段，现在必须要从内容产业上进行关注，因为手机用户可以进行点对点传播（单发短信），也可以进行点对面传播（群发短信），还可以进行大众传播（通过互联网发短信）。[①]

手机短信是 21 世纪初的 10 多年里无可争议的移动通信之王，是手机媒体增值服务的领头羊，手机用户的激增也伴随着手机短信数量不断上升。根据英国市场调查机构 Portio Research 的调查报告，2011 年全球发送了 7.8 万亿条短信，2012 年短信发送量增长至 9.6 万亿条。这一数据远远高出这一机构《2007—2012 移动信息预测》的"2012 年，全球短信发送量达到 37000 亿条，短信业务收入将达到 670 亿美元"。[②]

第一节　起源和背景

1992 年 12 月 3 日，尼尔·帕普沃斯（Neil Papworth）发出第一条手机短信——"圣诞快乐"，短信的接收者是理查德·贾维斯（Richard Jarvis），当时他正在英格兰纽伯雷 Vodafone 通信公司总部参加一个预祝圣诞节的舞会。至此，全球第一条手机短信诞生。当时正是 BP 机流行的年代，22 岁的英国信息基础设施专业公司 Airwide Solutions 工程师尼尔·帕普沃斯和贾维斯以及他们的团队，希望能够找到一种超越 BP 机的信息传递方式。由于那个时期手机

---

① 参见阿俊：《手机短信是一种不可忽视的媒体》，《北京青年报》2003 年 8 月 18 日。

② 据腾讯科技：《移动 IM 持续增长受限　短信依然是移动通讯之王》，2012 年 9 月 28 日，见 hhttp://tech.qq.com/a/20120928/000168.htm。

的设计还没有输入和发送英文字母的功能，所以只能在英国 Vodafone 公司的 GSM 网络上通过电脑键盘向移动电话发送出了人类历史上第一条手机短信。1992 年，ACISion 公司将首套 Short MeSSage Service Centre（SMSC）短消息服务中心系统投向市场，而当初其设计目的则主要是为了调查和改善手机市场的可靠性，随后挪威的本土电信 Telenor 公司成为了 SMSC 的第一家签约公司。

1993 年 6 月，海顿在洛杉矶发出第一条商业手机短信，内容是"BurP（打饱嗝的声音）"，一种新型的沟通方式诞生。1995 年 5 月，摩托罗拉公司向有关国际组织提交了 GSM 短信息修正案并得到批准，同时成为 GSM 工业标准，从而奠定了中文成为短信息语言的基础。同时，摩托罗拉加紧研制支持中文短信息功能的最新型手机。

1999 年后，短信才开始迅速蔓延到世界各国，并呈现持续爆炸性的增长趋势。中国手机中文短信发源于天津，1997 年天津率先在全国开始第一个手机中文短信息服务。但是，中国真正开始注意到短信业务是在 2000 年，特别是 2000 年 11 月中国移动通信集团公司"移动梦网"计划推出之后，短信业务开始受到了人们的关注。手机短信成为一种人们日常生活和社会人际交往中不能再普通的东西，也是使用频率最高的信息交流便捷手段。2002 年全球短信达 3600 亿条，其中我国就占了 900 亿条。

手机短信不仅可以发发消息、收个笑话、上网浏览，实际上它还可以传递文本、声音、游戏、图像、视频、动画等。随着技术的推进，短信发送的内容可以和一本小型杂志差不多，而且可以随时更新、即时交互。

手机短信不但成为电信公司收入和盈利的重要组成部分，它还催生了短小精练的"手机短信文化"——编写出短信故事，演绎出短信段子，变生出短信写手，玩味出短信生活。

通过短短几行的短信文字，很多关系由此开始，很多关系由此串接、由此蔓生、由此滋长或者由此变味、由此梗塞、由此终结。没有人会想到，当初这项由电信运营商为解决手机话费过高而推出的低廉文本信息的服务，竟会在很长时间里对人们的经济文化生活，甚至政治生活都产生了如此强大的影响。

二、短信的发展现状

据中国工业和信息化部（原信息产业部）运行监测协调局通信业统计公报数据显示，2000 年我国手机用户发送短信约 10 亿条，2001 年为 159 亿条，2002 年上升为 900 亿条，2003 年超过 1371 亿条，2004 年突破 2177 亿条，而 2005 年则上升到 3046 亿条，比上年增长 39.9%，2006 年接近 4300 亿条，比上年同期增长 41%；到 2007 年 12 月，中国手机用户数达 5.47286 亿户，手机普及率为 41.6%，手机短信发送量达到 5921 亿条，同比增长 37.8%。截至 2008 年 1 月，中国移动电话用户新增 845.3 万户，达到 5.56 亿户，手机普及率为 41.6%。短信发送量累计达到 546.4 亿条，比上年同期增长 32.8%。仅 2008 年春节假期期间，全国手机短信发送量超过 170 亿条，超出 2007 年同期的 152 亿条。

2017 年，我国电话用户总数达到 16.1 亿户，其中移动电话用户净增 9555 万户，总数达 14.2 亿户，全国已有 16 省市的移动电话普及率超过 100 部 / 百人。2017 年，我国移动短信业务量继续下降至 6644 亿条。其中，由移动用户主动发起的点对点短信量比上年减少 30.2%，占移动短信业务量比重由上年的 28.5% 降至 19.9%。彩信业务量只有 488 亿条，比上年减少 12.3%。移动短信业务收入 358 亿元，比上年减少 2.6%。

表 8.1　中国近年来短信彩信数量统计表 ①

年份	短信数量	彩信数量	年份	短信数量	彩信数量
2000	10	——	2008	6997	——
2001	189	——	2009	7727	455
2002	900	——	2010	8250	556
2003	1371	——	2011	8788	600

① 数据来源：依照工业和信息化部年报资料整理。

年份	短信数量	彩信数量	年份	短信数量	彩信数量
2004	2177	—	2012	8973	696
2005	3046	—	2013	8917	657
2006	4295	—	2014	7631	647
2007	5946	—	2015	6992	618
2016	6671	556	2017	6644	488

注:"—"为未统计。

三、从短信传播到彩信传播

彩信是多媒体信息服务业务的简称,它最大的特色就是支持多媒体功能,能够传递功能全面的内容和信息,这些信息包括文字、图像、声音、数据等各种多媒体格式的信息。因此,运营商在推广彩信业务时常常这样形容彩信:从短信到彩信就像是收音机到电视机的发展一样。之所以选择"彩信"这样简单的名字,一方面是突出了"彩"字,这是彩信区别于短信业务的最重要特征,其中包括动画效果并配有声音展现给人们一个丰富多"彩"的世界;另一方面是从使用的步骤上来说,彩信基本和短信编辑发送的方式相同,同时也体现了运营商希望彩信能够重现当年短信的辉煌,命名为彩信使之成为短信的升级延续。

2002 年 10 月,中国移动正式推出了彩信业务,彩信成为移动通信增值业务的又一个亮点,标志着中国开始进入了移动多媒体的新时代。紧随中国移动之后,中国联通于 2003 年 3 月底推出了具有品牌特色的"彩 e"业务。此项业务基本上与中国移动的彩信业务相同,限用于联通的 CDMAIX 网络客户,由于联通采用的是基于 CDMAIX 技术的网络,因此在可支持的数据速率上比中国移动的 GPRS 网络更高一些,最高速率可达 153.6kbit/s。在"彩 e"业务中,除了提供图片、话音的下载之外,还可以接收 / 发送电子邮件,这是联通将此项业务命名为"彩 e"的定位，突出此项业务与彩信的不同点。"彩 e"可以支持收发大容量多媒体邮件，传送最多 5000 个汉字的文字邮件，支持传送和接收带视频、彩色图片、铃声等音频流的多媒体附件。"彩 e"与电子邮件完全兼容，可以接收和发送来自任何邮箱的电子邮件，而且还支持抄送、密送，支持向多人发送电子邮件和转发、回复、全部回复等多种邮件功能。"彩 e"收发邮件不受手机机型的限制，具备良好的通用性，极大方便了用户在手机之间传送多媒体信息。

彩信在收费模式上沿用了短信的发送方付费、接收方免费和漫游不另外收费的方式，费用由通信费 + 信息费组成。通信费指的是用户发送或点播彩信的固定费用，信息费则是对于那些由 SP 提供的彩信需要额外收取的费用。

中国移动的彩信业务按条收费每条 1 元左右（由发送方付费），价格较高是不争的事实，即使在促销期间，按照"发 2 条送 1 条"即 0.60 元／条的实际价格，也让很多用户难以接受，吓退了不少消费者。调查显示，能够接受彩信高价格的消费者仅占 24%，而嫌价格较高、有点不能接受或者绝对不能接受的占 59%，另有 17% 的用户则不置可否。为了解决这一价格需求矛盾，降低资费迫在眉睫，"品牌营销""捆绑销售"也收到一定成效。

四、短信发展在中国

目前，中国社会正处于深刻的变革中，人们的生活紧张忙碌，给精神留下的空间变小了，而短信这种"快餐"正是满足了人们的需求，成为人们沟通的一种快捷有效的方式。跨越时空的短信聊天成为一种时尚，逢年过节，短信息便成了传递感情的新媒介。手机短信作为一种新生的商业文化大环境下的文字形式，更关心的是经济效益。于是手机短信所用的最多的题材是幽默取乐、情感交流和打"性""黄"的擦边球，用与大众文化同样的手段，通过对人的潜意识的刺激来诱导人们消费。

在信息社会里，受众是半个艺术家，短信受众也是如此。马歇尔·麦克卢汉（Marshall Mcluhan，1911—1980）说，"我们（人类）用新媒介和新技术使自己放大和延伸。这些新媒介和新技术构成了社会机体的集体大手术，手术中整个系统难免受感染的因素是必须考虑的"，"无论是科学领域还是人文领域，凡是把自己行动的和当代新知识的含义把握好的人，都是艺术家"。这里"艺术家"的把握是自觉把握，而广大受众的自发而非自觉的适应行为毫无疑问是一种把握"自己行为与当代新知识"的方式。从这个意义上说，我们每个人都可以称之为"半个艺术家"，信息社会的每个受众都是享受自发适应所带来好处的"半个艺术家"。

我们生活在一个瞬息万变的信息社会，生活节奏的加快，使人们对获取有效信息的要求也不断提高。短信是大众传播和人际传播的结合，它可以灵活运用两种方式的结合获得信息，人们完全可以按照自己的需要向网站订阅信息，比如新闻、天气、股票信息等。与传统媒体的大众传播方式不同，短信具有即时性（随时随地随身），人们可以在信息出现的同时就获得信息，不受时间和地点的限制，而且手机灵巧易携带。因此，人们获取手机短信信息的"费力的程度"要远远小于其他媒体"费力的程度"。

中国人的性格多为庄重、理智、拘谨、节制、节俭，很多时候表达感情是比较内敛和含蓄的，包括父母与孩子之间、恋人之间和同学同事之间不好直白的表达，使用短信后，字数不多，表述到位，还少了一些难堪和尴尬。

另一方面，汉语是几千年传统文化的结晶，汉字形、音、意常可"比兴赋"转化、借代，故语言多诙谐幽默还有俏皮话、歇后语之类，往往使语言由语趣而生妙趣，由晦涩反变搞怪搞笑。

手机短信无疑是语言表现的极佳载体，与电话的口语沟通不同，短信更多了文字本身的魅力，复杂的生活用浓缩的语言来调侃，用轻松的口吻来诉说。由此可见，中国人用稳重而圆通的幽默，在广博的知识和丰富的阅历里寻找着精神上的自由。

任何一项新传播技术的产生和发展，都是与整个大的社会和时代背景分不开的，它不仅是更高技术的反映，还是更高文明的要求。手机短信这种新的传播方式也不例外。从经济形态来看，我们处在信息化社会；从精神层面来看，我们处在张扬个性的时代。短信之所以迅速发展，契机就在于此。

第二节 分类与特点

短信有着多种分类方式，包括业务分类、技术分类、目的分类、形式分类和功能分类等。

根据中国移动 MISC 的短信平台目前支持的业务类型，短信业务分为手机点播类、手机定制类、网站点播类、网站定制类、STK 点播类、STK 定制类和帮助信息类七种类型。

根据短信功能分类，则可分为公益类（如用户收到的诸如奥运信息之类的公益性质的短信）、政令类（如中非论坛期间收到的交通管控信息的短信）、庆贺类（如办喜事时收到的亲朋好友祝贺的短信）、安抚类（如灾区群众收到的鼓励支持的短信）、传情类（如男女朋友之间互发的暧昧短信）和诈骗类（如传销分子群发的欺诈短信）等。

人们使用手机短信的主要目的是娱乐、工作、学习和交友，并且有正式类（如单位通告某件重要事情时可以采取正式短信）和非正式类（如平时朋友之间交换信息联络感情等可以采取非正式短信）两种形式。按照传播技术分类，则可分为 SMS、EMS 和 MMS 三种类型。

SMS（Short Messaging Service）文本型短信，是最早运用、普及率最高的一种短信息业务。这种短消息的长度被限定在 140 字节之内，这些字节是文本的。SMS 以简单方便的使用功能受到大众的欢迎，却始终是属于第一代的无线数据服务，在内容和应用方面存在技术标准的限制。

EMS（Enhanced Messaging Service）增强短信服务，SMS 增强版本，是 SMS 向 MMS 的跳板。EMS 的优势除了可以像 SMS 那样发送文本短信之外，还可发送简单的图像、声音和动画等相关信息。

MMS（Multimedia Messaging Service）多媒体短信业务，是按照 3GPP 的标准（3GPP TS 23.140）和 WAP 论坛的标准（WAP-206 和 WAP-209）有关多媒体信息的标准开发的最新业务。MMS 以 WAP 无线应用协议为载体传送视频片段、图片、声音和文字。支持语音、因特网浏览、电子邮件、会议电视等多种高速数据业务，实现即时的手机端到端、手机终端到互联网或互联网到手机终端的多媒体信息传送。

无论是何种类型的短信传播，基本上具有如下特点。

一、形式的三重性

短信的传播形式具有人际传播、组织传播和大众传播的三种特点，是三种传播形式的集中体现。手机短信的单发是一种点对点的传播活动，是两个行为主体之间的传播活动，是一种典型的人际传播。年轻人用手指熟练操作手机写短信的人被称为"拇指一族"，这种跨越时空的"短信聊天"是短信人际传播最常见的方式。

手机短信可以通过短信中心的控制平台进行点对面的信息传播活动，即通过群发软件实现对多部手机的同时发送，这有点像组织传播中非正式组织内部的纵向下行传播形式。某些群发的服务类信息以及由短信中心对用户下传的通知等，均属此类。短信群发功能是服务类、公益类信息广泛传播的有利条件，同时也是有害信息泛滥的温床。

2017年11月，国家互联网应急中心通过自主监测和样本交换形式，共发现73个窃取用户个人信息的恶意程序变种，感染用户近3万个。该类病毒通过短信进行传播会私自窃取用户短信和通讯录，对用户信息安全造成严重的威胁。此类病毒通过短信传播的恶意程序已攻击影响了黑龙江、江苏、安徽、内蒙古、山东、浙江等地用户的手机，多个企业邮箱的账户也遭受到此类恶意程序的攻击。手机安全管家分析，这批恶意程序主要潜藏在含有校园资讯、相册等内容的诈骗短信中，用户一旦点击链接，即有可能被感染。国家互联网应急中心和多家网络安全机构提醒，鉴于此类恶意程序多潜藏在诈骗短信中，手机用户需提高对陌生短信的警惕，并通过其他渠道核实消息的真实性。同时，还可利用各类安全软件对诈骗短信、恶意程序进行拦截。

政府机构面向广大民众发出的节假日问候短信传播和突发状态下群发的"应急短信"传播，以及报纸杂志广播电视等党和国家"喉舌"的互动短信传播，是典型的也是标准的大众传播形式，其传播受众数量、即时性、到达率和传播效果等传播指标，在很多时候都大大超过了传统大众传播。

二、内容的隐秘性

一般状况下的手机短信是一种极度私人化的传播，是一种个人之间完全私密的、类似书信一般的沟通方式。这类更多是两人的交谈方式，私密程度甚至超过了纸介质信件。传统书信有可能被别人看到，打电话可能被人偷听到，而手机用户则可以随时将短信内容删除，除非手机用户愿意公开短信内容，别人完全看不到手机用户在发什么和读什么。这种传播的隐秘性为用户提供了方便，但也成为有害信息制造者们有恃无恐的基础。

新技术的出现，打破了原有的既有私密空间格局。一是删除的信息可以99%以上瞬间恢复，短信管理机构的"后台围观"也被短信消费者不断提及和提醒。

一些短信是比较重要的数据，需要核对、验证（包括作为司法诉讼依据）等，如果这类手机短信被删除了，只要下载专业手机数据，将恢复软件打开，就可以找回手机照片、视频、手机录音、音乐、短信、文档、聊天记录、联系人等数据。

三、交流的互动性

短信的收发是双向的互动的，有时候还可以是多向的联动的。收发双方既是传播者也是受传者，其身份是双重的或多重的、互变的、不固定的。

短信交流的互动方式具有多样性的特点，手机用户可能会认真阅读发来的短信，并且作出互动反馈，或者对有趣好玩的短信进行转发，也可能觉得无用无聊随之置之不理或立即删除。

由于种种原因，没有得到及时反馈，并不意味着没有互动没有联动，而可能是互动联动的延滞。接收方在驾车、在会议中、在重要的场合等腾不出手来，都有可能没有办法在第一时间回复短信。

电信传播互动方式的多样性，为利用舆论对短信传播进行控制提供了多种可能性。

四、接收的强制性

到目前为止，传统的四大媒体提供新闻的方式都是"我提供新闻，你自由选择"。受众翻阅报纸选择自己想要看的新闻内容；广播、电视的受众则按着调频键，拿着遥控器飞快调台，寻找自己想要听，想要看的内容，即便是网络同样如此。手机短信新闻在这一点上却具有明显的强制性。手机用户都有这样的经历，在我们收到短信时，好奇心总会促使我们打开这条短信，看看它的内容。即便是10086发送过来的短信，尽管有时候也会烦，但很多人还是会打开看看。另外一方面，这本身也是手机制造技术上的一个问题。很多手机在收到短信时，想要删除这条短信，就必须先打开短信，然后才可以进行删除操作。

因为手机短信具备了这样一些特点，就使得短信传播与传统大众传播同样具有了一定的强制性。用户在收到短信新闻时，无论想看不想看，都得看。国家质检总局就向定制用户免费发送一些质检方面的新闻以及相关的通告，政府机构节假日温馨问候和提供天气路况资讯、广告主群发企业宣传广告，等等，都是出于短信传播的"强制性接收"价值。

由于短信的收发操作简便，私密性好，信息的交流速度和交流频率便得到有效提高。另外，短信息的接收环境相对单纯，每接收一条信息只能逐行阅读文字，而且手机用户在接收到一条短信时，在不知道短信内容的情况下，总有一种打开短信立即阅读的欲望，对信息的注意力比较集中，信息的有效到达率较高。信息的有效性为短信教育的发展提供了有利的条件。

短信传播的"强制性"到达率，可以保证收到短信的用户得到相关信息，正面的影响是体现了政府畅达的"电子政务"，国家质检部门阻止消费者购买不合格的商品，以免危害消费者的人身安全。负面的影响则是"广告短信""诈骗短信"铺天盖地防不胜防烦不胜烦。

五、受众的年轻性

短信文化的核心价值来源于参与短信互动的受众。有调查数据显示，在手机短信的使用群中，18—25 岁青年人所占比例最高，达 43%；其次为 26—35 岁的群体，占 25.4%；值得一提的是，18 岁以下也占到 19.5%，而 36 岁及以上群体所占比例仅有 13.3%[①]。在某种程度上，短信发展和互联网相伴相生，而 CNNIC 发布的第十四次互联网统计报告表明，我国网民中 18—24 岁的年轻人所占比例仍然最高，达到 36.8%，35 岁及以上网民占了 82%。如果说收发手机短信是一种"全民运动"，那么短信文化的实质就是一种年轻人文化。

此外，电信传播还有着一定的地域特色。就拿中国的南方和北方来说，南方人发短信比北方人少，何故？南方一般话费便宜，很早就是接听免费，或者几乎免费。还有一个更重要的原因，南方人普通话相对较差，拼音书写诸多不便；而北方则不然，由于话费较高和天气寒冷的缘故，加上不受到打字拼写的阻碍，北方人更倾向于发短信。

第三节　传播功能

随着手机用户的增加和智能化程度提高，电信传播的社会功能愈发显著。在特定的时间和特定人群之间，发送短信的效果和价值，往往超过了其他任何传播手段，既具有人际传播、组织传播和大众传播的多重功效，又时刻在突发事件爆发时扮演着不可替代的应急传播角色。

一、人际传播

人际传播是人类传播活动的初始形态和典型形式，传播过程中的传者和受

---

① 数据来自上海艾瑞市场咨询有限公司:《中国网络短信调研报告》。

者均是个体，没有面向大众，也不涉及任何组织和团体，最初期的短信传播就属于此类情况。简而言之，那时的短信传播就是为了节省高额话费，还不影响到周围环境，省钱省事简单直接。

随着人类社会的进步，越来越多的现代技术手段介入到人际传播领域，例如，书信、电报、电话、传真和互联网络等。在电信通讯技术发展到2G时期，手机短信不约而至。与面对面的直接交流不一样，手机短信是通过手机这一移动媒介进行的人际信息沟通，是一种有技术含量的人际传播。

手机短信息是以文字这种符号系统作为主要信息负载者，以无线电波作为传播渠道，以支持中英文显示的数字手机作为信息接收终端的一种现代传播方式。手机短信产生的初始目的与基本任务，就是进行人际交流。

二、大众传播

西方传播学者丹尼斯·麦奎尔说："大众传播由一些机构和技术所构成，专业化群体凭借这些机构和技术，通过技术手段（如报刊、广播、电影等）向为数众多、各不相同而又分布广泛的受众传播符号的内容。"我国学界对"大众传播"的定义是，"职业传播者通过某种现代化的传播媒介向为数众多的不确定人群传递信息的活动"。①

这两个表述侧重点不同，但是我们从中可以看出大众传播的三个基本要素，即职业传播者（专业化群体）、受众（为数众多的不确定人群）和现代化的传播媒介（物质技术手段）。

手机的逐渐普及和移动通讯技术的迅速提高，使得手机短信的功能也从单一的人际交流中介向大众传播领域拓展。短信服务商（SP）根据客户的特点与需要，组织短信编辑人员每天搜集、整理一些重要的消息，如新闻资讯、娱乐片头、股市行情、天气预报、企业广告等，以简明扼要的文字定时向定制这类信息的客户发布，使这些人们普遍关心和感兴趣的信息能与客户共享。

---

① 甘惜芬:《新闻学大辞典》，河南人民出版社1993年版，第55页。

三、应急传播

随着移动通讯技术的提升，手机短信在政府公共事务中的地位和价值更为显著，旨在提高在公共事件应急处理时的相关信息发布能力的信息预警短信应运而生。2016年8月2日最强台风"妮妲"在深圳登陆期间，全市各级政府部门、主要公共区域、避难场所等重点保障区域及场所均实现移动网络通信顺畅，同时协助政府多批次发送4106万条应急短信引导市民防风避险。①

这类短信覆盖范围广，涉及人群精确，既可以是全省全市，也可以是某些特定有需求的用户。当暴风雪来临时，当台风突然袭扰时，当某一区域发生紧急突发案情时，管理机关与电信运营商即时联手，或做到提前通告提前预警，或及时发布应对措施，在整个应急通信保障过程中发挥出应急系统中具备完善的信息预警短信发布功能，实现在应急处理公共事件中实现手机预警短信的发布和管理。

手机短信作为现代高科技发展的产物，它给我国社会经济、政治、文化发展和人际交往带来了很大的影响。手机短信市场每年几百亿元的收入促进了通讯产业的迅猛发展，大大提升了我国的电子信息技术，为推动经济结构调整和经济增长方式转变，推进我国社会主义和谐社会建设作出了积极的贡献。

手机短信被誉为"第五种媒体"，在传播文化科学知识，快速发布各种自然灾害情况和紧急通知，减少损失，维护社会稳定方面发挥着有别于其他媒体的独特作用。同时，手机短信作为人际交往中一种与传统交往方式完全不同的新的人际互动方式，给人们的工作、学习和生活带来了极大的便利。

时至今日，在全球一些发展中国家，许多消费者仍在使用古老的功能手机，当地电信公司只提供了基本的 GSM 服务，短信仍然是十分重要的通信方式。在非洲市场，一些厂商推出了基于短信的支付和金融服务，颇受欢迎。

---

① 蒋偲：《深圳移动发送 4106 万条应急短信》，《广州日报》2016 年 8 月 5 日。

第四节　困境与规制

手机短信已经成为现代人际传播的一种必备工具和流行时尚。但任何事物都具有两面性，它在给人们提供了一种方便快捷的新型交流途径的同时，也带来了一些新的问题，出现了一些不和谐的"音符"。我们既要肯定手机短信备受欢迎的合理性，也要充分认识它在人际交往中逐渐显示出的矛盾性和负面性。

一、短信在人际传播中的缺陷

短信传播短小精悍，便捷顺利而广受欢迎，也由于传播形式单一、传播内容容量较小具有一定局限性。

1.以文字为主的符号传播使传播效果的有效性受到影响。传统的人际传播主要靠面对面、书信或者电话传播，人与人之间的交流不仅仅是靠语言，还有非语言符号的参与。例如，人们的手势、表情、眼神、动作等可以辅助语言表达更丰富的意义。美国口语传播学者雷蒙德·罗斯（R.Rose）认为，在人际传播活动中，人们所得到的信息总量中只有35%是由语言符号传播的，而其余的65%的信息是靠非语言符号传达的，其中仅仅面部表情就可传递65%中的55%的信息。电话里的声音也可以通过说话者的声调、音量、节奏等表达语言之外的信息，即使是书信，人们也能通过字迹、字体、笔画等来判断一个人的个性、素养。所有这些非语言符号都有助于使语言表达更接近传播者的本意，使受传者更好地理解传播者的意思。手机短信是依靠文字为主的传播，虽然现在手机短信可以传输图片、照片、图像、音乐等，但这些符号的传输要受到手机功能及技术层面的限制，也就是说，手机短信还是以文字为其主要的传播载体的。

文字是一种纯粹的体外化媒介系统，是符号的符号，传达性和反馈性较差。没有了非语言符号的参与，传收双方受"选择性定律"的约束较大。选择性定律是就受众对信息的接受、理解和存储而言的，它包括选择性接触、选择性理解和选择性记忆三层含义。这条定律的基本思想是说，受众在接受信息的过程都势必要根据个人的需要和意愿而有所选择、有所侧重，甚至有所曲解，以便使所接受的信息同自己固有的价值体系和既定的思维方式尽量地协调一致。手机短信的传播效果会因此受到一定的影响。例如，一条短信的内容是"我很忙"，如果把这句话说出来，可能是歉意的，可能是不耐烦的，可能是冷漠的推辞借口；把这句话用手写出来，看者可以从字迹的潦草、笔画的轻重与否来对书写者的意思作出不同的理解；面对面的话，可以直接看出说话者是否在忙，或者从其说话的表情语气中判断出真假。可是不同的人看到这条短信，除了这三个字外，看不到其他文字符号以外的信息，看信息者会完全根据自己的理解来猜测说话者的言外之意：是等会儿再说？还是不想再聊了？这种理解可能是和说话者的意思不尽相同的，容易造成误解，影响传播的有效性，传播内容部分传通或传而不通。传播是为了让彼此的意见和感受得到表达、让对方清楚，但手机短信由此产生的效果有时却事与愿违，造成了故意的理解偏差或无意的多重意义。

2. 复制技术导致手机短信内容同质化和情感浓度低。在现代社会中，科技工具的高度发展引起人的异化，急剧变化的社会和激烈的竞争让人们承受着越来越大的生活压力和精神压力，忙碌的生活使人与人之间的交流相对减少。人们渴望变化和刺激，也渴望情感上的交流，手机短信作为一种轻松、随意、快捷的沟通方式，既给人们提供了表现自己的机会，也给人们带来许多乐趣和安慰。风趣幽默的、调侃的、富有哲理的、讽刺的……丰富多彩的题材和内容使得手机短信成为一种适应现代社会的速食文化。

可是当一个人不断收到相同内容的信息时，相信谁也不会再觉得有趣了。特别是过年过节的时候这种情况就更为普遍，很多人会收到来自不同人的同样的信息，有的甚至会一下子收到十几条一样的短信，在这种情况下，短信中所含的感情成分还有多大？手机使用者常常追求"个性"，却不知"个性"的复制不但抹杀了个人的个性，也使个人的感情在传送过程中降低了浓度，从而给人际交往造成了不良影响。

3.传播情境的交叉重叠，使现实中的面对面交往受到干扰。在一本杂志上曾有这样一幅漫画：一家人围坐在饭桌旁，每个人都在低头收发短信，发出会心的微笑，家人之间却并不交流。在日常生活中，这种情景并不少见，在办公室里、教室里等一些公共场合，随处可见忙于"拇指传情"的人们。人们或者是对身边的人视而不见，或者是边和眼前的人说话边用短信和不在眼前的人聊天。短信的短小轻便灵活使得它"无孔不入"，容易造成不同传播情境的交叉或重叠。

麦克卢汉认为，任何一种媒介都不外乎是人的感觉和感官的扩展或延伸。手机使人们实现了空间距离和速度上的突破，对于异地传播的人们来说，它延伸了人们的视觉和听觉两种感官，为人们之间的沟通提供了便利。但这种便利在很大程度上影响了传统的面对面的人际传播。许多人越来越习惯于单纯的依靠某种媒介如声音、文字来与人交流，逃避现实中的面对面传播，逐渐形成人际传播中的"媒介依存症"。人们之间的联系看起来越来越多，但是却也越来越浮于表面化、形式化，内心的疏离感和孤独感并不会得到缓解，反而会产生更多的焦虑和孤独感。

4.身体的缺位降低了传播者的责任感，为谎言提供了便利。利用手机短信进行传播，由于传受双方是看不见彼此的，使得交流行为丧失了面对面的现场感。身体的缺位使有些传播者在传播过程中不像面对面传播那样负责任，因为有对方无从验证的心理，说谎、欺骗在一些人看来变得很正常。电影《手机》把手机的这一特点演绎得淋漓尽致，片中的男主人公把手机作为道具，把生活变成了自己随时可以进行表演的舞台。这些故事情节虽然有些极端和夸张，但在现实中确实经常有类似的情况发生。手机短信作为手机的功能之一，不可避免地也具有这样的特点。而且，文字比声音更容易伪装，受传者一方接受的信息更有限，也就更方便于传播者根据需要编织各种谎言。

手机短信以文本的形式代替了身体的莅临，使传播情境单一化，割裂了传统的时空感，增加了传播内容的不确定性。特别是在比较敏感的感情交流中，短信传播有时不但没有增加彼此的感情，反而会导致双方情感疏离，互相产生不信任感。由此可见，单纯的短信传播在人际情感交流方面是乏力的，还需要短信之外的其他交流方式的参与。此外，手机短信在使用的过程中也产生了一些其他的负面影响。例如，在某些情况下，手机短信在人际传播中会演变成传播流言蜚语、进行诈骗传销、扩散不良信息等造成不良社会影响的工具。对手机短信的规范管理和制定相关的法律政策已经成为越来越迫切的需要。

手机短信作为一种人际传播媒介，其本身是没有善恶对错之分的，关键是人们在生活中怎么使用它、赋予它什么样的意义、利用它来做什么事情。在功能上，它有自己的特点，也有自己的缺陷。但它不是人际传播的唯一途径，它和其他的传播媒介是互补的。我们需要对它有一个比较全面理智的认识，这样将有助于对其进行更好地利用，在使用时尽量发挥它的优点，避免它给人们的生活带来不便和危害。

二、有害短信的泛滥及规制

由于手机短信内容的隐秘性和接收的被动性，个别不法分子利用手机短信的群发功能实施诈骗犯罪的事件屡有发生，因不良短信引发的民事纷争也时有耳闻。一般说来，有害短信主要包括发布虚假广告、散布政治谣言、实施经济诈骗、传播色情信息和招揽违法业务等。有害手机短信扰乱公共通信秩序、影响社会稳定、侵犯消费者的知情权及财产权、传播粗俗的文化垃圾，已成为个别人违法犯罪行为和非法经营活动的"帮凶"。尤其是一些软件具有很强的短信群发功能，手机用户又可以把接收到的信息进行再编辑和转发，形成 N 极传播，如果放任这些有害信息传播，有可能严重影响到国家安全及社会稳定，造成严重的后果。因此，通过有效手段对有害短信的传播进行控制是非常必要的。

1. 短信新闻。短信新闻主要是指手机用户通过定制新闻、点播新闻来选择所需的新闻内容。短信使受众以最短的时间、最快的速度、最小的精力获取新闻信息，并且通过定制和点播实现了最大的自由选择权利。在美国"9·11"事件发生后的三分钟内，新浪网向用户发送了第一条信息。只要用户定制了信息服务，就可以方便快捷地接收信息，用户接收和信息进展几乎同步，而且手机短信的转发功能使通过 SP 获取信息的受众可以把读到的信息传递给其他人，扩大了信息的流动。但是由于技术限制，个体对于信息的反馈互动在很大程度上并没有实现，在多极传播的过程中，信息的损耗也是不可控制的。而且由于资费偏高，人们获取新闻还是以报纸和电视为主。调查显示：从用户接收的短信服务内容来看，短信聊天、游戏以 57.1% 的使用者比例位居首位，其次是笑话、幽默等娱乐短信（44.6%），再次才是新闻、财经等信息（25.3%）。①

可见，手机短信这种新的传媒工具以其世俗娱乐功能最为大众认同。现代人生活节奏的加快，竞争的焦虑和工作的压力使大众的生活方式和心理需求越发崇尚娱乐化，正如美国著名未来学家奈斯比特（John Naisbitt）抨击消费科技时说："我们把科技当玩具玩。"在商业利益的驱使下，SP 提供的笑话、娱乐、时尚、健康、爱情秘籍等信息都体现出媚俗趣味，被动地根据社会需要来服务，不分良莠地全部满足，公然以黄、丑、粗的信息来吸引大众眼球，满足受众的快感发泄、心理补偿，以此来实现赢利的目的。而占卜，算命，测试姓名、缘分、手机号码等服务也大大扩展了传媒的受众。在互联网无法到达的受众领域，手机短信以廉价、方便的优势渗透到更广阔的空间，从乡村到城市，只要是手机用户，便可以从中获取虚幻的心理满足。更重要的是，信息的自由选择性和阅读的私密性使信息的流通缺乏把关和监督，黄色短信在社会成员之间的相互转发，对社会文化的传播造成很大的负面影响。肯尼斯·韦伯（Kenneth Webb）说："作为符号载体，语言诱引主体之间通过符号的反应进行沟通。"②以话语形式流通的短信在群体的沟通中，由于受传者趋同心理和社会归属心理的需求极有可能在一定社会范围内造成人们价值观的迷乱。特别是黄色短信在青少年中的互传，对其身心的健康成长都有极大的消极作用。内容服务提供商应当强化过滤筛选信息的把关职能，确保短信进入流通领域的健康性，实现对社会文化的正确引导。

2. 短信广告。短信广告是指以手机短信为传播载体，商品经营者或者服务

---

① 参见成文胜：《第五传媒——短信还是手机》，《传媒》，2005 年第 5 期。

② 参见﹝美﹞凯瑟琳·霍尔·贾米森等：《影响力的互动——新闻、广告、政治与大众媒介》，洪丽等译，北京广播学院出版社 2004 年版。

提供者承担费用，通过网络系统向手机用户以群发的形式传递商业信息或其他信息的广告形式。短信广告可以直达接收者手机上，大大节约了广告成本，点对点的传播、100%的阅读率以及个性化的信息使广告的传播更加方便且具有实效性。短信广告也具有极强的传播性，接收者可将信息随身保存，随时咨询广告主，需要时可反复阅读，并可随时发送给感兴趣的朋友。短信广告使企业和客户之间实现了信息的互通，客户可以通过短信回复享有信息的参与权和知情权。但是手机短信的强制性阅读会给人们造成心理上的抵触，广告接收的私密性使信息的可信度大打折扣。某些商家对商品或者服务作虚假宣传，以误导和欺骗消费者，甚至故意虚构事实以骗取消费者的钱财。由于手机短信广告还处在一个自发的不可控状态，利用手机短信广告欺骗用户的行为在这种相对隐蔽的传播形式中更加猖獗，导致了短信广告市场的混乱。人民网的调查表明，"目前80%以上的手机用户收到过诸如办证、中奖、提供色情服务等不良信息的骚扰，手机成为非法活动中介之一，手机犯罪率在不断上升"。[①] 不良短信的出现伤害了公众对短信广告的认知度。

与广播电视广告强迫人们单向接受相比，短信广告点对点传播的互通性，为广告传播提供了更加便捷、有效的互动空间，使客户对于商品和服务的接受从潜移默化到现场消费的时间缩短，短信广告是企业、电信运营业、服务提供商共享的又一块市场大蛋糕，随着3G手机的广泛使用，广告突破了文字信息量的限制，图像和声像的结合更有助于商品服务的推广，但如果手机短信市场的混乱得不到整治，将影响到受众对广告信息的认同，利用新科技犯罪的现状也影响了整个社会秩序的和谐运行，并且通过声像、影像进入人们耳目的多媒体广告会以低俗的魅惑给大众带来更加隐秘的刺激性满足，加速声色犬马的消费膨胀和新一轮的精神危机。

3. 短信竞猜。短信竞猜是广播电视通过短信业务和受众进行互动交流，以提高收视率的媒介操作，主要有短信投票、短信竞猜两种方式。短信互动平台使广电传媒迅速提高了节目收视率，加强了栏目与观众的互动性、参与性、娱

---

① 参见冯小平、程向利：《开发短信广告刍议》，《开发研究》2004年第3期。

乐性，提高了观众参与节目的积极性，并且实现了电视、电信与网站的三赢。例如，湖南卫视通过手机短信参与节目的方式制造了大众文化消费的快餐宴，媒体文化制造的梦幻和冲动通过短信的参与在现代社会产生了狂热的回应，大众以民主、个性的投票方式塑造了自己心目中的青春偶像，在紧张的现代生活节奏中获得了彻底的放松，在精神宣泄中乐而忘返。短信投票以假想的欲望煽动了人们的消费激情，而短信竞猜则具有单纯的投机性，收费标准的模糊、中奖缺乏透明度、竞猜内容的无聊简单都暴露了广电传媒以营利为目的的道德失范，而参与者获奖的侥幸心理以及上当难以维权的现实处境助长了短信竞猜的热情。此外，短信服务提供商在电视台的广告也明显具有欺骗性，通过手机短信的只言片语就可以预测未来，短信业务的出现，使大众虚幻欲望的消费达到了极致。

2004 年 9 月，广电总局下达通知——严禁电视新闻开展手机短信竞猜业务。2005 年 1 月，广电总局进一步发出通知，要求部分电视台停止播放"姓名解析、新年运势、生日密码、同生缘"等短信服务广告。但面对巨大的商业利润和人们的消费激情，有些电视台甚至专门开办了短信答题中奖的栏目，一些题目小学生都可以做，坐在电视旁，手握手机拇指轻轻一按就可以看到天上掉下黄金，手机短信和电视联合，在知识即为信息的谎言下，消解了知识的深层意义，使当代人处于对虚假金钱神话的向往与欲望怂恿的失控状态。广电总局在意识到短信互动在社会文化中的不良影响后，以下达通知的形式加强管理，但屡禁不止的局面说明了传媒界在商业利润的驱使下社会责任感的缺失。

4. 短信陷阱。短信陷阱有四种方式。一是强制定制短信。服务提供商为了赢利设置各种圈套强制用户定制某项服务，其特点是无法取消定制、没有明确资费、强行推销订购、没有发送确认消费短信。短信陷阱内容多抓住大众的好奇心，以祝福、娱乐、点歌、占卜、测试等为诱饵骗取消费，受传者对收到的陌生人信息如若回复，则会自动加入一个网络，手机话费也被扣除。在这个链条中，电信运营商、服务提供商和短信声讯台都有利可图。二是短信诈骗。短信诈骗是指个人短信平台通过群发机器以中奖骗取现金或以异地消费咨询骗取信用卡、银行账号为目的的有组织、有规模的诈骗活动。短信通过群发机器实现了"大众传播",但手机的个性化特征使受众处于分散的被切割状态。大众成员之间的信息梗阻和私密的传受方式使陷阱行为有机可乘。短信陷阱严重损害了大众对信息的知情权和参与权。但因其操作简易和监管体制的缺陷使诈骗活动更加隐秘,而且短信市场的混乱,短信行业操纵者在利益面前的道德底线失控和消费者对信息识别能力的薄弱都助长了诈骗活动的风行。三是短信谣言。短信谣言的制造者一般是单个手机用户。他们发送短信,阐述公众感兴趣的未经证实的事物、事件或问题,导致谣言信息的流传和泛滥。2003 年,广东"番禺剧毒农药沉船案"和"非典"的短信谣言,在主流媒体权位缺失时引起了社会成员的集体恐慌,影响了社会的正常运行。手机短信谣言具有很强的时效性,散布一条引起转发无数或者利用群发器和短信卡在同一时间大规模发布信息,都轻而易举甚至可以在不易被人觉察的情况下完成,因此也增加了监管的难度。四是恶作剧短信。恶作剧短信多以祝福和诅咒混合为内容,以转发为传播方式,导致此类短信的大规模扩散,在转发过程中,最后常加上"我也是被逼的"之类的话语。手机短信的回复和转发功能使受众成为信息的参与者和创造者,但个人携带方式和"独享"特性也给受众带来了前所未有的心理素质考验,导致了大众传播的畸形发展。

手机短信作为第五传媒的雏形,实现了人际传播和大众传播的完满结合、互动及时、信息自主选择,也在一定程度上打破了公众进入媒介的技术障碍和经济障碍。[①] 在我国,媒体作为党和政府的"喉舌",在很大程度上遮蔽了传媒所应有的平民立场,成为权力的工具。手机短信以其独特的技术扩大了公共信息的传播范围,并且极大提高了信息的民主参与和自由决策,使公共信息资源社会共享程度极大提高。

因此,当我们从手机短信传播途径与信息影响互动研究入手,对短信传播的现状和其对社会文化的消极影响进行分析时,并不是要把"孩子和脏水"一起泼掉。短信报、手机电视、手机新闻直播、手机电影、手机游戏等业务的兴起,与其他媒体一样,多是"媒介利用可选择的符号并经过精心加工在人与客

---

① 参见陈力丹:《试看传播媒介如何影响社会结构》,《国际新闻界》2004 年第 6 期。

观现实之间制造了一幅被歪曲的甚至完全虚假的图像"。[1] 而大规模的平民参与信息、创造信息在一定程度上则是大众文化时代人们欲望失控和心灵异化的集体反应。巴赫金认为，人类的传播应该是多种声音的对话，短信传播以其互动性和自由选择性赢得了大众社会的认同，但如何真正实现公共信息传播与受众的平等对话，而不是以信息的膨胀怂恿人们的欲望消费，这是手机传媒面临的最大困境。手机短信传播的技术局限、法律缺位、体制漏洞、媒体道德失范和受众素质不齐则是问题的症结所在，只有通过手机的技术提升、短信传播业务的细分以及传播者、受传者和监管者自觉规范和各司其职，才能实现短信传播的良性发展。

第五节　未来展望

手机短信作为一种新媒体为大众文化产生带来了新的刺激与改变效用。无论是"70 字文体"，还是新兴的"拇指一族"，这些新鲜的都市文化现象给人们的生活带来了新的愉悦感受，为经济带来了新的增长点，影响并丰富着社会大众文化内涵，推动了大众传播民主化、自由化的发展进程。

在即时通讯不断发达、产品日益先进完善的冲击下，短信传播的使用人群和社会影响力正在逐年下降，如何在万马齐喑的电信传播竞合大局中"夹缝里求生存"，如何趋利避害保证短信传播继续健康稳定发展，需要各方面众志成城充分发挥短信传播的特殊功能，在新闻性、技术性、规范性和应急性等方面做足文章下足功夫。

一、加强新闻功能

一种媒介要成为大众媒介，它首先必须具备的最重要也是最基本的功能

---

[1]　郝家林：《媒介权力——一种全新透视法》，《现代传播》1998 年第 1 期。

是传播新闻、提供信息。手机短信的新闻传播功能是它成为新媒体的首要条件，也是它得以发展的根本动力。2003年1月到9月的广东移动短信市场分析调查表明，目前从用户接受短信服务的内容来看，聊天、游戏以57.1%的使用者比例位居首位，其次是幽默、整蛊等娱乐短信（44.6%），然后才是新闻、财经等信息（25.3%）。这些数据表明，手机的传播新闻功能还未完全发掘出来。

新闻是媒介的核心业务。手机短信现阶段的发展，只是改变了信息的传播方式和内容表现形式，而它最深层次的本质并没有发生革命性的变化。手机要想成为大众媒体，必须具备作为媒体的基本要素。因为一个真正意义上的媒体应该有自己的原创内容，有自己的一套采编体系和运作管理体系。目前手机这个行业还定位于通讯行业，没有自己的媒体从业人员队伍，尚未真正形成一个独立的媒介产业。目前短信所有有关媒体业务的运作，仍依附于传统媒体或互联网。在日益激烈的媒体竞争中，媒体既要巩固核心受众又要不断争取边缘受众，这不但要求提供能满足受众需求的各种信息，而且还要有自己的特色新闻来吸引受众，同时还要想方设法使这些信息以最快的速度到达受众。

在可以想见的将来，手机应该凭借自己的短信功能业务来拓展自身的发展空间，不能仅仅满足于对其他媒体新闻的转载，而应该建立一套完整的采编队伍，突出自身具有的特色新闻并且快速便捷地传送出去。这样才有更长远的生命力和生存空间。

二、探索技术升级

技术可以引领媒体形成一定的规模，但同时又成为媒体发展的瓶颈和障碍。网络之所以能成为"第四媒体"，离不开计算机网络和数字技术的发展。同样，手机短信能够晋升为"第五媒体"，也离不开移动通信技术的推广应用。目前，各种手机又无一例外地具备短信功能，这就为短信"飞入寻常百姓家"提供了前提条件。在有些没有掌握QQ、微信传播的人群中，短信传播是不可替代的传媒介质。

短信能走向成功，移动通信供应商和内容提供商功不可没。由于短信能给移动通信供应商和内容提供商带来巨额利润，于是这些商家开发出了方便的平台，把网络和手机短信联通了起来。首先，移动公司取消月租费，省去繁琐的开通手续，主动与网络联姻；其次，网站等内容提供商对短信这匹"千里马"乐此不疲的提携，也促进了短信的迅猛发展。时下，无论是新浪、搜狐等门户网站，还是东方、千龙等新闻网站，抑或是中国移动的"移动梦网"，都投入巨额资金用于短信业务的开发，开通了短信频道或短信服务。

当手机病毒、手机信用卡等技术问题出现时，短信运营商应该未雨绸缪，早早做好应急预案，迎接各种随时出现的挑战。面对竞争严峻的短信市场，在充分加强沟通的基础上，创新出符合现代广播电视节目需求的"短信互动产品"时不我待。

三、规范传播行为

短信传播还有发展扩张的空间，应该出台相关的法律法规来约束引导和规范。目前，手机短信市场还存在很多不规范行为，在很大程度上是因为缺乏一套完整的规章制度去约束它，需要对短信进行有效的管理。欧盟已制定了"保护私人信息数据"行为准则，手机用户被动接受垃圾信息已经成为过去。韩国也出台了相关制裁手段，以遏制商业和不健康短信蔓延的势头。我国最高人民法院和检察院已经联合发布了关于办理制作、复制、传播淫秽电子信息刑事案件的司法解释，该解释有关条款规定，制作、复制淫秽短信200条以上的，可判处三年以下有期徒刑。天津市通信管理局根据《电信条例》和相关规定，从市场准入、收费代理、短信定退、服务标准及处理处罚等方面进行了规定。该规定包括：凡在天津市从事手机短信经营活动的单位，如没有管理局颁发的增值电信业务经营许可证或信息产业部颁发的跨省增值电信业务经营许可证，各电信运营企业不得为其开通业务或代收费。该局还出台了《天津市手机短信息服务和市场管理办法（暂行）》，以维护消费者的合法权益，保证手机短信服务业务健康、有序发展。相信随着法律法规的逐步健全，不法分子利用短信从事违法活动的势头将得到有效遏制。

四、完善短信预警

2005 年，日本的 NTT DoCoMo 开通了面向公众的灾难预警短信业务。与其他业务不同的是，该业务并不是只面向 NTT DoCoMo 的用户，而是面向日本全部的移动用户，包括竞争对手 KDDI 与软银的用户也可收到诸如地震、火山活动等自然灾害的预警短信。2006 年，NTT DoCoMo 又开通了灾难救助指导类业务，运营商在发布灾难预警短信之后，会发送相关自救信息指导用户逃难。如果用户有需要，只需按下相应的按键发送信息给信息中心，就会随即收到信息中心根据用户所在位置提供的最近的公众紧急避难场地的具体路线图。或许是和日本本身是个地震频发国家有关，日本政府及运营商在灾难预警系统这方面所做的付出，远远超出其他国家。

2008 年 4 月，美国政府通过在全国范围内创建一个以手机短信为发送渠道的应急预警系统的计划，以应付突发性的重大灾难事件，联邦电信委员会批准了这项计划，以实施 2006 年通过的一项建立应急系统的法案。这套手机短信应急预警系统，在 2010 年前后已经陆续在全美各州付诸实施。

这项计划规定，预警短信分为三种内容：第一是总统发布的全国警报，涉及恐怖袭击或重大自然灾害事件；第二是针对"即将到来的威胁"，包括诸如飓风和龙卷风等自然灾害或校园枪击事件；第三是有关绑架儿童紧急事件。联邦电信委员会主席马丁说，通过手机准确迅速发送预警和警告，对于确保美国公众在灾难和其他紧急事件发生前后获得所需信息保护自己和家人至关重要。这项计划已经得到美国电信行业的大力支持，手机用户可以自愿选订这种免费服务。①

日本、美国等国家先后建立起举国体制的短信预警系统，以应付各式各类

---

① 参见王薇、杨晴川：《美将在全国范围内建手机短信应急预警系统》，新华网华盛顿 2008 年 4 月 9 日电。

突发性的重大灾难事件。尽管我国也在北京、上海、广州、深圳等一线城市和福建、浙江、江苏、山东等沿海发达城市和地区建立了短信预警系统，但相对传播范围小、传播应急体系不尽完善，政府管理部门和电信运营商的重视程度远远不够。中国的短信运营商是否也应该借鉴日本、美国等发挥"举国体制"的先进经验，树立起短信传播品牌形象，承担更多的社会责任与义务呢？

第九章

QQ 传播

QQ 传播是凝聚中国人智慧的创举，是中国人在互联网领域的一大创新，是电信传播中独具中国特色的传播手段。腾讯 QQ 由中国深圳市腾讯计算机系统有限公司于 1998 年开发，基本产品定位为"玩"和"聊天"。由于其界面设计合理、操作简单、功能齐全，所以一经问世就几乎垄断了中国的在线即时通信软件市场，其用户群成为了中国最大的互联网注册用户群。

腾讯 QQ 有着庞大的产品线，麾下产品和服务多达 305 款，涵盖通信、新闻、社交、游戏、购物、支付、金融、安全、搜索和生活服务等方方面面。腾讯互联网媒体平台号称"媒体帝国"，拥有流量最大的腾讯网，到达率最高的 QQ 弹窗微门户，以及颇具影响的微信公众平台、微信新闻插件和腾讯新闻客户端。

在腾讯主导的游戏产业中，在十大游戏厂商品牌排名中一家独大，占据58% 的市场关注度。2012 年腾讯网络游戏营收 228.5 亿元，超过了其他 9 家游戏厂商总和。腾讯正在谋求开疆拓土，争取通过与创新工场、华谊兄弟和同程网等的合作，在移动互联网、电商和电影院线等领地分得一杯羹。

截至 2013 年 11 月 21 日，腾讯 QQ 累计用户达 20.44 亿，这一数据是美国人口总数的 2.5 倍，超过了中国移动（7.4 亿）、中国联通（3.7 亿）和中国电信（3.3 亿）等三大运营商累计用户总数之和。同时，腾讯其他业务全面发展，旗下的微信用户超过 6 亿大关，QQ 空间为 6.3 亿，QQ 邮箱为 2.7 亿，腾讯微博 2.2 亿，腾讯新闻客户端为 1.5 亿。庞大的用户量令腾讯的收入越发水涨船高，市值占比超过国内互联网上市企业的一半（50.3%），收入约占国内互联网上市企业的三成之多（34.3%）。①

2017 年，QQ 月活跃账户数达到 8.43 亿，QQ 智能终端月活跃账户数达到 6.53 亿，QQ 最高同时在线账户数（季度）达到 2.72 亿，微信和 WeChat 的合并月活跃账户数达到 9.8 亿，比上一年同期增长 15.8%。

第一节　发展进程

1996 年，四个以色列年轻人发明了一款小小的互联网软件，他们给自己创造的杰作起了一个很酷的名称——ICQ。他们为此成立了自己的公司——Mirabilis，在拉丁文中 Mirabilis 的意思是"神奇"。

1996 年 12 月，Mirabilis 开始艰难地在互联网上推出了 ICQ，用户可以免费在 ICQ 公司的网址上获得 ICQ 软件。短短 6 个星期，有大约 30 万名用户下载了 ICQ 软件。6 个月之后，这一数字达到了 100 万。

1998 年，AOL 以 2.87 亿美元收购了 ICQ，在 2001 年 5 月它的用户数量已经突破 1 亿大关，每天平均有 1000 万用户在线，每个用户平均在线时间为 3 个小时。

1997 年，马化腾接触到了 ICQ，亲身感受到了 ICQ 的魅力，也敏锐感觉到了它的局限性：一是英文界面，二是在使用操作上有相当的难度，这使得 ICQ 在国内始终不是特别普及，仅仅局限于"网虫"级的高手群体。

1998 年 11 月 11 日，马化腾和同学张志东在广东省深圳市注册成立"深

---

① 《QQ 注册用户已超过 20 亿，腾讯帝国实力堪比中国银行》，见 www.hsw.cn 2013 年 11 月 27 日。

圳市腾讯计算机系统有限公司"。当时公司的业务是拓展无线网络寻呼系统，为寻呼台建立网上寻呼系统。这种针对企业或单位的软件开发工程，是所有中小型网络服务公司的最佳选择。

2000 年 4 月，腾讯 QQ 用户注册数达 500 万。2000 年 5 月 27 日，QQ 同时在线人数首次突破十万大关。2000 年 6 月，QQ 注册用户数破千万，"移动QQ"进入"楚游"移动新生活。2001 年 2 月，腾讯 QQ 在线用户成功突破 100 万大关，注册用户数已增至 5000 万。2002 年 3 月，QQ 注册用户数突破 1 亿大关。

2001 年到 2002 年，在互联网产业低迷时，MIH 先后从电讯盈科、IDG 和腾讯 QQ 主要创始人手中购得腾讯 46.6% 的股权，成为腾讯最大的股东，也成为 MIH 集团在海外迄今最成功的一笔投资。MIH 持有的腾讯股权为 34.47%（数据摘自腾讯公司公布的截至 2010 年 4 月 30 日的股份信息），价值数十亿美元。

2003 年 8 月推出"QQ 游戏"，2003 年 9 月，QQ 用户注册数升到 2 亿。2004 年 4 月，QQ 注册用户数再创高峰，突破 3 亿大关。

2004 年 6 月 16 日，是值得腾讯骄傲的时刻。在香港主板上，股票代号为 700HK 的新股亮相，新股全称为腾讯控股有限公司（Tencent Holdings Limited）。

2004 年 10 月 22 日，在"2004 中国商业网站 100 强"大型调查中，腾讯网得票率名列第一，领先于新浪、搜狐、网易等门户。同时，腾讯网还被评为中国"市值最大 5 佳网站"之一。同年 10 月 27 日，腾讯推出腾讯 TT（Tencent Traveler）。

2004 年 12 月，QQ 游戏最高同时在线人数突破 100 万。同年，在 Alexa 国内门户综合排名第四，首页及三大频道国内排名第三或第四。

2005 年 2 月 16 日，腾讯 QQ 的在线人数首次突破 1000 万。2005 年 11 月，"QQ 幻想"同时在线人数突破 50 万。2007 年 7 月 13 日，腾讯 QQ 同时在线人数突破 3000 万。2008 年 3 月 12 日，腾讯 QQ 同时最高在线人数突破 4000 万。2009 年 2 月，腾讯 QQ 同时最高在线人数突破 5000 万。2009 年 2 月 19 日，QQ 空间的月登录账户数突破 2 亿。2010 年 3 月 5 日 19 时 52 分 58 秒，腾讯公司宣布 QQ 同时在线用户数首次突破 1 亿。2014 年 4 月 11 日晚间 21 时 11 分，腾讯QQ同时在线账户突破2亿。从2001年2月腾讯QQ在线用户成功突破100万大关，到2014年4月11日腾讯QQ同时在线账户突破2亿，14年时间，腾讯QQ同时在线账户增长了200倍。

2011年1月21日，腾讯推出了一个为智能手机提供即时通讯服务的免费应用程序——微信。很快，微信成为腾讯公司又一个十分具有影响力的产品。

2013年9月16日，腾讯股价上涨，报417港元，市值约7749.82亿港元，约合1000亿美元，成为中国首家市值超1000亿美元互联网公司。

2001年底，腾讯实现了1022万元人民币的纯利润；2002年，腾讯的净利润是1.44亿元人民币；2003年，腾讯的净利润为3.38亿元人民币；2004年，腾讯实现营业额11.44亿元人民币，净利润4.46亿元人民币；2007年，腾讯利润达到27.03亿元人民币；到了2009年，腾讯的收入开始进入百亿级别，达到124.4亿元人民币；2012年，其营收已经达到了438.937亿元人民币；2013年，腾讯营收超过560亿元人民币，较2004年收入增长达50倍。随着微信及移动互联网方面的强劲表现，2015年腾讯营收首次突破千亿人民币大关，达到1028.63亿元人民币（158.41亿美元）；2016年，腾讯营收再创新高，总收入为人民币1，519.38亿元（219.03亿美元），比上一年度同期增长48%。

第二节　传播类别

QQ早期构想是创造一种新的即时通讯方式，通过互联网通道随时随地与需要的人进行联络，主要功能是网上聊天，主要的表达手段是一些简单的文字。现在网络上不少看似词不达意而又被网民们广泛使用的"新新词汇"，就是因为网民在即时传播过程中手忙脚乱误打误撞而"约定俗成"的。这个阶段的QQ传播，可以归类于单纯的人际传播。

随着传输技术的发展及腾讯QQ具有中国知识产权的创新，QQ楼主们已不仅满足于聊天过程使用的语言符号（文字、语音），非语言符号包括音频、图片、构图符号、flash、动漫、表情符号、自定义表情、魔法表情等的交流开始逐渐活跃起来。

2000 年，是腾讯 QQ 具有里程碑意义的一年。首先，OICQ2000 发布了 Tencent Explorer、隐身功能和移动 OICQ，进入网民应用范围。手机终端和其他移动终端开始享用 QQ 的便捷联系方式，隐身功能的应用，为屏蔽和隔离"骚扰"而专心于"心仪对象"创造了清净环境。紧接着，QQ2000 正式改名为 QQ，发布了视频聊天功能、QQ 群功能和 QQshow 功能。QQ 传播从"虚拟"可以瞬间转为"现实"，单一个体之间的人际传播与"QQ 群"共存一体，各显传播特色和传播本领。而 QQshow 功能（2006 年新增 QQ 视频秀、3D 秀）的开发，则为那些需要在无拘无束的网络空间展示自我的民众提供了广阔舞台。文字图片音视频的生动传送，多对点、点对多信息交流的并存（2008 年腾讯 QQ 新增了超级群，最高支持 500 人，俨然大礼堂会议模样），QQ 传播已然有了"大众传播"的雏形。

2003 年，腾讯 QQ 增设了聊天场景、捕捉屏幕、给好友播放录影、QQ 炫铃等功能，很是有了小型广播电视台的味道。此后，远程协助、QQ 小秘书、QQ 宠物、Qzone、QQ 通讯录、QQ 音乐、QQ 商城和窗口抖动等功能的完善，极大丰富了 QQ 传播的内容，增强了 QQ 传播的品牌黏着力，不知不觉中潜移默化地改变了人们的工作和学习方式。

2007 年，腾讯 QQ 新增会员发送离线文件功能，为人们隔空信息交换实现了无间断无隔扰无屏蔽链接（见表 9.1）。

腾讯产品包括 iPhoneQQ、iPadQQ、AndroidQQ、QQ_HD 和应用宝，有着庞大的产品线和巨无霸产业链，产品和服务多达 300 多款，而且还在进一步开发新的产品类型。

表 9.1　腾讯 QQ 传播类型演进表

年代	功能	
1999 年	OICQ 99a：发布中文网络寻呼机、公共聊天室、传输文件	OICQ 99b：发布语音聊天的功能

年代	功能	
2000 年	OICQ 2000：发布 Tencent Explorer、隐身功能、移动 OICQ	QQ 2000：正式改名为 QQ、发布视频聊天功能、QQ 群、QQshow
2003 年	新增聊天场景、捕捉屏幕、给好友播放录影、QQ 炫铃	
2004 年	新增个人网络硬盘、远程协助、QQ 小秘书	
2005 年	新增 QQ 宠物、Qzone、QQ 通讯录、QQ 音乐	
2006 年	新增 QQ 主题包、QQ 视频秀、3D 秀聊天模式	
2007 年	新增会员发送离线文件功能、窗口抖动	
2008 年	新增超级群，最高支持 500 人	
2009 年	全新体验：群友动态、消息盒子、好友印象	
2010 年	全新体验：皮肤引擎，QQ 大视频，多问题验证	

第三节 传播特点

QQ 传播既是个体之间的交流，也是个体与群体之间、群体与群体之间的互通；既有文字图片的传送，也有音视频动漫的共享，其传播特色有如下几个方面。

一、QQ 传播的层级性

QQ 传播除了普众传播即不分男女老幼美丑尊卑，有着统一的传播途径与传播内容，还会在一定时间一定空间范围内按资论辈，有一定的层级关系。当然，达到不同层级需要付出不同努力（或资金），也包括QQ用户的使用年限上线时间长短以及活跃程度等，达到不同层级就会自然拥有不同层级的权益（见表9.2）。

表 9.2　QQ 传播层级状况与相应义务表

增值服务名称	服务领域	最高级别	费用	增值服务推出日期	服务领域推出日期	等级系统推出日期
在线等级	QQ	不限	无	2004 年 9 月 29 日	1999 年 2 月 11 日	2004 年 9 月 29 日
QQ 会员	会员	VIP7	10 元 / 月（手机开通 15 元 / 月）	2000 年 12 月 18 日	2000 年 12 月 18 日	2006 年 6 月 15 日
黄钻	QQ 空间	Lv8	10 元 / 月（手机开通 15 元 / 月）	2005 年 12 月 23 日	2005 年 6 月 6 日	2007 年 10 月 19 日
红钻	QQShow	Lv8	10 元 / 月（手机开通 15 元 / 月）	2004 年 8 月 20 日	2001 年	2008 年 1 月 22 日
绿钻	QQ 音乐	Lv8	10 元 / 月（手机开通 15 元 / 月）	2005 年 9 月 1 日	2004 年 7 月 12 日	2008 年 4 月 2 日
蓝钻	QQ 游戏	Lv7	10 元 / 月（手机开通 15 元 / 月）	2004 年 7 月 1 日	2003 年 8 月 18 日	2008 年 11 月 14 日
黑钻	地下城与勇士	Lv7	20 元 / 月	2008 年 6 月 19 日	2008 年 6 月 19 日	2009 年 5 月 1 日
紫钻	多个游戏	Lv6–Lv7	10 元–20 元 / 月 / 种（QQ 飞车、QQ 音速、QQ 堂、QQ 炫舞）	—	—	—
粉钻	QQ 宠物	Lv7	10 元 / 月（手机开通 15 元 / 月）	2007 年 4 月 5 日	2005 年 6 月 13 日	2010 年 11 月 16 日

增值服务名称	服务领域	最高级别	费用	增值服务推出日期	服务领域推出日期	等级系统推出日期
寻仙 VIP	QQ 寻仙	—	20 元 / 月	2009 年 4 月 28 日	2008 年 10 月 27 日	—
CF 会员	穿越火线	—	30 元 / 月	2010 年 5 月 19 日	2008 年 7 月 25 日	—
读书 VIP	腾讯读书	—	10 元 / 月（手机开通 15 元 / 月）	2007 年 5 月	2004 年 9 月	—
超级 QQ	手机	黄金 8 级	10 元 / 月（手机开通 15 元 / 月）	—	2006 年 11 月	2008 年 3 月 10 日
拍拍彩钻	拍拍网	Lv5	—	2010 年 5 月 5 日	—	2010 年 5 月 5 日
手机魔钻	手机	Lv6	10 元 / 月（手机开通 15 元 / 月）	2011 年	—	—
QQ 钻皇	同时开通 QQ 会员、黄钻、红钻、绿钻以及蓝钻	15 星钻皇	50 元 / 月	2012 年 5 月	—	—
QQ 超级会员	QQ 会员	SVIP7	普通 QQ 用户 20 元 / 月，QQ 会员可在原有会员基础上升级为超级会员 +10 元 / 月	2013 年 7 月	2013 年 7 月	2013 年 7 月

在特权阶层，QQ 传播的层级性体现在不同层级的 QQ 用户享有不同级别、不同内容的特权服务，这种特权共有将近 70 项，包括 QQ 特权、游戏特权、生活特权、购物特权和其他特权专区。

QQ 特权涵盖有更尊贵（QQ 等级加速、排名靠前、皇冠提醒、腾讯视频特权、靓号抵用券、充值 Q 点 /Q 币 9.1 折起、VIP 邮箱特权、财付通转账和会员优先体验）、更酷炫、更贴心、更强大、更海量和更便捷的特点。这可以满足个性化用户的心理需求，也为实际工作需求创造了别有洞天的条件。

游戏特权则享有免费领取礼包、道具折扣优惠、会员积分加倍、游戏极速下载和游戏优先体验等尊贵服务。生活特权包含有充值特权、易迅 QQ 会员专区和电影特权等三项尊享权。购物特权包含会员专享卖场和 QQ 返利。在其他特权专区，如安全特权专区、装扮特权专区和年费特权专区也是会员贵宾的独享专利。

在 QQ 面板里排名靠前，显示有多少个星星太阳月亮，也是不少 QQ 用户的追求目标。那么，什么人才可在 QQ 面板里排在前面？当然是尊贵的会员用户。会员用户不但可以享受到红色昵称，以及身份铭牌等尊贵的身份特权，作为身份象征的好友排名也是会员用户的独有特权，会员用户还享有好友排名靠前至尊待遇。

会员用户排名靠前具有一定规则。对于 QQ 好友面板排名规则来说，所有在线状态内的 QQ 好友，会员用户排名自动靠前；在会员用户内部，区分超级会员和 QQ 会员，超级会员排名最前，再排 QQ 会员；在超级会员内部，按 QQ 昵称首字母 A-Z 进行排序；在 QQ 会员内部，按 QQ 昵称首字母 A-Z 进行排序。手机 QQ 联系人列表排名规则是根据联系人状态，区分在线、离开、忙碌三种状态，每种状态下会员用户排名自动靠前。超级会员排名最前，其次是 QQ 会员。

二、QQ 传播的综合性

QQ 传播结合了人际传播、群体传播、组织传播和大众传播等多种形式，具有综合型特征。

1. 人际传播。每一位 QQ 传播个体与其他个体相联系，形成人际传播。每一位 QQ 传播者同时又是接受者，既接受系统信息，接受他人信息，同时又是传播者，传播信息给他人。实现点对点的传播，点对多、多对点和多对多的传播。

2. 组织传播。在某种特定时候和特定需求状态下，QQ 传播会设置一个一个有着特定目标任务的群体，便于识别与管理。对于好友比较多的 QQ 使用者，也可以将好友进行分组或者建立群组织，这就形成了组织传播。

3. 大众传播。QQ 传播可以传送和接收文本文件，具有报纸杂志的传播特性，又可以传输音视频动漫等广播电视所常见的传播内容，辅之以聊天场景、捕捉屏幕、给好友播放录影等新信息，还可以通过链接进入相关网站。

三、QQ 传播的迁移性

QQ 传播可以根据自己的意愿和心情选择"在线"或者"隐身"，选择真名实姓昭告亲朋好友，或者虚构一个自认为符合个性特征的名字，以便在潜水状态下"招蜂引蝶"。在当下同时在线的 1.5 亿左右的 QQ 用户中，传者和受者既有显性的人群，也有隐形的群体，是隐性与显性的动态结合，具有传播动态迁移性。

QQ 传播的迁移性首先体现在其人际传播中的语境动态性，是一个不断发展变化的过程。当一方将信息反馈给对方时，其所处的状态就与起始状态有所不同。在此基础上，他们再进行下一回合的传播。此时，传受双方都面临新的情况，所使用的话语或其他符号又成为继续进行 QQ 传播的新的语境因素。在 QQ 人际传播过程中，如果信息接收者不能理解信息的含义，传播可能会中断，因此 QQ 语境是不断变动的，是由 QQ 人际传播双方不断构建的。

QQ 语境的动态性特征，使 QQ 语境可能由最初的隐性，转变为后来的显性因素，由最初的不知晓对方的社会背景，转变为知晓。QQ 语境一旦发生这种变动，QQ 人际关系也会有实质性变化，由虚拟世界中的人际传播，蜕变为实质性的人际交往，这对双方的现实生活可能会产生实质性影响。

QQ 传播的迁移性还表现在实名传播与匿名传播的结合。实名传播与匿名传播的结合，指的是陌生的匿名用户和好友等实名用户共处于 QQ 传播的统一体中。QQ 传播是跟完全素昧平生的陌生人交流，起初对方身份呈隐性，但是随着时间的推移和人际关系的进一步发展，陌生人从虚拟的网络走向现实(QQ视频瞬间现实化)，其身份也会逐渐明了。另外一种情况是在运用 QQ 传播时，往往扮演着不同的角色，有时是社会中的"现实人"，有时是网络中的"虚幻人"，为了降低这种角色冲突，就申请注册多个 QQ 号，和对方交替进行实名与匿名的交流。

四、QQ 传播的黏合性

QQ 传播创始以来，一直以高度黏合性滚雪球一般快速成长。兄弟姐妹、同学同事、官兵战友和商业伙伴都喜欢在这儿吐槽畅聊。在 QQ 传播的初始阶段，不少 QQ 新用户（菜鸟）都是被上述关系人士"拉下水"的，他们最早的传播人群，也紧紧黏合在这些特定范畴，传播内容、上线时间等也具有一定相似性。QQ 群功能开发及升级如手机绑定、微信绑定等，为增强与深化 QQ 传播的黏合性提供了更多机会和可能。

2000 年，QQ2000 正式改名为 QQ，发布了 QQ 群功能和 QQshow 功能，单一个体之间的人际传播与"QQ 群"共存一体，QQ 传播的黏合性特征瞬间放大。2008 年，腾讯 QQ 新增了超级群，最高支持 500 人同时在线。正在 500 人 QQ 群不能满足一些人讨论交流的时候，2012 年 12 月 4 日，QQ 群军团再次扩军，正式开放了人数上限 1000 人的 QQ 群，并于 2012 年 12 月 20 日将腾讯 QQ 群 1000 人群升级为 2000 人群。庞大的 QQ 群或热论焦点话题，或一起面对新型游戏闯关夺隘。这类 500 人、1000 人、2000 人群聊活动，时间越长，黏合性越强。

为了黏合更多人群加盟，群主往往会绞尽脑汁取一个"石破天惊"的 QQ 群名号，超拽搞笑、霸气时尚、经典个性、伤感非主流、另类重口味和小清新唯美等都有他们自诩为最有震撼力的名字。2014 年最新版的小清新唯美 QQ 群名字大全就有妆影黯色、眺望新生活、憧忆春之梦、窗外那一抹阳光、巴黎夜未眠、黎明下的女孩、季末花未落、哭了的向日葵和蝴蝶眷恋花等，令人浮想联翩，纷纷入群。

QQ 传播、微信传播的黏合性还体现在 QQ 号码、微信号码与手机号码的"捆绑使用"，手机号码与 QQ 邮箱的"捆绑使用"，既增加了 QQ 传播和微信传播的使用用户人群数量，又让这些用户彼此"粘连黏合"在一起，很难取舍分离。

第四节 "QQ 人""微信人"

在"网络人""微博人"和"短信人"之后，与"电视人""容器人"有着高度关联度的"QQ 人""微信人"，因为 QQ 传播、微信传播的高度发达所伴随带来的新人类而为人们瞩目。

"QQ 人""微信人"指的是深深陷入到 QQ 和微信世界里面不能自拔的极端人群，他们离不开这种即时传播工具，时刻不停的发布与接收来自四面八方的信息，时刻不停的关注着 QQ 群、微信群的各种反应。QQ 和微信使人产生心理依赖和精神麻木，"QQ 人""微信人"拒绝客观事实，很难把信仰投入到既有的社会价值信念中，追求与他人的差异，越来越关注自我，在自我的感觉中寻找价值，活在一个可以自由表达意志的虚拟世界。

"QQ 人"经常无意识地在脑子里听到一种短促的咳嗽声便激动不已，即使走在大街上，只要听见蛐蛐叫声，"QQ 人"会不自觉地四处搜寻那围着红围巾的胖企鹅。

"QQ 人""微信人"的大部分时间和精神世界已经为虚拟社会所左右所控制，QQ 和微信已经完全融入了日常生活，成为不可割舍的一种习惯。QQ 群、微信朋友圈的留言转发的帖子就是至理名言，以至于影响到人生观价值观，进而波及到整个人生态度和生活轨迹。

一、人生模糊

"QQ 人""微信人"没有明确的事业追求和生活态度，终日陷在 QQ 群、微信朋友圈中不能自拔，将吃饭睡觉、谈情说爱甚至工作都置于次要位置。他们喜欢每天写 QQ 签名表露心情，写微信日志记录生活点滴展示周边故事，了解好友近况随手转发朋友圈是其最大乐事。

这类人群生怕被人忽视没有了存在感，注册了一大堆 QQ 号码，加盟或组织了很多微信朋友圈，向其聊友嘘寒问暖或向论敌发起轮番进攻，搞得他们莫名其妙，不知什么时候得罪了这么多路神仙。

二、亲情旁落

"世界上最遥远的距离，莫过于我坐在你面前，你却一直低头玩手机"，这是对"QQ 人""微信人"亲情旁落的真实写照。逢年过节家人聚会，老人为儿女准备了一桌饭菜，"QQ 人""微信人"却低头刷屏专注于游戏世界、朋友圈中，老人苦盼一年的团聚，却被虚拟的 QQ 群、朋友圈阻隔，团圆变味亲情受阻。

低头刷屏是横隔夫妻情感的"家庭暴力"，有些人早上睁开眼第一件事就是摸摸手机在哪里，晚上睡前最后一件事也是在玩手机，更有甚者在夫妻亲密时还在手机上关注朋友圈。

"QQ 人""微信人"还影响到家长对孩子的教育，有不少中小学生在表达新年最大愿望时说，希望爸爸妈妈少玩一点手机，多陪自己说说话，多花一点时间辅导自己学业。

三、身体疾患

长期沉湎于 QQ、微信世界，经常盯着手机那个小小的屏幕，视力急剧下降，直接影响到学习生活工作。长年累月"虾背弓腰"，"QQ 人"的体形与那只胖胖的企鹅越来越接近，"微信人"更像是掉入到"幻影天坑"彻底失去了身心的支撑。

"QQ 人""微信人"往往缺乏现实生活中的语言交流，自闭痴迷于几寸大小的屏幕，饮食起居不能遵照自然规律，神经系统、内分泌系统等容易错乱。

当"QQ 人""微信人"沉醉于 QQ 联络、微信刷屏时，除了视力、颈椎、大脑受损，还可能得上一种叫作"手机指"的新病。由于长期操作手机，用手小指内侧承托手机后就会导致小指变形且不可逆转。通常情况下，每天使用手机 6 小时以上的人会出现"手机指",国内外这类病例呈现增多迹象。

四、安全隐忧

"QQ 人""微信人"迷醉于虚拟世界的联系与交流,常常将自身周围环境安全置之身外,因此引发一系列触目惊心的自身人身安全和道路交通安全事故。玩着 QQ、微信前后脚夹在电梯缝隙里动弹不得者有之,走路刷朋友圈掉入河沟中丧生者有之,一脚踏空滚落楼梯摔得鼻青脸肿断胳膊折腿者有之,行人相撞、行人与机动车相撞、机动车与机动车相撞者有之,各类因为玩手机QQ、刷微信造成的直接间接事故五花八门。

2014 年 1 月至 10 月,上海市共发生致人死亡交通事故 690 起,其中由开车接听电话、玩微信等"其他妨碍安全行车的违法行为"引发的死亡事故高达204 起,占 29.6%,远远超过了一直为市民所诟病的酒后驾车导致的致人死亡交通事故的比率(19 起,占 2.8%)。

第五节　互动关系

QQ、微信是当下最流行的社交软件。2017 年前三季度,QQ 月活跃账户数达到 8.43 亿,微信和 WeChat 的合并月活跃账户数达到 9.8 亿,同期同比增长15.8%。2016 年企鹅智库发布的《2016 微信影响力报告》显示,有 55.1% 以上的微信用户拥有超过 100 位好友,拥有 200 位好友以上的用户占比较 2015 年增长了一倍多,而拥有 50 位以下的好友用户比例较 2015 年下降了 16 个百分点。在微信众多功能之中,微信朋友圈是用户最喜爱的功能,有 61.4% 的用户每次使用微信都会同步刷朋友圈,超过八成用户是朋友圈高黏合性使用者。

QQ 好友群和微信朋友圈将传统的人际交往模式虚拟化固定化,将血缘、地缘、学缘、业缘乃至会议缘等整合为一个相对封闭的交往空间。在中国的关系社会中,微信传播将权力、门第、面子等因素夹杂在朋友圈中,呈现出了一种新的人际互动结构。通过分析 QQ 好友群、微信朋友圈中的"去留"、围观（对面或打电话以及通过别的途径会告知）、点赞、评论等互动行为，探讨随着信息阅读时间、内容的碎片化以及好友（朋友）人数的增减删剔留存，求解 QQ 好友群和微信朋友圈个体之间的多种多样的关系结构和多重多维的互动状况，谋求在此基础上建立新兴社交媒介使用过程中适当适机的"好友朋友"信息处理方式，塑造电信传播语境下的 QQ 用户、微信用户的新文化认知、新关系处理等新媒介素养。

一、人群结构

QQ 好友和微信朋友圈是一个特定而又特殊的社会交际圈子，不同职级层次、不同文化背景、不同兴趣爱好的"朋友"集聚其中，潜水、围观、点赞、评论、打赏等举措，都会"牵一发而动全身"，一不小心影响到各类人际关系。有人直言，"只赞不评无助社交"。此前，这方面的学术研究相对较少。曾有学者选取大学生为调查对象，关注到朋友圈中互动的相关问题，以社会资本理论为基础采用定量研究的方法分析了"点赞"和"评论"两者对社会资本的影响。[①]

在普遍认同的"微信朋友圈——强关系社交"一说中，还有学者认为，从微信用户构成来说，微信使用初期，好友多从 QQ 与手机导入，其互动对象确以强关系为主。著名的"邓巴数字"显示，人类智力将允许人类拥有稳定社交网络的人数是 148 人，四舍五入大约是 150 人，其中精确交往、深入跟踪交往（即强关系）人数为 20 人左右，弱关系人数 130 人左右。

虽然设计有"群主介绍""加好友验证""朋友圈分组""评论好友可见"等 QQ、微信的"把关"功能，但 QQ 好友群里未必全部是好友，微信朋友圈里也有部分"非朋友"。

QQ 好友群和微信朋友圈的构成情况与用户本人的基本情况密切相关，

---

① 周懿瑾、魏佳纯：《"点赞"还是"评论"？社交媒体私用行为对个人社会资本的影响》，《新闻大学》2016 年第 1 期。

QQ 和微信用户的年龄、身份地位、个人职业（包括职业跨度和地域跨度）、学习背景（专业数量、就读高校数量）和个人兴趣等因素决定着 QQ 好友群和微信朋友圈的人群数量和五花八门的人员结构。在大学生 QQ、微信使用人群中，小学初高中大学同学和亲戚等的直接当面添加或电话通讯录是主要"好友朋友"来源地，占比往往会在 80% 以上。

演艺明星、政府官员、企业主、学术大咖、工商巨贾等的 QQ 好友群和微信朋友圈的构成情况尤为复杂。例如，一个常年往返于北京电影学院和横店的影视艺术经纪人，就有很多个 QQ 好友群和微信朋友圈，连他自己都记不清楚这里面到底"谁是谁"。

二、互动行为

QQ 好友群和微信朋友圈的互动行为，主要包括点赞、打赏、评注和围观等。潜水围观，并不意味着没有互动——有时候这类"默默地互动""不显山不露水的互动"意义更为重大。

一位电视台台长，从来不在微信朋友圈中点赞评论，突然某一天对笔者发布在朋友圈的文章赞不绝口，并建议做成小册子结集出版发行。我问他，以为你失踪了呢？为什么从来不见你点赞评论呀？答曰，非也，我等"只围观不评注"。好几个有点地位身份的朋友，基本上也是长期"潜水围观"。

2012 年 4 月 19 日，微信 4.0 版本正式发布，引入朋友圈功能。发展至今，用户可以在朋友圈中进行文字、图片、视频发表，也可以把自己喜欢的内容复制或跨平台分享至朋友圈中。用户通过评论、点赞、转发三种形式与其他用户在朋友圈中进行互动。在朋友圈中，评论是较为传统的一种互动方式，用户基于好友所发布的内容进行交流，而"点赞"这一互动方式实则是由外国社交网站脸书于 2009 年引入，根据脸书帮助中心的说法，"点赞"是一种"用户与所关注的东西相联系并给予积极反馈的方式"，在不同的交往对象、交往情境中已发展成为具有多种表达意义的符号载体。

互动行为由双方主体共同构建，互动行为过程与互动结果必然离不开对双方关系的判断与理解。微信朋友圈对哪些内容点赞，取决于对于信息的认知。影响用户点赞或评论的因素，不仅只取决于对信息内容的认知，还取决于对信息发布者主体的认知。在对行为对象有了初步的认知后，认知者将产生不同的行为动机，最后导致点赞、评论行为。

在实际的微信朋友圈互动过程中，也存在着不对行为对象进行认知，直接在行为动机的驱使下进行点赞行为的互动过程，即当下所熟知的"点赞党"。大多数情况下，这类"点赞党"并不对行为对象进行认知，只要看到状态便一"赞"而过。①

在 QQ 好友群和微信朋友圈形成初期，用户发布的内容多为日常生活分享、情感抒发类信息，随着好友数量的增加以及公众号、朋友圈的发展，朋友圈状态的内容愈发丰富，主要有情感抒发类、生活记录类、知识百科类、娱乐时政类、代购营销类、集赞投票类等六类发布内容。微信朋友圈中还有一项特殊的认知内容，即状态评论。用户除了需对发布内容进行认知外，在决定回复评论时还需要对已有评论内容进行认知。

随着朋友圈人数的增长、越来越碎片化的阅读时间和信息内容以及不断"变异"的微商好友，朋友圈内容已从初期虽不多但精巧，好友有时间去仔细阅读且认真回复的状态，变成了千篇一律的旅游照、烦琐重复的日常状态、心灵鸡汤与养身健康、集赞分享、微商刷屏等内容同质度高且泥沙俱下的"信息洪水"。所以，当朋友圈内容随着人际网络的扩张而变得过量、良莠不齐时，互动内容的价值便降低了。

三、重叠关系

通过对以往文献资料的整理回顾，发现大多数学者对于朋友圈互动过程中人际关系的讨论和分析，忽略了整个朋友圈中可能存在的更为复杂的人员重叠关系，即互动过程中可能存的"第三人"。

---

① 参见汤娜:《微信用户点赞行为研究》，辽宁大学 2015 年硕士论文。

不论是 QQ 好友群和微信朋友圈里的强关系或是弱关系，都会面向指定的所有用户公平的开放。但微信在保护用户的私密性上有两个重要特征，一是只有共同好友才可看到朋友圈的互动（点赞和评论），二是用户对每条状态都可设置对指定好友可见。即使微信为用户营造了一个相对私密的互动环境，朋友圈中的人际互动，仍存在一条传播悖论，即忽略了弱关系传播的流动性。依据格兰诺维特（Mark Granovetter）所提出的弱关系的力量，朋友圈大多数的弱关系会促进信息传播的流动。

在微信朋友圈中，每一个使用者都无法得知其他人的好友圈子，所以难以确定双方是否存在共同好友。当微信用户因为好友间的信息流动和互动而发现自己被屏蔽或直至发现共同的点赞、评论好友时，才可能意识到自己成为了隐秘而交错的"第三人"。

在自我认知的过程中，人类的认知带有一定的主观性，可能会对自身以及与他人的关系造成一种错误的认知判断。在对他人进行认知的过程中，无法像在现实的人际交往中一样可以通过观察他人的表现、言语、表情、眼神等来获取信息，在虚拟的微信朋友圈中我们仅能够通过符号来进行他人认知，但符号的能指和所指并不是一一对应的，双方的编码和解码过程并不是依据同一套基础规则，这就可能导致我们对他人认知的偏差。而事实上存在着未知性的"第三人"关系，更会造成我们对行为对象关系的认知缺失，甚至造成我们的互动尴尬和关系恶化。

朋友圈的小部分强关系带动弱关系发展，而弱关系的增加使得朋友圈成为社会资本累积和获取的理想场所，这就催生了社会交往动机的萌芽。①

四、互动效果

通过上文对行为动机的分析，笔者还发现依据行为付诸者的不同动机，可

---

① 高姗：《"公正的旁观者"不公正——微信朋友圈中的人际交往研究》，《青年记者》2015年第 5 期。

将互动行为分为被动交往与主动交往两种行为方式，该划分主要以行为付诸者的主观意愿为判断标准。另外，通过对互动行为的拆分，整理出朋友圈互动的三种行为方式，第一种是只点赞，第二种是只评论，第三种是既点赞又评论。

1. 点赞行为的异化。点赞以一种被简化了的非言语的评论方式诞生，是一种符号意义的互动形式。象征性社会互动理论认为，为了达到互动目的，符号意义的交换有一个前提，就是交换的双方必须要有共同的意义空间：一是对传播中所使用的语言、文字等符号含义的理解；二是大体一致或接近的生活经验和文化背景。但事实上，在微信朋友圈中点赞与被点赞的双方交流是不对称的，"赞"对于双方来说可以有很多意义，更可以无意义。作为一个符号，点赞本身的能指与所指不是一一对应的，虽然在使用初期它被赋予"积极、肯定"的意义相对稳定，但不断被赋予的新意使其成为了开放的、流动的符号。而在弱关系较多的朋友圈中，互动双方的生活经验和文化背景并不一定相似，这就可能导致双方在互动过程中对自我认知与他人认知存在认知偏差，造成不同的编码与解码规则和结果，甚至最终导致互动行为的扭曲或无意义。

2. 点赞动机的扭曲。作为微信朋友圈互动门槛最低的点赞功能，用户期望借助此低成本的互动，激活并维系朋友圈的社交网络，这也符合社交软件的本意。但在被快节奏所挤压而成的零碎的阅读时间中，好友人数和朋友圈内容的增加以及由此而带来的轻熟人关系和同质化内容，使得点赞者与被赞者双方对点赞动机与意义的认识均出现了扭曲。为了凸显自己的存在或讨好于朋友圈中的敏感关系，用户不看内容就秒赞，以为找到一个既能避免话语空白又能体现自身存在、关注的稳妥回应方式，但却扭曲了点赞的积极面，使其成为了仪式化的按钮，留下的仅是头像上的排列，点赞渐渐成为无数个头像后的无意义；为了自身的消遣娱乐，对负面内容的点赞可能引起内容所属者进一步的负面情绪；被赞者对赞的过分渴望，可能会因点赞者未对自己点赞而为其他共同好友点赞而对点赞者产生嫌隙，而这其实可能只是因为同质化的内容和碎片化的阅读时间造成的一阅而过。

3. 点赞功能的设计缺陷。首先，点赞功能在设计上未设置对应的回复渠道，大多数人会选择通过统一评论的方式对点赞进行感谢和回应，而点赞的人可能因为内容归属动机、自我呈现与满足动机或部分社交动机主动点赞，也可能因为从众心理和被要求点赞而被动点赞。但因为所有的互动、所有的情绪都化作单一的"点赞"符号，所以具体点赞者所表达的情绪，被赞者只能试图进行主观理解，这从客观上阻碍了交往行动的深入展开。其次，朋友圈互动对共同好友可见的功能设定使得共同好友可以看到该条状态是否有被点赞，复杂的弱关系圈子以及未知的第三人关系又造成了互动中的私密性困境，使得用户在点赞时会因敏感关系三思而"后点"。

4.点赞功能的商业化。随着朋友圈的兴起，不少商家活动利用这样的一个平台开始"集赞"营销。许多用户通过分享链接"集赞"，进而获得商家的折扣或免费服务。所以，我们常常会收到一些例如"请帮点赞第一条朋友圈"的信息。这对商家来讲，是成本最低的宣传方式，对朋友圈好友来说"集赞"活动最初可能也可算作一种互惠互利、礼尚往来的方式，但层出不穷直至最后演变成铺天盖地的"集赞"营销会让用户对这样的内容、甚至总是要求集赞的好友出现抵触心理，最后剩下的只是为了维护面子和维系关系的无奈和勉为其难。

5.评论行为的浅层化。如果说点赞功能其本身设置上的语言空白造成了社交上的局限，那么，可能有互动存在的评论行为则更易进一步引起被评论者的回复和反馈，从而触发更多的互动行为。但好友人数增加而带来的强弱关系复杂化，以及同质性内容的不断增多和碎片化的阅读时间，朋友圈的浏览方式也暴露出其自身的缺点。在点赞功能的意义异化的同时，评论功能所带来的关系建构也遇到了瓶颈。

| 第十章 |

素养传播

人们常常见到"媒介素养""传播素养""新媒体素养"等词语出现在各种学术杂志和演讲场合，但鲜少关注"素养传播""新素养传播"，更没有人知晓"电信传播素养传播"。这令笔者不由自主地联想到一句热播的电视广告词，"洗了一辈子头发，你洗过头皮吗？"

素养传播和传播素养是一组辩证关系，彼此依存，相互促进。如果说传播素养是为了更好的认识传播、了解传播、理解传播和应用传播，那么，素养传播则是培养和达成传播素养的必要手段，是提升与完善传播素养的必经之路。素养传播是传播素养的前提，是实现良好传播素养的先决条件；传播素养是素养传播的终极目标，离开了素养传播，传播素养就成了无源之水、无本之木。

第一节　基本定义

传播素养和素养传播是一对"孪生兄弟"，互相藕连彼此影响。传播素养重视的是传播工作者（管理机构）和受众识别传播介质功能特征的基本素质和基本能力，包括与生俱来的遗传素质（素养）和后天培育的修炼修为。

素养传播指的是传播组织（机构）或个人对不同国家和地区（地域）、不同年龄、不同性别、不同职业等受众在不同类型传播介质产生与发展过程中，全面统筹、科学实施、循序渐进地将管理规章、技术特征、使用须知、付费状况、隐私保护、正负面影响等素养要件传达给消费者，使之高效了解、识别、领悟和运用，能在各种传播环境中实现"无障碍传播"。

电信传播素养传播特指国家信息管理政府机构（工业和信息化部及各省市相应厅局），中国移动、中国电信、中国联通三大电信运营商及下属公司以及与电信运营商业务关联的合作伙伴（公司企业），对电报传播、电话传播、网站传播、电子邮件传播、电信传播、QQ传播和微信传播过程中可能涉及的技术技能，提供进行专业培训的各种信息资料，配备相应的专业技师，以满足素质传播要求。

一、理论创新

长期以来，媒介素养、传播素养、新媒体素养"前赴后继"摩肩接踵，研究对象总游离于"媒介与素养""传播与素养""新媒体与素养"两张皮之间，却似乎总是戳不到痛处，有隔靴搔痒之感，鲜有业界和学界公认的理论成果。究其原因，主要是一群"媒介人"一众"新闻传播人"在研究"素养"的过程中，不明就里自说自话，没有能够透彻理解和掌握"传播素养"与"素养传播"的辩证关系和顺序位置。或者就是新闻传播学者应报纸杂志之邀即兴发挥，想当然地洋洋洒洒一气呵成。殊不知，媒介素养、传播素养、新媒体素养的概念是礼仪修养文化的一部分，属于素养理论范围，更符合现代礼仪学、国际关系学的研究脉象。

素养传播概念的提出，是传播学理论体系的补缺与增强，是电信传播领域的新成员新亮点，是一个石破天惊也是符合时代发展需求的理论创举。论证素养传播，自然就廓清了"媒介素养""传播素养"和"新媒体素养"的理论归属，找到了这一方面的理论研究基石。既然这是新闻传播学的领地，当然应该运用传播学的理论渊源、理论观点、学术分野等研究与论证素养传播,可谓叶落归根。在互联网传播为主体的电信传播大行其道之际,全方位研讨电信传播的素养传播,更是适逢其时。

二、系统工程

电信传播素养传播是一项系统工程,影响面大,涉及面广,既需要电信传播的管理机构、电信运营商(服务商)和电信传播传授者通力协作配合,也需要技术部门、内容部门、后台数据统计分析等精心尽职,与采编校播录及数据分析处理等都息息相通,是一个环环相扣、彼此关联的系统工程。

电信传播素养传播,精细到任何一项电信传播业务,都必要在每一个环节上"严丝合缝",每一颗螺丝钉都要拧紧铆实。任何一项业务素养,都有着其素养传播的特殊规律和特殊手段。每一个关节点的业务素养传播,又会产生连锁反应,影响到相邻环节的传播效应。

试想,如果电信传播管理组织机构的管理素养没有传输到位,管理者本身素养就达不到对外传播的要求,怎么能够保证一层层向省市级等下级电信传播管理机构和各级电信运营商传达时,将素养的精髓要义阐释清楚,讲清楚要点重点细微点精确处呢?如果素养资讯传达不到位,怎么能够保证每一个部门贯彻到位、每一个人落实到位呢?同样的道理,电信传播素养传播的传输通道中,任何一个传输环节上出了梗阻,就会影响到下游的系统构件,整个系统就会陷入停滞甚至瘫痪。

三、道高一丈

古人云,"道高一尺魔高一丈"。一旦进入到电信传播领域,这一千年古训就必须颠倒过来,变成"魔高一尺道高一丈",即具有比各种可能出现的"鬼蜮妖魔"更高超的技法(素养)"以暴制暴",才能够谋事在先规划在先,以强有力政策法规的高压态势,研究开发国际一流的监督管理技术,将可能出现

（必然出现）的"电信传播素养负生态"扼杀在萌芽状态。

在电信传播之素养传播征程中，犹如唐僧西天取经道上波诡云谲关山重重，唯有七十二变的孙悟空手执"金箍棒"，方能一路降妖除魔。首先，筹建全球智库，调动举国智慧，组建专业化水平极高的管理机构。美国 FCC、英国 OFCOM、日本总务省、韩国 KCC 等电信传播监管机构不仅融合了多家国家级监管机构，同时也将有关顶级专家悉数纳入其中，广泛参与电信传播管理事务，深度参与行业政策法规的制定。

这类"道高一丈"的高级管理机构和高级管理人才，制定出台的政策法规，往往具有技术前瞻性和管理实用性，符合电信传播的基本规律，克服了"落后挨打受制于人"的弊端。中国的"三网融合"发展和创建新型主流媒体，也应该"道高一丈"，学习借鉴欧美国家融合多家国家及监管机构、统一筹划统一管理的先进经验，汇聚高人高法，想在前面做在前面。

第二节　传播对象

当下，全球媒介融合势不可挡，中国的三网融合不仅使传统媒介朝着人性化、交互性的方向发展，还会衍生出众多的新型媒介形式和日趋丰富的信息资源，形成多元、共生、制衡的动态格局，反映出电信传播素养传播是一个动态的、迂回的、复合的系统。

要达成电信传播素养传播的目标，要按照不同传播渠道传达素养要则，如电报传播素养、电话传播素养、传真传播素养、网站传播素养、电子邮件传播素养、博客微博客传播素养、短信传播素养、QQ 传播素养、微信传播素养以及贴吧社区等即时传播素养，等等。

从西方近些年的研究发现，人们对现代电信媒介传播的研究越来越广泛且深入，涵盖了各个维度与层面，模型也相当详尽，包含了电信传播中的一系列相关的重要因素与关系。电信传播素养传播，必要考虑也必须考虑管理者素养传播、传输者的素养（传者素养）传播、接受者的素养（受者素养）传播和互动联动时的素养传播。这几种传播对象的素养传播，既有相通之处，又各有侧重点。

一、管理素养

电信传播管理指的是对利用有线、无线的电磁系统或者光电系统，传送、发射或者接收语音、文字、数据、图像以及其他任何形式信息活动在技术、财务和人力资源等方面的计划、组织、协调、监督、奖惩和控制。电信传播管理包括电信传播组织机构管理和电信传播个人自我管理，这二者的基本素养决定着电信传播发展体系的基本生态。电信传播管理涉及全球与各个国家和地区的电信通信管网设施体系的建设与管理、电信传播运营商的监督管理以及对每个电信传播用户的监控与约束。

电信传播机构管理者肩负着电信传播的顶层设计布局谋篇，制定出台相关法规文件，既要保障电信传播高效率低成本顺畅通达，又要兼顾国家和地区的电信网络安全和信息安全，弘扬与光大世界先进文化的传送，维护电信传播体系的清风正气，确保用户生命财产不受到侵害。

为了顺利实现国际电报通信（最早期的电信传播），1865 年 5 月 17 日，法、德、俄、意、奥等 20 个欧洲国家的代表在巴黎签订了《国际电报公约》，国际电报联盟（International Telegraph Union，ITU）宣告成立，并于 1934 年 1 月 1 日起正式改称为"国际电信联盟"（International Telecommunication Union）。国际电信联盟是一个全球性电信传播管理机构，其使命是使电信和信息网络得以增长和持续发展，大力促进能力建设和加强网络安全以提高人们使用网络空间的信心，弥合所谓数字鸿沟，以便世界各国人民都能参与全球信息经济和社会并从中受益。

二、传者素养

当前传播科技日新月异，传统电信传播与新媒体传播之间的边界变得越来越模糊，无论是处于报社、电信局、广播电台、电视台、网络、手机等的哪一个平台，都将面临电信媒体传播带来的挑战和机遇。电信媒体综合运用了文、图、声、光、电等数字信息手段，呈现与加工出多层次、多方位的传播内容，并通过多渠道、多形态的移动电信媒介手段与平台来传播。而编辑、主持人、策划人等从业人员或传播者作为电信媒介产品制作的操刀者，除了要具备专业知识与技能，还必须具备辨别、选择、加工、批判的能力，以及参与传播各种信息的能力。因此，电信传播者的电信素养的培育和提升显得尤为迫切。相比国外，我们电信从业人员的电信素养教育已大大落后，因此，其电信素养欠缺的问题显得格外突出。

电信素养传播者主要包括电信传播机构（运营商）、电信相关组织及中介、电信管理、技术开发、营销服务等从业人员，其主要涉及宏观电信产业与行业发展规划，电信传播技术条件与资源环境的供给，以及电信内容、平台、产品的提供与服务等。

三、受者素养

1992 年美国传媒素养研究中心将媒介素养定义为：人们面对传媒的各种信息时的选择能力、理解能力、质疑能力、评估能力、创造和制作能力及思辨性回应能力。由于电信传播与产业化发展的速度与规模，以及研究的视角与维度的不同，人们对电信素养的理解与认知也各不相同。总体来说，电信传播素养可以分为两个层次：一是社会公众对于电信传播的认知、应用与评价能力；二是电信机构、组织与从业者对职业的认识和职业精神。

在三网融合的大背景下，电信传播的传者与受众的融合也在不断加强，二者的传受关系与界限变得日益模糊，甚至瞬间转化。在早期电信传播时代，受众往往仅是电报或电话的使用者，没有参与权与选择权。现在，电信传播渠道走向多元化，信息的海量以及互联网新技术的渗透度与粘连率越来越高，在丰富文化产品与选择度的同时，也加强了受众媒介的选择偏好、媒介信息的批判能力的难度。一方面，受众自身往往缺乏一定的媒介信息批判能力；另一方面，面对快频率的大量信息，受众无法考察判断信息真实性、有效性，造成快餐消费。同时，媒介与受众，或传者与受众的双向互动性越来越强，由于专业性、媒介拥有度、主导地位等方面的不对称，以及道德和法律知识意识的不同，会出现受众电信素养缺乏，造成一些社会危机甚至公众事件。可见，在电信传播中，社会公众（受众）的素养尤为重要。

应该看到，电信传播受众的群体及个体差异很大。在世界范围内，发达国家和地区与第三世界国家和地区电信传播受众差异显著。我国国内互联网城市人口红利正逐渐减弱，而农村网民增速开始超过城市网民，6.5 亿的农村受众市场开始加速向互联网张开怀抱，互联网正在从城市时代走向农村时代，说明中国农民的电信传播素养教育将是未来的重中之重。我国农民电信素养教育存在信息化普及及信息鸿沟之间的悖论、农村电信基础设施建设与现实需求之间的差距，以及电信产品提供与农民需求或话语参与能力的缺失等问题，需要从政府、电信传播机构和农民自立三个方面来进行改进。

四、互动素养

电信传播的互动性是大众传播所远远不及的。电话传播互动、QQ 传播互动、微信传播互动、社区 /BBS 互动以及网络直播时的弹幕互动等，都对传播者和接受者的即时互动提出了新的挑战。

以电话传播为例，打电话需要考虑接电话者的年龄状况（身体状况）、与之亲疏程度、事情缓急状态以及事前是否有其他方式的沟通交流等，随之要注意选择拨通时间（避免打扰休息）、通话时间长短、通话节奏、说话语气等多种因素，还要根据谈话对象的反馈情况适时调整并修订通话内容与通话时间。

电信产业化及社会化媒体融合以新的传播机制，不仅对电信传播格局带来影响，对现实社会产生越来越大的作用，特别是对公众、政府干部、公务员以及一些社会公共服务机构人员的电信素养提出了新的要求。对于公众来说，社会化全媒体时代的电信素养应该包括电信使用素养、电信生产素养、电信消费素养、电信社会交往素养、社会协作素养以及参与素养等方面。对政府机构和官员来说，电信素养不仅包括对电信的认识与运用能力、把握能力、应对突发或危机的能力，更包括对电信角色、功能的认知以及相应机制的保障，对电信媒介的价值认知及对公众相应权利的保障，以及信息公开渠道的建设与保障，媒体及公众的交流意识和能力。有学者在南京全市处级以上干部范围内进行了一次大规模的媒介素养专项调查，研究发现一些需要重视的问题：不少政府官员对新闻基础知识和业务常识掌握存在表面化、概念化，实际操作经验有限的问题，对我国社会主义体制下新闻事业的特殊性以及社会转型背景下政府与媒体关系的转变尚未给予足够重视，在新媒体使用方面表现出一定的"滞后性"。①

第三节　传播内容

　　电信传播涉及形形色色的基本智慧、基本观察、基本思考、基本技术、基本能力，按照电信传播的内容层面分类传播，则有政策法规素养传播、技术素养传播、语词素养传播、符号素养传播和组合素养传播等。这样可以解决素养传播"配方"比较陈旧、"工艺"比较粗糙、"包装"不够时尚等问题，融汇契合不同层次受众的自身特点，谨遵电信传播环境下的法规至上法则、技术贯通法则、语词适度法则、符号灵动法则、组合寻根法则等五个方面，培育和提高相关素养，以多种形式多重载体多位终端创新纵贯于传播体系以固本培元，将电信传播素养传播作为新时期构建网络空间命运共同体的重要组成部件。"润物细无声"铸造中国新生代中国范，凝聚中国新生代精气神，因材施教发展建设全方位高效能育人强国的新思路、新内容、新形式、新手段和新联动系统工程，夯实中华民族伟大复兴中国梦的文化根脉。

---

　　①　参见张秀莉：《2008 年中国大陆媒介素养研究综述》，《新闻界》2009 年第 3 期。

一、政策法规素养

遵循政策法规至上原则，即要求每一个公民在接触和使用电信传播过程中，都要将国家利益放在至高无上的地位，树立在电信传播环境下的法律政策意识，知晓和领悟"没有网络安全就没有国家安全"的硬道理，不造谣不传谣不信谣，自觉抵御和防范网络色情、网络恶搞、过度人肉搜索等不良新媒体信息，以保障在纷繁芜杂的信息爆炸时代头脑清醒方向明确。

同时，将各项工作、日常生活与电信传播安全教育紧密结合起来，是电信传播素养法规至上法则的有效延伸，必须了解到电信传播个人安全关乎家庭安全，而个人安全家庭安全的集合体，则是国家安全稳定。电信传播安全，主要包括各种电信传播载体使用过程中的人身健康安全和信息保密安全。近年来，青少年因电信传播新媒体（主要是移动新媒体）使用的安全事故频发，不少青少年因为过度使用手机导致身心俱损，或玩手机导致交通事故，徐玉玉等因为信息泄露导致被骗身亡事件。一个个触目惊心的案例，说明全体民众的新媒体安全（保密）素养亟待提高。

二、技术应用素养

随着电信传播等新媒体技术不断升级，全球化信息高速公路逐渐建成，新媒体产业化嵌入越来越强，对管理者、传输者、接受者及互动过程中的诸方面提出了更广泛的技术素养需求，洞彻理解电信传播技术精髓，方有"道高一丈"降住"魔高一尺"的互联网意识，从思维深处杜绝新媒体风险。

在电信传播时代的信息传播活动中，传者与受者联动者边界模糊，而且位置及时更换，有时候还是传者受者联动者与"把关人"集于一身，文字撰写图片制作音视频摄制集于一炉，需要具有第一时间迅速策划、集纳、甄辨、编辑和传播（包括单一传播和组合传播）的能力和水平。

在现行的课程教学和新编的各类高校教材中，以动漫游戏等新媒体传播形式导入电信传播技术范例，图文并茂深入浅出洞悉电信传播的基本技术原理，引导学生正确使用电子邮件传播，合理适度应用博客、微博客、短信、微信，在不同场景、不同目的、不同时间段针对不同传播对象和不同传播内容及不同传播价值分别采用智能电话、手机短信、QQ、微信或者电子邮件，采用差异化传播、优先渠道传播和交叉重叠传播等多种方式，以实现最优化最精确化传播效果。

提高电信传播技术素养，可以恰到好处地将微信、短信、QQ、电子邮件等各种不同类型的电信传播贯穿于大中小学校的教育体系，贯通于人们的日常生活活动，使之明辨垃圾讯息、木马病毒、诈骗短信和伪基站等基本特点，随时掌握形如公检法"冻结"诈骗、假冒社保信息、假冒快递信息、热门节目中奖诈骗等不同新媒体诈骗手段的特点和规律，揭穿骗子的骗术伎俩，让其随时原形毕露无处藏身。

提高电信传播技术素养，还可以科学化清晰"低头一族"对眼睛、对脊柱、对睡眠等的生理心理危害，以及手机不当使用的辐射性身体损伤，从根本上摆脱网络依赖手机依赖的困扰。

为了防范电信传播技术风险，应该高度警惕论坛、二维码、短信、网盘等提供的网址和程序类钓鱼软件和木马病毒的侵袭，安装必要的安全软件，经常进行安全体检，保护新媒体使用安全。

三、新语词素养

伴随着电信传播内涵与外延不断发展，使用范畴和传播手段不断创新，语言文字不再是被传播的唯一符号，音频视频动漫等多样化多极化"传播语言"逐渐兴起。正确识别电信传播新语词，"因地制宜"适度使用电信传播新语词，成为新时期政治经济文化生活工作中事半功倍的创新利器。

"囧、雷人、山寨、神马、特么、粉丝、灌水、拍砖、高富帅、白富美、活久见、给力、屌丝、撒狗粮、吃瓜、逼格、图样图森破、蓝瘦香菇"等陆陆续续进入到新媒体常用语词库中，有些甚至补充为新编《现代汉语词典》新词。"喜大普奔、人艰不拆、十动然拒、又双叒叕、水氺淼沝、火炎焱燚、土圭垚垚"等好玩好看的四字结构在"95后""00后"眼中就是新型成语，写作业聊天时信手拈来脱口而出，俨然不这样就"OUT"了，没办法与同龄人交流。

遵照适度语词法则，就是能够看得懂新兴词汇，用得当新兴词汇，掌握好鼓励与限制新媒体语词相结合的"度"。在新编教材里面，在教学交谈和作业批阅时，适度适当使用网络语词，可以发现孩子们该方面的闪光点，鼓励与激发孩子们的语言语词想象力与创造力，瞬间拉近彼此的距离，增加同辈之间、同事朋友之间、师长与晚辈之间的亲密度，营造诙谐活跃平等开放自由的交流氛围，成为新时期思想政治教育和人际交流沟通的时尚"新工艺""新包装"。

四、符号灵动素养

当前的电信传播，语音、文字、图片、动画和音视频传播等无所不能，在博客微博客传播、贴吧社区传播、电子邮件传播、QQ传播和短信、微信传播等信息传递过程中，"玫瑰、红唇、微笑、抱抱、挠头"等各类传输符号的使用数量和比例日趋增加，符号内涵日益丰富，被语言学家称之为全球最广泛使用的"语言"，是实现高效快捷信息传播的新奇信号。2016年，伦敦一公司聘请一名"表情符号翻译员"，专门负责解释跨文化语境下的表情符号意义，以应对表情符号用法多变的潜在增长领域，从某一侧面反映出新媒体符号的特定专业人才需求潜滋暗长。

电信传播"表情包"最早在日本的移动终端推出，这些能够快速表达瞬时心情场景而并非原样式标点符号的集合，甫一亮相就深受新生代欢迎推崇。"表情包"通过编码小图片小动漫小勾画小点缀来表达场景、语调、情感与心情，是一种网上次文化。如果说新媒体语词可能是中国式（或中西合璧）的新媒体环境文化再造，那么，表情符号则是新媒体对话中不可或缺的国际元素。在推特脸书微信微博里面的一句话，配加上"笑脸、苦思、眨眼、张狂、冒冷汗"等符号，语气氛围顿时会大不相同，传情达意的效果也天壤之别。在特定的新媒体对话环境条件下，灵动幽幻的将表情符号语调嵌入文字信息，即是一种寓意肢体语言而又超越肢体语言的特殊沟通工具。

灵活机动使用各种表情符号，契合了现代科学技术与媒体的融合发展，可以在不同地域不同年龄不同文化背景的新媒体传播中"心有灵犀"，"此处无言胜有言"的点睛式创意符号，免去了用过多文字表达感受从而节省时间，符合现代新媒体传播与高校思政教育融合前行的发展方向，是调理当下中国理想道德和职业前程教育等效能低下的"新配方"。

五、组合寻根素养

在电信传播国际化程度不断提高、即时化个性化传播不断丰富的背景下，跨界跨域传播益发频繁，很多国际组织名录、国际技术名词和技术高管等在新媒体交流中约定俗成的特殊简化表达，构成了新媒体特有的传播组合元素。如果不具备这方面基本素养，就会对 TPP、RCEP、WTO、BAT、APP、ICT、CPI、FIFA 和 SDR 等出现在各种新媒体报道里不加解释的大量新兴组合新词不明就里，连中央级媒体主播也将"O2O"（Online To Offline）误读成"零二零"，引发轩然大波。随着新媒体在国际交流中的地位不断上升，各种多元组合日新月异，电信传播语词、电信传播符号、电信传播组合等互融传播正在形成。

与严谨的传统媒体传播不同，电信传播的各种组合往往不加任何解释直接使用英语缩写组合。如果不展开对每一个缩写的认识，驾轻就熟运用于合适的场合和传播对象，就会在新媒体信息交换里程中"掉队"。通过对各种不同场景下的电信传播组合寻根溯源，遵照组合寻根法则言行一致，有意识在课堂教学中适当运用新媒体组合新词，不经意间蹦出 BAT、WIFI、CEO、CTO、FCC、SOS、HR、OTT 等新媒体组合，潜移默化让受众明白这类国际化组合传播的内涵外延，领会电信传播组合每一个字母的"浓缩"来源，"润物细无声"从小到大养成"知其然知其所以然"的好习惯，将新媒体组合素养思维导入到"小中见大""知微见著""细微之处见精神"的思想境界培养之中。

综上所述，遵循提升电信传播素养五法则，"新瓶装新酒"畅通电信传播各个联络通道，多种形式多种配方多管齐下，解决家庭与学校、家庭与社会、工作与生活、经济与政治等的电信传播使用管理中的各类问题，以最符合受众身心特点的科学手段和方法，引导民众合理应用电信传播媒体，包括甄辨网络不良信息、恰当分配上网（包括网络游戏）时间、正确运用不同的新媒体传播渠道等，将良纯优质的电信传播素养顺延至学习工作生活之中。

第四节　传播功能

电信传播素养传播是电信传播的必要组成部分，是电信传播的基本内核。打铁必须自身硬，电信传播行业体系每一环节每一部门每一个人，如果不具备高深的专业素养职业素养，电信传播管理者怎么可能管理效能事半功倍，电信传播职员怎么可能驾轻就熟地应对工作，电信传播信息传输和信息接受怎么可能一马平川畅通无阻？

电信传播的素养传播，可以强化电信传播媒体品牌，可以通晓电信传播媒介特性，进而提升电信传播媒体内容张力。

一、强化电信传播媒体品牌

创造性地提出电信传播之"素养传播"前沿观念，不是一般意义的概念把玩，而是确确实实解决了"媒介素养""传播素养"和"新媒体素养"等的研究属地问题，确立了素养传播研究的时代地位，是对传播学理论的巨大贡献。"素养传播"理论，"以小见大"厘清了电信传播的媒体属性，为电信传播的公信力权威性建设、矗立电信传播媒体品牌打下了坚实基础。

电信传播的发展潜变，不仅仅是技术手段不断升级换代，不仅仅是传播载体不断丰富多样，不仅仅是传播影响力日渐扩大，更是作为传播品牌显示出越来越大的号召力、感召力、统治力。

在电信传播之素养传播理论的统领下，电信传播管理机构应该放在工业和信息化部，而不是当前由广电总局下设的网络机构司作为主管单位，再由文化和旅游部、公安部、国家互联网信息办公室渗透介入。工业和信息化部有着电信传播技术管理和协调优势，在电信传播品牌的光晕效应下，各路技术精英如虎添翼，电信传播之素养传播各显神通。

二、通晓电信传播媒介特性

电信传播之素养传播，强化了电信传播媒体品牌，为全盘布局电信传播创造了条件，打通了通晓电信传播媒介特性的必经之路。

在信息大爆炸的时代，各种媒体形态、平台、内容、手法相互交织，各有其不同的特性与职能。在此繁琐庞杂的电信媒介与海量信息中如果像传统媒介时期，仅对某一单一媒介或平台进行管理把关与设立门槛，或对某一信息内容检索、分析和整理为公众提供有价值的信息或服务的工作，不适应当前电信融合的发展需求。特别是在多媒体的情境下，电信机构、电信组织及电信中介要依据不同的受众群体、媒介平台、媒介内容而营造或提供丰富多样的产品与服务。同时，由于电信媒介产品日趋呈现形态多元化，电信传播从业人员也要了解熟悉各种电信媒介的特性与操作技能，包括传统纸媒、磁带、光盘、网络书籍、手机书籍、影视作品或者其他数字形态产品，并将单一媒体加工转变成多种媒体的整合传播。这些对电信机构与个体传播者的职业能力与素养来讲，都提出了更大更新的挑战。

三、提升电信媒体内容张力

在新的电信媒介环境生态下，电信传播者在管理、调研、策划、营销、服务等各个环节都提出了更高的要求。电信传播不再是单纯的文字编辑、图片编辑、声音编辑、图像编辑或网页编辑，而是集合这些于一身的全媒体管理。不同媒介或服务之间原有的边界被彻底打破了，为了实现最大化的传播效果，电信传播者需要运用各种媒体技术来制作和发布。媒介内容也许是相同的，但媒介产品需要多元的、深度的、系统的加工再造。电信传播者需要在第一时间第一落点以最先进的传播工具提供文字的、图片的、网络的、广播的、电视的、数字移动等多种形式的产品，以适应不同的媒体渠道和不同的受众需求。

参与、互动及多维联动，是电信传播时代的鲜明特征。各种电信产品或平台的推出与应用，预示着新的技术和沟通手段的出现，都是以互动、参与和分享等为核心的赋权理念的彰显。因此，现代电信传播者要了解各种电信媒介，如手机短信、微博、微信、新闻组、论坛、社交网站等电信媒介平台上传播的产品信息，不仅要能够不断优化并提供良好的服务与产品，而且要争取读者，拓展市场。同时，要学会同使用者、其他媒介从业者及机构展开互动，从而不断发现和挖掘独特的创意点子；把握市场的动向和受众的心理，宣传自己的产品，建立品牌形象。此外，电信机构或从业者需要有国际视野和跨文化沟通的能力。一方面应自觉扶持反映优秀民族文化的作品，另一方面要对西方优秀的经验加以借鉴和运用，并抵制文化殖民主义的渗透，从而不断提升国家的软实力。

总之，通过建章立制的电信传播的素养传播，可以使从中央到地方各级电信通讯行业的主政官员、三大电信运营商的各级高管员工的管理意识更加符合实际工作需要，管理意识、管理智慧和管理技巧上一个新台阶，管理水平能够跟上时代发展；通过强化电信传播媒体品牌，可以深化电信传播的公信力权威性，全盘布局整体设计电信传播素养传播，继而提升电信传播媒体的内容张力和内容辐射力。

后　记

　　斗转星移十四载，柳暗花明正青春。历经 14 年寒暑交替，承浴于京浙湘风滋雨润，《电信传播总纲》书稿终于交付到出版社。

　　昔日翩翩公子哥，今下芳华正青春。

　　从中国传媒大学读完平生第三个博士步出校门，面临人生最重要的职业生涯选择。在踏入北京邮电大学的第一瞬间，顿时清晰，基本上就定下了主攻"电信传播"的目标。朦朦胧胧恍恍惚惚也好，阴差阳错歪打正着也罢，冥冥中觉得，大众传播与电信通信技术的有机结合，应该是新闻传播学术研究的突破"风口"。

　　北京邮电大学的学术氛围，与当年就读经管博士时期的清华大学基本相仿。工科背景，技术为主，扎实，严谨，有条不紊，一丝不苟，一切按"标准"行事，一切以"数据论英雄"。北京邮电大学的严苛氤氲，是创作书稿和写作论文追求精道力求完美的宝贵源泉。

　　为了深度认识电信通信技术，钻图书馆，查阅各种资料；购买《中国电子报》《人民邮电报》《网友报》等，查找剪辑各种相关材料（整整 5 大本，如获至宝，至今珍藏）；向世界各地"求援"，从新西兰、澳大利亚、德国、英国、美国、加拿大等地的图书馆复印"Telecommication"书稿。由于"电信通信"与"电信传播"的英文翻译源出同一词汇"Telecommication"，漂洋过海的不少书稿，涉及的全部是电信通信技术，与传播学基本无关。失望之余，自责无知无智造成的浪费。要知道，好几本外文原著，单本价格都是 30 美元以上啊。

吃一堑长一智，后来向海外求助（不论是复印还是购买），一是会留意作者的研究领域，二是会深究里面的内容结构。谨慎起见，每每会在检索时加上"media"或者"broadcast"，确保是可用之材。

中国"三网融合"的浪潮，电信传播登上大雅之堂赶上了盛世良机。抓住机遇，厚积薄发，《中国广播电视网站研究报告》、"国外三网融合发展沿革及启示"、"电信传播的研究路径与理论构架"等围绕"三网融合""新媒体""电信传播"的论文、研究报告陆续发布发表，研究成果得到了业界专家和学界同仁的肯定，进一步增强了在电信传播领域深挖精耕的信念，同时更深感书稿写作的责任与使命。

2009 年，在国家有关部委的支持下，中国广播电视协会、中国通信学会、中国互联网协会首次联手主办，国家广电总局、工业和信息化部的有关领导首次集中于同一会场（京都信苑饭店），召开了首届"三网融合中国峰会"（会议开始前夕改为首届"下一代网络融合与发展中国峰会"）。这次会议，三大协会（学会）和主管领导从各自视角出发，阐述"下一代网络"到底是走向"NGN""NGB"还是"NGI"。这是一次"电信传播（互联网传播）"与"传统媒体传播"的正面交锋，各抒己见，各领风骚。

2009 年，北京邮电大学成立了"电信传播研究中心"，开设了电信传播研究生招生专业和专业课程，电信传播在业界和学界的影响力继续放大。电信传播作为硕士研究生全校选修课，很多时候都出现了其他专业选课学生人数大大超过了传播学专业学生的"盛况"。

正是源自各方面的关注垂爱，《电信传播总纲》尽管已经多次更换数据，多次修改订正内容观点，但仍然觉得有愧于社会期待。

不知不觉间，中国即将迎来 5G 技术，媒体融合趋势不可逆转，知识更新愈发加快，物联网、大数据、云应用、AI、VR、区域链等新新专业名词应接不暇，电信传播理论唯有接受市场的洗礼，才可能与时代同步、与实际应用接轨。《电信传播总纲》唯有尽快面世，得到各位名流方家大咖的严厉批评，才可能长见识求进步。

　　"天河二号"总指挥、国防科技大学廖湘科院士是多年的良师益友，从信息学科关注电信传播的研究路径，对这一新型学科体系的建设饱含期待；中国互联网协会理事长邬贺铨院士看好电信传播的未来发展，花宝贵时间共同探讨"中国互联网正迈向世界互联网舞台中央"；国家互联网应急中心主任黄澄清教授长期关注电信传播研究进展状况，多次耳提面命传道授业解惑。

　　中央电视台江和平、张斌、罗刚、汪文斌、周结、洪钢，北京电视台李岭涛、宋健生、张庆史、椰森，广东电视台张惠建、林瑞军、卢晓峰、周纯，湖南体育产业集团李舜、张敦南、陈斌、李晖、曹品质、曾曦，为《电信传播总纲》提供了宝贵资料或提出了建设性意见建议。

　　在搜集查找资料阶段，北京邮电大学的近几届本科生和硕士研究生陈东篱、曾俊全、蔡思聪、周添、武宇飞、王同庆、申卉、侯丽莎、郭琳、朱苇、王宁宁、王若斯、王玉聪、赵伽艺、刘爽、郭振、黄朝阳等同学参与其中，杨放春、张英海、任晓敏、孟洛明、张平、邓中亮、刘晓平、高峰、杨东亚、胡启镔、李剑锋、贾庆轩、孙启明、杜振华、方明东、刘宇、任乐毅、黄传武、李炜炜、程玉红等老师同事提供了诸多支持与帮助。

　　浙江传媒学院和湖南工业大学的杨立平、谭益明、奚建华、彭少健、詹成大、姚争、张昌凡、李可欣、郑湘明、田定湘、杨林书、陈林彬、陈永斌、张邦卫、朱旭光、胡晓阳、宋红岩、冯建超、李新祥、冯巍、孟文光、赵思运、郭文成、黄小杰、钱琦、胡军琅、林长恩、王曦、张月娇等，以及博士同学袁军、许学锋、王宇、段鹏、潘可武、刘徐州、刘斌，都为《电信传播总纲》写作作出了贡献。

　　在《电信传播总纲》付梓之际，感谢上述各位给予关心帮助的同仁同学朋友，期待广大读者多多批评指正。

2018 年 1 月 10 日于杭州·橄榄墅

责任编辑：江小夏　于祝新

图书在版编目（CIP）数据

电信传播总纲／曾静平，王丽萍，寿文华 著 . —北京：人民出版社，
　2018.12（2020.10 重印）
ISBN 978－7－01－020280－8

I. ①电…　II. ①曾…②王…③寿…　III. ①电信－传播媒介－研究
　IV. ① G206.2

中国版本图书馆 CIP 数据核字（2019）第 005599 号

电信传播总纲

DIANXIN CHUANBO ZONGGANG

曾静平　王丽萍　寿文华　著

人民出版社 出版发行
（100706　北京市东城区隆福寺街 99 号）

北京盛通印刷股份有限公司印刷　新华书店经销

2018 年 12 月第 1 版　2020 年 10 月北京第 2 次印刷
开本：710 毫米 ×1000 毫米 1/16　印张：16.25
字数：280 千字

ISBN 978－7－01－020280－8　定价：56.00 元

邮购地址 100706　北京市东城区隆福寺街 99 号
人民东方图书销售中心　电话（010）65250042　65289539